2025 教員採用試験

年度版 資格試験研究会◎編 実務教育出版

面接試験の攻略ポイント

本書の特長

本書は5章構成で、元試験官・面接官であった方々の視点で、教員採用試験における面接試験をいかに攻略すればよいのかを、具体的に解説している。

第1章 面接試験を甘くみるな!

多くの受験生を見てきて感じる、面接試験に関する勘違い・思い違いについて説明している。

まずは、面接試験に対する意識を「本気モード」に変え、「攻めの姿勢」で対策に取り組もう!

第2章 面接試験の基礎知識

面接試験とはどういうものなのか、どんな人たちが、どういう意図をもって、受験生のどこを見ているのかといった、基礎の基礎を解説している。

「面接試験では何が求められているのか」ということを、しっかり認識しよう!

第3章 回答のポイントはここだ!

面接において問われることの多い典型的な質問について、その回答のポイントを解説している。

単に「考え方」「答え方」を示すだけでなく、法律や答申などの背景となる知識や、実態や現状に着いての理解、問題の原因や要因、解決のための方策や課題などについても、できる限り掲載している。

的確な回答ができるように、自分なりにしっかり考えて、対策を練ろう!

第4章 面接試験の必勝法

面接の採点基準や書類の書き方、服装やマナーなどについて、具体的なアドバイスをしている。

また、個別面接・集団討論など、面接の種類別のアドバイスや、実際の面接の流れ全体を収録した「実況中継」を掲載している。

ここをしっかりと理解して、面接全体をブラッシュアップしよう!

●ここを押さえろ！
箇条書きで回答のポイントを端的に示している。

●参考資料
法律や参考となる文献などの骨子を示している。

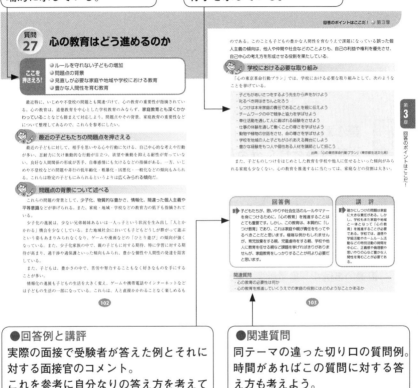

●回答例と講評
実際の面接で受験者が答えた例とそれに対する面接官のコメント。
これを参考に自分なりの答え方を考えてみてほしい。

●関連質問
同テーマの違った切り口の質問例。時間があればこの質問に対する答え方も考えよう。

第5章 これから仲間となる君たちへ

採用される人と採用されない人はどこが違うのか、合格できなかった人は何が足りないかというところや、合格したのちに教員として働いていくための心構えなどを解説している。

また、巻末には各都道府県・政令指定都市の教育委員会が求める教師像についてもまとめて掲載している。

教員採用試験　面接試験の攻略ポイント
目次

第1章
面接試験を甘くみるな！

第2章
面接試験の基礎知識

第3章
回答のポイントはここだ！

第4章
面接試験の必勝法

第5章
これから仲間となる君たちへ

───── 注　記 ─────

本書では、文字数等の関係から、以下のような省略表現を用いている場合がある。
　　　文科省────── 文部科学省
　　　厚労省────── 厚生労働省
　　　中教審────── 中央教育審議会
　　　小中学校 ────── 小学校・中学校
　　　高校 ────── 高等学校
　　　学級 ────── 学級・ホームルーム
　　　学活 ────── 学級活動
　　　担任 ────── 学級担任・クラス担任・ホームルーム担任
　　　道徳科────── 特別の教科　道徳

第1章

面接試験を甘くみるな!

面接なんて聞かれたことに答えればいいだけでしょ?

楽勝~♪
楽勝!
=3
=3

1 君たちは勘違いしている！

 ## 教員の採用は「選考」だ

　教員採用試験は、正式には「教員採用候補者選考」という語を用いる。例えば、東京都の場合は「東京都公立学校教員採用**候補者選考**」となる。「**試験**」とはいわないことに注意しよう。

　「選考」とは、『広辞苑』によると「採用などに際し、人物・才能などを詳しく調べて考えること」とある。また、『辞林』という他の辞書には「多くのものの中から適・不適などを考えて選ぶこと」とある。ということは、「試験」と違って、**単に何かを知っているかどうかをみているのではない**ということなのだ。面接試験では、「人物や才能、教員としての適・不適を詳しく調べられる」のである。さらに、その結果をもち帰り、選考会議などで慎重に「考えて選ぶ」わけだ。

　教員採用候補者選考の特性や重みをきちんと受け止めてほしい。軽い気持ちや、なんとかなるといった考えは通じない。最初に、甘い気持ちは捨てよう。

 ## 面接は甘くない！

　受験生の中には、「面接は何を聞かれるかわからないから準備のしようがない」「面接は自分のよさを出せばいいのだからぶっつけ本番のほうがいい」「面接は聞かれたことをとにかく答えればいいのだから事前の勉強なんてやってもやらなくても特に変わらないよ」など考えている人が少なくない。しかし、この考え方は間違いである。

　面接は「何を聞かれるかわからない」のではなく、**何が聞かれるかはある程度予測できる**のである。ぶっつけ本番でまとまった考えをきちんと述べることは極めて難しい。**事前の対策を練った人と何もしなかった人では合格率に大きな差が生じている**。事前の準備をしないまま面接に臨むことは、戦場に武器をもたずに出かけるようなものなのだ。

　また、**面接官は教育に関するプロ中のプロである**ことも忘れてはならない。その人物の人となり（理解力・判断力・表現力・指導力・計画力・共感力・実践力・研究心・社会性・協調性・協働性・積極性・持続性・責任感・明朗性・道義性など）を短時間に見抜いてしまう。即興で答えたり、付け焼き刃の対策などは、すぐに露呈してしまうと考えよう。

　次に、受験生の中によくみられる「勘違い」をいくつか示すので、しっかりととらえてほしい。

勘違い事例 1

筆記試験の結果がよければ、だいじょうぶでしょ？

 ### 筆記試験の結果だけでは何も決まらない

　自己採点してみて、意外にも筆記試験に手応えがあったからといって、「なあんだ！この程度なのか」と高をくくってしまったり、「面接は、自分なりに、自分の言葉で話せばいいんだから、準備なんて必要ない」「むしろ、へたに準備せずに、自然体で答えたほうがいい」などと思ってはいけない。

　過剰な自信は、態度に出る。高飛車で、不遜な態度をとっていると思われてもしかたがない。あいさつやお礼の言葉が不十分になって、**面接官に不快感を与える**。また、自信過剰で話の内容が自慢話になってしまったり、自分の教育論を長々と語ってしまったりしがちだ。謙虚さや誠実さに欠けるとマイナス評価につながる。傲慢な態度は自己中心的、社会性に欠けるととらえられる。

　合否は、筆記試験の点数だけで確定するものではないということを、肝に銘じよう。「教員採用候補者選考」を甘くみてはいけない。

勘違い事例 2

外見は関係ない！大切なのは中身だよね？

 外見も中身もどっちも大切！

　面接当日の服装や髪型、靴などは関係ないと考える人がいる。礼儀や作法も失礼でなければいいと思っている人もいる。確かに、一般社会においては「人を外見で判断してはいけない」と心がけることはいいことだ。

　しかし、「面接の場」ということを忘れないでほしい。知識の量だけを問うのではなく、人間全体を評価する場なのだから、**外見や行動を通して内面を推し量られる**と思って対応してほしい。考え方や価値観は行動に現れるものだ。教員は、子どもを教育するという専門職だから、それにふさわしい資質や能力が求められる。

　面接は限られた時間で、子どもの教育を託せるか、教員としての資質や能力、適性があるかを評価する。「大切なのは内容で外見は関係ない」のではなく、「**外見も内面も**」ともに大切なのだ。面接では「人物は外見でも判断される」と思ったほうがよい。そう考えて、面接当日の、服装や身だしなみ、礼儀作法もチェック（できたら他の人に見てもらって厳しいチェックをしておく）し、具体的な態度や行動にそのよさが自然に現れるよう、トレーニングしよう。

勘違い事例 3

模範回答をそのまま言えばOKでしょ？

 人の考えをパクるな！

　「面接攻略法」などのマニュアル本には、模範回答などが数多く示されている。これらを見ると、これをそのまま使って答えればいいと思う人がいるようだが、これは失敗の原因になる。

　面接官は、教職、面接のプロなのだ。「自分の考えなのか、そうでないことなのか」は、すぐ見破れるものなのだ。また、「パクった」意見は、面接の当日、きちんと話せるかどうかすらわからないし、意外な追加質問をされたときに対応できないなど、「頭が真っ白になって何も言葉が出てこない」ことがある。しかし、自分の体験や考えであれば、緊張のあまり「うまく話せない」ことはあっても、なんとか切り抜けることができるものだ。**自分の考えや意見を自分の言葉で話せるように準備やトレーニングを重ねよう。**

　マニュアル本の中に「使える事例」があっても、それはあくまでも参考にして、**自分オリジナルの回答ができるようにしてほしい。**

勘違い事例 4

集団面接・集団討論は目立ったモン勝ちだよね？

 ### 「協調性」や「思いやり」「社会性」も問われている！

　面接、特に集団面接や集団討論では、「いつでもだれよりも早く最初に手を挙げて」「できるだけ長く話す」「できるだけ数多く手を挙げて発言の機会を多くする」ことが秘訣だと考える人もいるが、発言の順序や回数だけでなく、内容、考え方、とらえ方全体が評価されていると考えてほしい。

　数多く発言すると「一度に考えをまとめて発言できない人」と評価されることもある。いつも最初に発言すると、「他の人の意見を聴く耳を持たない人」と判断される場合もある。集団面接や集団討論では、他人と協調して思いやりや配慮ができるかどうかということも評価されている。「よくしゃべって目立っていれば合格できる」という単純なものではないのだ。

　集団面接や集団討論で、他の面接者の意見に一方的に反論したり、得意顔になって勝利者の感情を現すというケースも見られるが、これも不適切。集団面接や集団討論は、相手と競争したりやりこめたりする場ではない。社会性も問われる場なのだ。相手の立場に配慮したコミュニケーション能力を発揮しよう。

勘違い事例 5

普段の話し方で親しみのもてる教師像を表現しました！

やっぱ〜先生って友達みたいなポジションってゆうかぁ〜頼れるお姉さん的な感覚って必要じゃないですかぁ？敬語で話せてとか、てぇ、マジ「先生なんだから尊敬しろ」とかそういう〜、なんていうの上から目線な感じだからぁ〜、なんか違うって思うんですよ。あたし的にはぁ

なんでも話せる先生・生徒との距離が近い先生をめざしてるんでぇ〜、そうすることで生徒たちもぁ〜心を開いてくれるってゆうか先生のことを認めてくれるぃぃになるって思ってるぃぃ。だって実際やっぱガミガミ言ってくる先生ってぇ、正直。

単に「言葉を知らないマナーに欠ける人物」と思われるだけ

　緊張している面接者に「肩の力を抜いて、答えてくださいね」「気楽に緊張せず、普段のように話してください」と面接官が、声をかけることもある。

　その言葉を額面以上に受けて、リラックスしすぎて、なれなれしくなったり、友達言葉で話してしまう人がいる。実際の面接でも、「マジ、そう思ってるんです」「あたし的には、それはちょっと違うっていうか……」「サークルとかで頑張っているときとかはぁ〜」「先週、そんなことがあったんですけどぉ〜」（語尾をやたらと上げる）という言葉遣いがみられる。そして面接が終わり「緊張など意外としなかった」「普段のように話ができた」「面接官って、意外と堅苦しくない」「親しげに話せた」「面接は緊張もせず、うまくいった」と感想を言う人もいる。これらは面接を甘くみてしまった結果である。

　特に学生言葉は、面接で使ってはならない。面接官に、言葉遣いを知らない、マナーに欠ける人物と受け止められる。緊張感がある適切な言葉遣いが好印象に結びつく。適度な緊張感を持続しよう。

勘違い事例 6

控え室ではリラックスしていいんでしょ？

面接官の前でだけチェックされていると思うな！

　面接は、面接官を前にしてから始まると思っている人も多い。しかし、どこでだれに何をチェックされているかわからない。よい印象はなかなか伝わらないが、悪い印象はすぐ感じ取れるものだ。

　面接（チェック）は、面接会場の「入口」から「出口」まで、行われていると考えよう。実際には、「入口」から「出口」まで見られているわけではないが、「その場だけうまくやろう」と思っても、うまくいかないものなのだ。「入口」から面接モードに入って、本番に円滑につなげよう。

2　面接重視は時代の流れ

 面接重視の時代

　教員採用試験は、筆記試験・面接試験・実技試験などがある。かつては、筆記試験の高得点者が一次試験の合格者となり、面接はそれらの受験者に対して就業の意志や希望などを聞く場として形式的に実施され、ほとんど筆記試験の高得点者がそのまま合格者になるといった傾向がみられたこともあった。

　これはいわゆる「一次試験重視型」「筆記試験重視型」の試験であったともいえる。しかし、現在は、教育上の知識が豊富であればそれでいいという時代ではなくなっているのだ。

　「教育は人なり」「教育は最後は人で決まる」といったことが、最近強調されるようになった。その人の人となりやその人物の全体が、教職に適しているかどうかといったことが重視されるようになったのである。また、論文や論述式の試験の結果がよくても、そのことを実践できる人物であるかどうかの見極めが、強く求められるようになったのである。

　多様化した児童生徒への指導や多様な価値観をもった保護者や地域の人々とも適切に対応していくことが今日の学校教育では求められるのである。知っているかどうかということよりも、その知識を実際の教育の場でしっかりと実践していくことができる人物であるかどうかが問われているのである。

　そのため、面接の在り方も近年は多様化するとともに、その結果を重視して採用が決定されるようになっている。

 面接重視型の受験戦略が必要

　このように、近年は面接を重視した人物本位の教員採用試験が実施されている。であるとすると、受験戦略としては、当然のことながら、面接を甘く受け止めることなく、「面接重視型」「面接対応型」の受験勉強が必要になってくる。

　この「面接重視型」「面接対応型」の勉強では、面接に関して体系的にまとめられている本書を活用し、「面接」に関してのポイントを熟知し、回答すべき内容などもしっかりと押さえておくことである。また、受験する都道府県によって、その形態や問われる内容なども異なっているから、ひととおり本書で学習した内容をさらにその傾向を踏まえて再度重点的な学習をすることも大切である。

第1章　面接試験を甘くみるな！

いずれにしても、面接への対応についての具体的な戦略を計画的に立て、それに基づいた面接対応の学習をすることが必要なのである。

 ## 面接を利用しろ！

　「面接には緊張が伴い、面接官の質問に対してきちんと回答できるかどうか心配だ」という人が少なくない。いや、むしろ多くの人がそのような気持ちをもっているのではないだろうか。面接を甘くみることなく、このような気持ちも大切にしながら準備を進めることは重要である。しかし、最後の最後まで不安を持ち続けたのでは自信喪失にもなりかねない。

　本書を活用した学習をすれば、「面接」が見えてくるはずである。それは「面接力」が身についたともいえる。しかしそのようなレベルでは十分とはいえない。面接をネガティブにとらえるのではなく、ポジティブにとらえていくようにすることが必要なのである。言い換えれば、面接では「聞かれる」「質問される」といった考え方ではなく、**自分の教職に対する意欲や熱意や教職への思いあるいは教職への適性や能力などを採用する側に伝えるチャンス**であると受け止めるのである。いわば、「守りの姿勢」ではなく、「攻めの姿勢」「自分を売り込むチャンス」と考え、面接をポジティブにとらえることである。そのためには、いかに売り込むかといった「戦略」が欠かせないわけで、そこに本書の活用価値もあるといえる。

　面接を決して甘くみてはいけない。真剣に対策を練る必要があるのだと肝に銘じてほしい。本書の学習を通して、クオリティの高い確かな「面接力」を身につけてもらいたい。

第2章

面接試験の基礎知識

1 教員採用試験における 面接試験の位置づけ

 ## 面接の重視の傾向

　教員採用試験は、一般教養・教職教養・専門教養そして面接などの試験から成っている。

　面接試験は、これまでは多くは一次試験に合格した者に対してだけ実施されてきたが、最近では一次試験に位置づけて、一般教養・教職教養・専門教養など並行して実施されるところもみられるようになっている。このことは、ペーパーテストの点数のみで一次合格者を出すのではなく、ペーパーテストの点数と同時に、人物そのものについても判断の資料にするようになったことを意味する。**最初の段階から面接を重視し、総合的な評価がなされるのである。**

　そのため、そのような試験が実施されるところでは、一般教養・教職教養・専門教養などの試験の準備とともに、面接試験への対応や準備なども同時に並行して進める必要がある。また、**面接試験には、個人面接・集団面接（グループ面接）・模擬授業・場面指導などの形態があり、これらをすべて実施するところが多くみられるようになった。**

 ## 見られるのはあなたの「人となり」

　「採用は人物本位で」、という言葉を聞いたことのある人も少なくないはずだ。特に教職は、子どもたちにかかわり、子どもたちに将来の夢や希望を抱かせるなどして、人間として成長していくうえでとても重要な役割を及ぼす職業である。そのため、**教職に関する確かな専門的な知識を身につけていることはもちろんのこと、その「人となり」が教職に本当に向いているのかどうかということが重要になってくる。**

　面接においては、まずこのことが、**面接官によって多面的にかつ多角的に確かめられる**のである。

 ## 単なる知識よりも教育の現場での実践力が確かめられる

　面接というと「聞かれたことに答えればいい」と思っている人もいるかもしれないが、そう簡単にはいかないのが実情だ。

　最近の面接では、「宿泊行事に出かけましたが、A君がどうしてもグループに入れず、一人で行動してしまいます。あなたがこのクラスの担任であったらどのようにA君に対応しますか」といったように、**実践的な指導の方法などについて問われることが**

多くなっている。教職教養や専門教養の試験では問われなかった内容である。

　こうしたことは場当たり的に答えることもできなくはないが、面接官が求めているのはそんなレベルではない。受験者に求められているのは、冷静に現状を把握し、学習指導要領はもちろん、各種の答申や法律的な背景などもしっかりと押さえたうえでの、具体的な話なのだ。単なる知識を問うているのではなく、実践的な指導力の資質や能力などを見定めているのである。

　このようなことを踏まえると、面接の位置づけが、単なる知識を問う場ではなく、その知識を踏まえて、どう指導するのか、どう子どもとかかわろうとするのかといった、実践的な指導力が確かめられる場となってきているといえるだろう。実際に教員となったときに遭遇するであろう様々な場面に応じて、こんなときはどう対処すればいいのか、自分ならどう指導するかということを、きちんと事前に考えて準備をしておく必要があるのだ。

様々な形態の面接試験

　面接試験には、個人面接・集団面接（グループ面接）・集団討論（グループディスカッション）・集団活動（グループワーク）・場面指導（ロールプレイング）・模擬授業・パーソナルプレゼンテーション（スピーチ）・英会話面接（対象は英語教諭）など様々な種類がある。

　全国的にみると、個人面接・集団面接・集団討論・場面指導・模擬授業という形態がポピュラーではあるが、面接官の人数や面接時間などはそれぞれによって異なるとともに各都道府県・政令指定都市（以下、県市）で必ずしも一定していない。

　大切なことは、自分が受験する県市の教育委員会などでは、どのような形態の面接がこれまで実施されてきたかを調べ、それへの戦略を立てることだ。いずれの面接試験でも、面接官が知りたいことは、ペーパーテストでは知ることのできない**一人ひとりの教職に対する熱意や意欲、資質・能力や適性**などである。

 ## 自己PRの機会としての個人面接

　個人面接は、受験者1人に対して2～5人の面接官によって20～30分間行われることが多い。**個人面接では、受験者の教職に対する熱意や意欲とともに基本的な適性の可否が見極められる。**

　ここでは教職に対する熱い思いを語ることも必要であるし、礼儀作法といった接遇の態度が評価されることも十分留意しておくことが必要である。ここで問われることの一つは、事前に提出した書類に記載した、志望の動機やめざす教師像あるいは長所や短所などである。記載した内容をさらに膨らませ、自己をPRするといった観点も忘れずに、それらを簡潔に述べることが重要である。

　次に問われることが多いのは、現在の子ども像をはじめとした児童生徒の特性、学習指導や生徒指導や進路指導上の課題、学校改革や教育改革、最近の教育時事など、**幅広い側面からの具体的な教育課題**である。ここでは、これらの教育課題に対する認識の程度やそれに対する**あなた自身の考え方やとらえ方**などが問われることになる。

　なお、個人面接の典型的な質問と回答例については、第3章にまとめてある。また、個人面接の攻略法と実際の面接のやり取りを収録した「実況中継」については、第4章の172ページに示したので、そちらを参照してほしい。

●個人面接を実施している県市＝68県市

一次試験	12県市（※太字は二次試験でも実施している県市）	石川県、**静岡県**、**京都府**、**岡山県**、広島県、**静岡市**、**浜松市**、京都市、**大阪市**、**堺市**、**岡山市**、広島市
二次試験	64県市	石川県、大分県、京都市、広島市を除く県市
三次試験	2県市（※太字は二次試験でも実施している県市）	**大阪府**、**大分県**

出典：「令和3年度教師の採用等の改善に係る取組事例」（文部科学省）より作成

幅広い分野から課題が出される集団面接（グループ面接）

　集団面接（グループ面接）は、2～5人の面接官によって、受験者5～10人のグループ単位で実施されることが多い。時間は1チームの人数にもよるが30分程度実施されることが多い。

　ここでは、志望の動機、めざす教師像、児童生徒の実態、学習指導、生徒指導、進路指導、教育改革・学校改革、家庭や地域とのかかわりに関する課題など、幅広い分野から問われる。また、学力低下問題・確かな学力・ボランティア活動・説明責任・学校力といったキーワードのみが示される場合や少人数指導を行う時の留意事項、人間関係を構築していくうえで大切なことといった具体的な内容が示され、それらについて意見や考えを述べる場合がある。

　一般的な集団面接は、まず全員に共通の課題が与えられ、それについて3分間ほどの考えをまとめる時間が与えられる。次に考えのまとまった人から挙手を行い、考えを発表する。発表した内容については、そのつどか、または全員がひととおり発表したのちに質問される。出題されるテーマは複数あると思っていたほうがよい。

　いずれにしても**出題された課題に対して、客観的な事実を踏まえ、内容を体系的に理解し、きちんと自分の考えを述べることができるかどうか**が問われる。ここは集団討論の場ではないので他の人の発表内容を踏まえて述べることは少ないが、追加質問などでは他の人の意見などを踏まえて述べることも必要である。

　なお、集団面接の典型的な質問と回答例については第3章を参照してほしい。また、集団面接の攻略法については、第4章の192ページに示した。

●集団面接を実施している県市＝28県市

一次試験	13県市	秋田県、富山県、長野県、岐阜県、滋賀県、京都府、奈良県、兵庫県、徳島県、香川県、愛媛県、神戸市、豊能地区
二次試験	15県市	宮城県、茨城県、栃木県、群馬県、埼玉県、東京都、山梨県、静岡県、和歌山県、鳥取県、鹿児島県、仙台市、さいたま市、名古屋市、京都市

出典：「令和3年度教師の採用等の改善に係る取組事例」（文部科学省）より作成

見方や考え方が問われる集団討論（グループディスカッション）

　集団討論（グループディスカッション）も集団面接と同じように、2～3人の面接官によって、6～8人のグループ単位で実施されることが多い。時間は1チームの人数にもよるが、50～60分程度で実施される。

　集団討論で問われる内容も、児童生徒の実態、学習指導、生徒指導、進路指導、教育改革・学校改革、家庭や地域とのかかわりに関する課題など、幅広い分野にわたっている（下の表を参照）。

　しかし、集団面接での問われ方と異なって、例えば、「基本的生活習慣を身につけることは、社会生活を送るうえで大切です。子どもの望ましい基本的生活習慣を形成するため、学校においてどのような取り組みが必要か話し合ってください」といったように

●集団討論のテーマ例
・教師の責任について
・確かな学力の育成について
・学校行事の日程変更など無理な要求をしてくる親に教師としてどう対応すべきか
・担任としていじめや不登校を未然に防ぐためにどんな対策を実践するか
・開かれた学校づくりについて
・学校でのキャリア教育について
・現代社会に欠けているものは何だと思うか
・公共心の涵養について
・食の安全について
・人権について
・あなたの人生観について

討論のテーマが具体的に示されるのが特徴である。

　討論の進行は面接官が行う場合もあるが、グループの中で決めてくださいと指示されることもあるし、まったく司会進行役を決めずに実施されることもある。

　討論のテーマが示された後、考えをまとめる時間を3分程度与えられ、挙手をして討論に入る。時間が来ると討論の途中でも終了となることが多い。**必ずしも発言が多ければいいというわけではない。見方や考え方を実態を踏まえて論理的・体系的に述べるようにしよう。**

　なお、集団討論の攻略法と実際の討論のやり取りを収録した「実況中継」については、第4章の194ページに示したので、そちらを参照してほしい。

●集団討論を実施している県市＝18県市

一次試験	7県市	富山県、長野県、滋賀県、兵庫県、奈良県、徳島県、香川県
二次試験	11県市	宮城県、茨城県、栃木県、埼玉県、東京都、山梨県、静岡県、鹿児島県、仙台市、名古屋市、京都市
三次試験	1県市	大分県

出典：「令和3年度教師の採用等の改善に係る取組事例」（文部科学省）より作成

実践力が問われる模擬授業

　面接官を児童生徒に見立てて授業や学級活動を一定の時間行わせる模擬授業は、**実践的な指導力を観察できる試験方法として近年その実施が増加している。**

　模擬授業の実施形態はさまざまである。あらかじめ受験教科の指導計画を当日持参（面接官のためを含め5～6部準備）し、そして当日模擬授業を実施する個所が指定される場合もあるし、実施する教科や単元などが決まっているところもある。

　また、模擬授業は必ずしも教科・科目とは限らず、道徳の時間や学級活動（ホームルーム活動）などの場合もある。時間は5～6分から実際の授業時間に近い時間実施す

第2章 面接試験の基礎知識

るところもある。

　また、板書を必ず行うことなどの条件がついているところもある。もちろん、そこには児童生徒はいないが、面接官が児童生徒役を演じることになる。その場合はその児童生徒から質問を受ける場合もある。いずれにせよ、模擬授業では実践的な授業力が問われることになる。

　なお、模擬授業の攻略法については、第4章の204ページに示したので、そちらを参照してほしい。

●模擬授業を実施している県市＝41県市

一次試験	2県市	群馬県、石川県
二次試験	38県市	青森県、岩手県、秋田県、福島県、茨城県、千葉県、富山県、山梨県、長野県、三重県、滋賀県、京都府、兵庫県、奈良県、島根県、岡山県、徳島県、香川県、高知県、福岡県、佐賀県、長崎県、熊本県、大分県、宮崎県、沖縄県、さいたま市、千葉市、横浜市、相模原市、新潟市、浜松市、京都市、神戸市、岡山市、福岡市、北九州市、熊本市、豊能地区
三次試験	1県市	大阪府

出典：「令和3年度教師の採用等の改善に係る取組事例」（文部科学省）より作成

●模擬授業の具体例
・与えられた課題について、事前に指導案を作成し、指定された時間内で授業を実施する。
・朝のショートルームを想定し、指定された時間内での指示・連絡事項等を伝達する。
・模擬授業を行った後、個人面接で授業に関する質疑応答又は集団面接内で討議を行う。
・受験者が教師役、面接委員を児童生徒役として実施する。
・グループで順番に担任役を決め、他の者が児童・生徒役となる。
・実際に中学生（ボランティア参加）を対象に実施する。

多く見られるようになった場面指導（ロールプレイング）

　場面指導（ロールプレイング）では、具体的な生徒指導などの場面が設定され、その設定場面でどのように対応するかが問われる。

　例えば、「清掃中に窓ガラスを割ってしまった生徒がいる。その場合、どのように対応するか」「バレーボール部の部長であるＡさんが部を辞めたいと言ってきた。どのように対応するか」というような場面での指導力が問われるのである。

　受験者が先生役を、児童生徒や保護者あるいは地域の人などの役を面接官が行う場合もある。この場合は、どうするといった対応の内容を聞いているのではない。実際に子どもに声かけをしたり相談にのったり指導したりするその実際の場面を演じることが必要なのである。まさに実践的な指導の方法が問われるのである。

　なお、場面指導の攻略法については、第4章の208ページに示したので、そちらを参照してほしい。

●場面指導を実施している県市＝29県市

一次試験	2県市 （カッコ内は個人面接中に課している県市）	京都市 （浜松市）
二次試験	27県市 （カッコ内は個人面接中に課している県市）	茨城県、栃木県、群馬県、埼玉県、長野県、岐阜県、愛知県、三重県、奈良県、兵庫県、愛媛県、沖縄県、横浜市、相模原市、新潟市、浜松市、名古屋市、大阪市、堺市、神戸市、熊本市 （宮城県、秋田県、山形県、東京都、鳥取県、静岡市）

出典：「令和3年度教師の採用等の改善に係る取組事例」（文部科学省）より作成

●場面指導の具体例

・指定された課題（生徒指導・保護者からの苦情対応・保健室へ来室した子どもへの対応・火災発生時の対応・行事前の指導・ホームルームにおける指導等）に対する指導や対応を行う。

・子どもや保護者・地域への対応場面を想定した質問を課す。

・受験者が教師役、面接委員を児童生徒役として実施する。

・実際に中学生（ボランティア参加）を対象に実施する。

第**2**章 面接試験の基礎知識

3 面接官はどういう人たちなのか

 ## 面接官の多くはベテランの校長先生

　面接室の中には、やや年配の「面接官」と呼ばれる人たちがいる。この人たちはどのような人たちなのだろうか？

　面接試験は限られた日数の中で一斉に行われるために、1部屋当たりの面接官は2〜3人だが、全体ではかなりの面接官数になる。場合によっては100人を超えることもあるのだ。この多数の面接官を確保するには教育委員会の指導主事などの職員だけではとてもまかなうことはできない。そのため、小・中・高等学校などのベテランの校長や教頭（副校長）などが依頼されて面接官となっているわけだ。皆さんが目にする面接官の多くは、このような経験豊かな、学校教育に精通した専門性の高い先生方なのだ。

　最近では、面接官の中に一人は民間企業などの人事部長や人事課長などの人事担当者を加えていることが多い。学校という限られた目からだけではなく、教員である前に優れた社会人としての資質や能力を備えているかどうかを判定しようというわけだ。

　なお、教育委員会の指導主事の方々も、現在は教育行政の業務に就いて各学校に対して指導助言などを行っているものの、それ以前は学校に勤務していた方々である。

　いずれにしても、面接官は学校教育に関して極めて広く高い見識を有している方々であることに間違いはない。受験者が、生半可な知識や、ぼんやりと思っていたことを語るだけでは、絶対に太刀打ちできないと思っておいてほしい。マニュアル本からの受け売りなどはすぐに見破られてしまうだろう。

 ## 面接官は事前研修を受講している

　教員の採用試験を実施する教育委員会は、前述のような方々に依頼して面接試験を行っている。依頼された面接官は、日頃から面接を行っているわけではないため、面接を実施するための事前のトレーニングを受けている。採用試験で最も重視されることは、正確性・公平性・客観性だ。事前のトレーニングも、これらをいかに確保するかが面接官に求められているからだ。

　教育委員会は面接官に対して、重視する点を確認するために事前研修などを行う。そこでは、面接の内容や、だれがどのような質問を行うのかといった具体的な役割分担や評価や評定の基準などを打ち合わせる。そのため、面接会場によって質問内容や評価や評定の基準などが大きく異なることはない。面接会場によって「当たり外れ」といった

ことはないのだ。

優しく対応する面接官

　面接官は、教育経験豊かな専門性の高い先生方であるが、面接での対応は極めて優しい感じを受けることが多いだろう。「今朝はちゃんと起きられましたか？」などと緊張をほぐしてくれる言葉かけをしてくれることもある。緊張感をもつことは大切だが、過度に緊張することはない。面接官を恐れることなく、安心して問われたことに対してきちんと答えることが大切だ。

緊張感と安心感をもって面接官へ対応しよう

　これまで述べてきたように、面接官のほとんどは学校教育のベテランであるし、多くの教職員を見てきた人たちであるし、面接にも慣れておられる方々である。また、面接官は年配者も多く、皆さんにはていねいに接してくれるはずある。だからといって緊張のあまり「コチコチ」にカタくなりすぎることはないし、逆になれなれしい態度をとってしまうことにも十分に注意をする必要がある。

　その意味では、適度の緊張感をもち安心して面接に臨むことが重要になってくる。そのような状況の中でこそ、自分のしっかりとした教員への熱意や意欲が伝えられるとともに、面接官からの質問にも適切に回答することができるのだ。特にその際、新卒の受験者は若々しさを、社会人経験のある受験者は落ち着きや安定性を強調することがポイントにつながることもある。

4 面接官は受験生の どこを見ているのか

 ## まずは外見で判断される

　「人は外見で判断してはいけない」とよくいわれる。しかし、限られた面接時間では、外見はとても重要な判断材料になる。面接官は常に「この人（受験生）に子どもを任せても大丈夫だろうか」と考えている。子どもにとっても先生の服装や身なりなどはとても気になるところであるから、面接官も当然外見に注目している。**面接での衣服や化粧や髪型などは清楚でシンプルを旨としたい。**とにかく大事なのは「**清潔感**」だ。

　外見という観点からは、礼儀作法もとても大切だ。面接会場の受付や会場に移動する途中でのあいさつや言葉遣いも十分注意する必要がある。もちろんまだ面接は始まってはいないが、面接会場のある建物に入ったところから、面接が始まっていると思ったほうがよい。面接会場に入るときの礼儀や椅子への座り方、落ち着きのある態度であるかどうかなどは、面接官の第一印象になることでもあり、採点の基本的な材料の一つになる。それには、「温厚篤実」な印象を与えることが重要である。

　なお、服装やマナー、入退室の仕方などについては、第4章で詳しく説明しているので、そちらを参照してほしい。

テキパキと対応できるか

　面接が始まると、面接官は、質問に対する答えの中身だけでなく、対応の仕方などの態度にも注目している。面接官の質問に対して、テキパキと対応できているかどうかという点だ。「あのう……そのう……」と右往左往した態度、優柔不断でテキパキしないといった印象、ぐずぐずして決断力が鈍いといった感じを与えてはいけない。「はい。それは……です」とはっきりして歯切れのよい対応を心がけよう。

　それにはテキパキと簡潔に対応するとよい。また態度としては、「威風堂々」や逆に「平身低頭」といった印象を面接官に与えないようにしたい。「威風堂々」は周りを圧するように受け止められることもある。また、「平身低頭」は自信のなさといった印象を面接官に与えてしまうこともある。**面接官に「謹厳実直」といった感じを受け取ってもらうことが重要である。**

 ## 教員としての基本的な資質や能力は十分か

　教師としての基本的な資質や能力を十分備えている人物かどうか。これは面接官が最も注目していることである。

　子どもを大切にする温かな思いやりや教育的な愛情、教育に対する熱意や意欲をまず重視している。それだけでなく、教職という専門職に対する自覚、教科・科目への専門的な知識やその指導力も問われる。現場の教員としての対応という観点から、いじめや不登校という教育課題の認識や実践的な指導力も重要だ。

　また、教員は一人で成り立つ仕事ではない。他の教員とともに校務を推進していくうえでの協調性や協働性、保護者や地域の人々からの信頼を得られるかどうかといった信頼性や社会性も重要だ。人間的な魅力があるかどうかも見られる。**得意分野をもつことをはじめとする豊かな個性や人間性などを、面接官は総合的に観察している。**

　面接では、これらのことを踏まえ、自分がもっている長所や強みやよさを積極的にPRすることも重要なのだ。

コミュニケーション能力を有しているか

　今日の学校では、児童生徒の特性や個性は多様化している。またその保護者の学校教育に関する期待や思いは様々である。さらに、開かれた学校づくりが推進され、地域の様々な方々とのかかわりも増加している。教員には、児童生徒をはじめ保護者や地域の方々とのかかわりを積極的に進めることが求められている。そのため、面接官も人間関係を受験生が適切に形成していくことができるかどうかといった点を、とても気にしている。

　人間関係を形成していくうえでの能力として欠かせないのは、コミュニケーション能力である。**受験生にコミュニケーション能力があるかどうかを面接官は見極めようとしている。**コミュニケーション能力とは、一方的にペラペラ話せばよいということではない。面接官の質問に対して、回答が正対していることが必要だ。そのために面接官の話されることを正しく聴き取る力（傾聴力）をつけよう。

社会性を有しているか

　これまでの教員の欠点として「社会性の欠如」が指摘されてきた。また、「学校の常識は、社会の非常識」ともいわれてきた。現在の学校はこれまで以上に、保護者や地域や関係機関の方々とのかかわりが増加している。そこで問われるのが、**教員の社会性である。**面接官も当然このことは評価のポイントにしているはずだ。

　社会の変化への対応能力、広くて豊かな教養や人間性、国際的な視点に立った広い視野からの発想や考え方などをもっているかどうかといったことがチェックされる。**画一的で硬直的な回答は避け、多様性や柔軟性のある対応を心がけよう。**特に、「上から見下す」考え方や発言は絶対にしてはいけない。

向上心があるか

　受験生は、いくら優れていたとしても、教員に求められる資質や能力をすべてもち合わせているわけではない。面接官が注目するところは、その基礎的・基本的な資質や能力をもっているかどうかだ。そして大切なのは、教職に就いてからも、**その資質や能力を向上させていこうとする意欲や熱意や態度があるかどうかというところだ。**

　改正された教育基本法にも、「……学校の教員は、自己の崇高な使命を深く自覚し、**絶えず研究と修養に励み……」**と規定されている。このことを踏まえ、面接では、その受験生に謙虚な向上心があるか、研究と修養に励む印象を得ることができるかどうかというところは、大きなポイントになる。**面接官は、受験生の将来性についてもチェックを入れているのだ。**

5 面接に備えてどんな準備をしておくべきか

まずは過去問の調査を行う

　面接試験には、個人面接・集団面接・集団討論・集団活動・場面指導・模擬授業・英会話面接（対象は英語教諭）などがある。どのような形態の面接が実施されるかは、地域によって異なるし、一次試験から面接が実施されるところもあれば、二次試験で初めて面接が実施されるところもある。大切なことは、**自分が受験する県市の教育委員会ではどのような形態の面接が、どの段階の試験で実施されているか**を調べることだ。

　過去の面接問題は、ほとんどの地域で公表されている。出版社から問題集として販売されている地域もある。まずは過去問の内容を検討して、それへの戦略を立てよう。

想定質問を作り、予行練習をする

　過去の情報を調べると質問の予想がある程度できる。そこで、自ら想定質問を何題か作ってみよう。また、その想定質問に対する模範回答を作成し、その内容を話せるように、声に出して言ってみるのだ。

　模範回答の文案は長文にならないように要点を絞って箇条書き風にまとめてみるとよい。準備した内容をすべて話す時間が十分ない場合もあるので、臨機応変に対応できるようにしておくことが大事だからだ。

　時間がある場合にはいくつかの箇条書き風にした内容を組み合わせて話す。限られた時間であれば、そのうちの最も適切な内容を選択して話せるようにしておくのだ。

　また、話す練習も、文章を一字一句丸暗記するといったことではなく、話の内容のストーリー性を重視したほうがよい。その場合も台本を読み上げるといった感じではなく、面接の当日を想定し、大きな声を出して、話し言葉で言えるようにしなければならない。

　予行練習を何度もやってみたら、友達などに想定される質問を渡して面接官役をやってもらうとよい。椅子や机なども配置し、時間もきちんと決めて**本番さながらの雰囲気で行ってみると効果的**だ。そして、予行練習の様子を録音したり、ビデオに撮って見直してみてほしい。改めて自分をみてみると、意外な弱点や改善点もみつかるはずだ。さらに、友達からもよかった点や改善したほうがよい点などを率直に述べてもらうようにしよう。

民間企業などの面接との違いに注意

　民間企業等の新卒採用においては、「固定観念にとらわれず、個性豊かで独創性にあふれたバイタリティある若者を期待しています」といったことを聞くことも少ない。特に、グローバル化が急速に進展する国際社会において、フロントランナーとして世界の先頭集団を走るわが国においては、そのようなベンチャー精神をも有する豊かな人材が求められている。

　もちろん21世紀の教育を担う皆さんにもそのような資質や能力が求められてはいるが、学校教育に携わる教員に最も強く求められるのは、**企業のような特定の目標達成のための人材ではなく「公教育」に携わる人材であり、広く国民の「全体の奉仕者」としての優れた人材**なのである。

　今日の学校においては、児童生徒のみならず保護者や地域の方々の多様な期待やニーズに応え、教育者としての信頼を勝ち取っていく必要がある。そのため、面接においても、これらのことを踏まえ、実践的な指導力はもちろんのこと、理解力・判断力・表現力・計画力・実行力・社会性・協調性・協働性・持続性・積極性・明朗性・責任感・安心感・安定感・信頼感など、総合的な側面から人物評価が行われる。

　民間企業等の採用の現場では、服装や態度などでそのユニークさが重視されることもあるが、教員においては、前述のように、「公教育」に携わる人材であり、広く国民の「全体の奉仕者」としての優れた人材が求められる。そのため、ある人にとってはユニークであり個性豊かと思われても、ある人からはそのユニークさや個性がマイナス評価を受けることがあってはよいとはいえないのである。

　そういう意味では、**教員採用試験の面接では、民間企業等とは異なった視点から厳しくチェックされる**。この点に注意しておいてほしい。

積極的に人前で話すことを心がける

　面接で多くの人が苦い思いをするのが、「あがってしまった」ということだ。あがってしまうと、面接官の質問を正しく受け止めることができない。面接態度も落ち着きを失ってしまい、いつもの自分とは異なった自分になってしまう。結局よいところを十分発揮できないままに終わってしまうことも少なくない。

　面接となると緊張がつきものだが、このような状態に陥らないようにするには、経験や体験を積み重ねることが一番だ。といっても、教員採用試験の面接を何度も受けるといった、経験や体験を重ねるわけにはいかない。前述のように、**想定質問を作って予行練習を何度も積み重ねてみることも効果的**だ。

　そのほかにも、積極的に人前で話す機会を多く作るようにしたい。例えば、大学での

ゼミで積極的にリーダー役を引き受け、全体をまとめたり会議の進行を行ったりするとよい。また、サークル活動などでも物静かに参加するのではなく、できるだけ多く自分の考えなどを発表するよう心がけて実践しよう。トレーニングを普段から心がけておくと、人前で話すことに抵抗感が少なくなる。**人前で声を出して考えなどをまとめて発表したり意見を述べたりする機会を自分から作る。また、その機会を生かすこと**が重要だ。

事前に提出した面接票などを再確認しておく

受験に際して提出した**個人に関する調書や面接票に記入した内容は必ず再確認して**こう。面接では、これらに記入した内容が必ず問われると思ってよい。教師を志望した動機や理由、ゼミや卒論あるいは専攻の学習内容、サークル活動やその役職、ボランティア活動などの社会貢献活動の内容、性格や長所・短所、特技や資格など記入した内容は絶対に覚えておかないと、面接官から質問を受けたときに、「そんなこと書いたっけ？」と混乱したり、書いた内容と違うことを話してしまったりしかねない。

また、ただ経験したり資格などを取得したというのではなく、**教職に就いたり教員になったときにそれをどのように生かせるかというところは、事前にきちんとまとめておくこと。**もちろん、面接の場で簡潔に話せるようにしておきたい。

また、模擬授業のために事前に提出・持参しなければならない指導計画は、どの部分についても授業ができるようにしておく。特に模擬授業では、記載した配慮事項が面接官にもわかるように授業を実施したい。ここでも記載した事項は再確認しておこう。

あとは自信をもって臨むこと

受験の不安はだれでもがもつことだ。決してあなただけがそう思ったり、感じたりしているわけではない。控えめの態度は自信のない態度と受けとられることもあるから、控えめな態度がよいとは限らない。また逆に、自信に満ちあふれた態度は、傲慢で謙虚さに欠ける態度と受け止められることもある。

自分のこれまで培ってきた個性や特性に自信をもち、自分のよさを極力受け止めてもらえることをモットーに、**率直に誠実に対応すること**だ。「自信をもって、笑顔を忘れずに、明るく元気に」の文字を大きく書いて自分の部屋に貼る人もいる。こうして、不安を吹き飛ばすマインドコントロールをすることも一つの方法かもしれない。

そして最後に大切なことは、面接日に向けての体調の管理だ。食事や睡眠は規則正しくとって万全の態勢で面接に臨もう。

第2章 面接試験の基礎知識

6 自己PRはどのように 行うのが効果的か

自己PRは面接全体の初戦

　自己PRの時間はすべての地域で必ずしもあるわけではないが、設定しているところは多い。自己PRの時間がとられているところでは、個人面接のときとは限らず、集団面接のときに「順番にどうぞ」と言われるところもある。

　いずれの場合も面接の冒頭で行われることが多い。その時間も短いところでは30秒程度。長くても3〜4分程度である。決して長い時間が充てられるというわけではない。考えてみれば、**面接全体がまさに自己PRである**のだ。最初の限られた時間での自己PRは、面接全体の初戦ということになる。そのため、ここで出鼻をくじかれないように万全の態勢で臨むようにしよう。

自己PRは絶好の売り込みの場

　PRは、public relationsの頭文字で、売り込み、宣伝という意味である。ここでしっかりと自分を売り込むようにしよう。当然、時間が限られているから、「あれもこれも」というわけにはいかない。「あれかこれか」に絞り込んでPRすることが必要だ。「自分にはいいところがたくさんある」とアピールしたくて「様々な経験をしました」「いろ

いろ頑張ってきました」と言う受験生も多いが、「様々」や「いろいろ」では何も伝わらない。焦点を絞り、なおかつ具体的な内容を伴ったPRでなければ意味がないのだ。

もちろんPRの内容は教職にかかわることである。教職、あるいは教員になることを前提にして、自分の強みや長所や特技を強調しなければならない。また、取得している資格、地域活動やボランティアなどの経験や体験、表彰を受けたことなどを述べるのもよい。

大切なのは、「教職、あるいは教員になることを前提としてのPR」「教育活動に生かしていくうえでのPR」であることを意識することだ。

 ## 自信をもって自己PR

謙虚さは大切ではあるが、それが過ぎると自信のなさに受け止められ、面接官に不安感を与えてしまう。確かに、自分のことを自分でよく言ったりほめたりすることには少々抵抗がある。しかし、ここでは面接官に**自分のよさを十分に理解していただくよう自信をもって具体的にはっきりと堂々と述べる**べきである。遠慮することなく、少々オーバーに話してちょうどいいくらいかもしれない。

ただし、話したことについては、その後の面接の中で問われることもあるから、事実から離れたことを話してはいけない。このことは注意すべきだ。

また、話をするときには、決して自慢げになってはいけない。明るく笑顔でゆとりをもって対応するとよい。そして、ここで面接官にいかに好感をもってもらえるかが、その後に続く面接に大きな影響を与えることにもなる。

 ## 重要度を踏まえて順序をつけて

受験者としては、自分の強み・長所・特技あるいは取得している資格、地域活動やボランティアなどの経験や体験など、たくさんのことを面接の場でPRしたいだろう。その気持ちはよくわかるが、時間も限られているので重点を絞らざるをえない。

そのため、**重要度を踏まえて優先順位をつけておく**ようにしよう。そのこと（話すこと）が、教職や教員とどうかかわっているのか、子どもたちの教育にとってどのような影響力を与えることができるのかといったことも踏まえて考えておくべきだ。

 ## まず書いてみよう、話してみよう

限られた時間でよりよく自分を理解してもらうためには、それなりの準備が必要になる。それには、自分の強み・長所・特技あるいは取得している資格、地域活動やボランティアなどの経験や体験などを、**きちんと整理しておくことが前提**となる。

まずは、自分のアピールポイントを箇条書きで書きとめてみよう。そして書き出した

ポイントから重要なものを抜き出して、話し言葉で本番に使えるような自己PRの下書きをする。それができたら実際に話してみる。その場合、自己PR時間が何分間であっても適切に対応できるように、いくつかのバージョンを準備しておくとよい。

　そして、どのような時間設定でも、簡潔にかつ重要な内容を欠落なく話せるようにしておく。できたら、友達などに聞いてもらい、率直に評価してもらうとよいだろう。

　実際に話してみるとわかることだが、知っていること、話そうと準備していること、頭の中で思っていることなどは、意外にうまく伝えられないものだ。十分話しきれな

かったり、逆に余計なことを話してしまっていたり、まとまりなく支離滅裂になってしまったり、「あのう、そのう」といった言葉が多発したりすることも多い。

　これを直していくには、何度も話してみることだ。場数を踏むことを心がける。そのような訓練の成果はきっとあるはずである。

男は…ペラペラしゃべるもんじゃないと教わりました…

不器用ですから…

…

キーワードで最終整理

　話す内容は、文章を丸暗記するのではなく、キーワードを整理しておこう。この言葉や用語だけは忘れないという語をキーワードとしてまとめておくのだ。文章を一字一句間違わず話すとなると、緊張の原因にもなりかねない。前記のように教職あるいは教員を前提にして、自分の強みや長所や特技、取得している資格などについて話すとよい。また、地域活動やボランティアなどの経験や体験、あるいはこれらにかかわっての表彰を受けたことなどについても積極的に話そう。

　最後に、大切なのは、「教職、あるいは教員になることを前提として」「教育活動に生かしていくうえでの」PRであることを忘れないことである。そして、弱みや短所について関連して問われることもあるので、対応の準備をしておくとよい。見方を変えれば、短所は長所に、弱みは強みになることもある。弱みや短所は一応認めつつも、その改善の努力をして弱みを強みに、短所を長所に転じてとらえるようにしよう。

7 志望動機はどのように 話すのが効果的か

必出質問の一つが「志望動機」

　教員への志望動機や志望理由（要因）は多くの地域での面接で問われているテーマだ。また、事前提出の書類などにも記入することが多い。当然のことながら書類に記入したことについては、さらに詳しく問われると思ってその準備をしておこう。

　志望動機と志望理由（要因）は異なることも踏まえておくことが必要で、一般には志望動機があって、志望理由（要因）につながっていく。志望動機と聞かれればその動機を述べればよい。ただし、志望動機や志望理由（要因）は、と聞かれれば、二つの内容が聞かれていると受け止める。前述のように、志望動機から志望理由（要因）へと話をつなげていけばよい。また逆に、志望理由（要因）を先に述べ、その動機となったのは、「……のような先生に出会い指導していただいたことです」といったように強調したい動機を後から述べるという方法もある。

　志望動機の述べ方の構成も十分配慮しておく必要がある。

多くみられる「恩師との出会い」

　志望の動機で語られるケースの多いことに、「先生との出会い」「恩師との出会い」がある。そして、「そのような教員になりたい」と結ぶパターンだ。

　このことは決して悪いわけでもなく、それはすばらしい動機になるのだが、内容が単に「とても熱心な先生であった」「思いやりのある温かな先生だった」「私のことをとても気にかけてくださった」などと一般的なものだったり、抽象的であったりしたのでは、面接官に志望動機は強く伝わらない。

　大切なのは、その先生や恩師にどのような影響を受けて教職をめざそうと思ったのかということだ。ここで必要なのは「どこを見て、とても熱心だと思ったのか」であり、「どんなことで、思いやりのある温かな先生であると思ったのか」「なぜ、私のことをとても気にかけてくださったのか」「これらのことが教育活動を行ううえで、なぜ重要であったと思ったのか」という具体的な内容だ。それがないと印象が弱いものになる。

　面接官を感動させる内容であれば、なるほどと受け止めてくださる可能性が強いし、インパクトもある。ここは「自分の一生の職を決めるのにふさわしい動機」であるはずなので、感情を込めて述べることが求められる。そのための事前の準備は欠かせない。

志望動機とめざす教員像との関連を明確に

　志望動機は人によって様々ではあると思う。その動機とかかわって、自分がめざす「こんな教員になりたい」という教員像があるはずだ。志望動機とめざす教員像が直接的であれ間接的であれ、リンクしている必要がある。めざす教員像を踏まえて志望動機を述べなければ、効果的なアピールはできない。

　事前に準備ができていれば、志望動機に関しての追加の質問をされても適切に対応することができる。面接官との対話を通して、児童生徒一人ひとりを大切にする温かな思いやりのある教員をめざしていることを伝えたい。教職に対する強い使命感や責任感、困難な課題にも積極的に取り組む姿勢、保護者や地域の方々からも信頼される教師という印象を勝ち取ることが必要である。

簡潔に力強く述べることが大切

　志望動機や志望理由などの回答は、ていねいに話そうとしてついつい長引いてしまう傾向がある。先生との出会いなど、人との出会いに関する話は特にそうだ。ある意味では、話せばきりがないともいえる。単なる個人的な思い出話にならないように気をつけてほしい。

　教員をめざす要因やめざす教員像との関連（影響力など）を踏まえ、志望動機を簡潔にかつ力強く述べたい。前項目（6.　自己PRはどのように行うのが効果的か）でも述べたように、**志望動機を書きとめておくことが重要**だ。伝えたい内容は、話し言葉で本番で使えるように下書きをしておく。また、実際に声を出して話してみる。できたら、友達などに実際に聞いてもらい、率直な感想を話してもらうと参考になるだろう。

第3章
回答のポイントはここだ!

うん、うん、なるほど ボクならこう答えるな、こうするな。

本書→

質問の意図を見抜いて
的確な回答を！

ただ答えればいいというものではない

聞かれたことに答えれば、会話としては成立するかもしれないが、それでは「面接試験」は成立しない。**面接試験では、面接官の質問の意図を瞬時に正しく判断して、それに正対した、的確な回答が求められている**のである。

質問された内容に関して、正しい知識、実態や現状についての理解、見方や考え方、そのことが生じた背景や要因、解決のための方策や課題、法律や答申等での規定や内容などをしっかりと踏まえうえで回答することが必要である。さらには、その回答する時間は限られているわけであるから、長々と話すわけにもいかない。理路整然とした話の内容になっていなくてはならない。

このようなことを踏まえて回答できてはじめて、「的確に回答できた」ということになる。**面接は、決してその場を切り抜ければいいということではまったくないことをしっかりと認識することが必要**である。的を射た回答をするためには、事前準備は絶対に欠かせないのである。

本書を活用した周到な準備で「合格」が見えてくる

「面接では何を聞かれるかまったくわからない」といったことを耳にすることも多い。確かに、教員を志望した理由やめざす教員像、これからの教育の在り方、学校教育の現状や課題、特別支援教育の推進、改訂された新しい学習指導要領、教育基本法や学校教育法の改訂とその趣旨や内容、子どもの実態、いじめ問題や不登校問題といったわが国の学校が抱える教育課題、キャリア教育の推進、授業評価や学校評価、青少年の非行問題、学力低下問題、低下する規範意識、開かれた学校づくり、保護者や地域と連携した教育の推進や学校づくりなど、面接で質問が予想される課題は多種多様である。

しかし、このことに怖じ気づいてはいられない。これらはすべてあなたがめざす「プロ」としての教職に欠かせない資質や能力にかかわることばかりである。言い換えれば、これらのことについて、きちんと対応できてこそはじめて、**教員採用試験の「合格」**という文字が見えてくるのである。

それには周到な準備が必要である。本書を活用して「面接力」を高め、面接に対する自信も身につけていただきたい。

面接での質問事項は予測することができる

「面接では何を聞かれるかまったくわからないといったことを耳にすることも多い」と述べたが、詳しく言えばこれは間違っている。決して「面接では何を聞かれるかまったくわからない」ということはない。むしろ面接に関して少し準備をすれば、逆に「**面接での質問事項は予測できる**」のである。そして、予測できるとなれば、その対策を講じることもできる。

本章には、その予測される質問課題が45テーマ設定されている。そして、これらの各テーマには「**ここを押さえろ！**」として回答のポイントが明確にされている。また、それらのことに関して何を具体的に述べることが必要なのかといったことを解説している。さらに、それぞれのテーマに関して「**回答例**」と「**講評**」が示されている。また、テーマとの「**関連質問**」も示されている。余裕があれば、これらの「関連質問」などにも挑戦し、さらに準備を拡充していくことも求められる。

いずれにせよ、本書を活用し、本書で取り上げた45テーマの面接で予測される質問に関して学習を進め、これらの内容を確実に身につけて面接に臨んでいただきたい。

自信をもって自分の言葉で話すことが必要

本書に取り上げた45のテーマについてひととおり学習すると、前述のように面接で問われる内容や質問に対してどのように回答（対応）すればよいのかということがおのずとわかってくるはずである。また、これまでもっていた「面接」に対する不安もある程度は解消されるはずである。

ところで、もう一つ大切なことは、ここで学習して身につけたことを丸暗記し、そのとおり、あるいはその内容をそのまま当日の面接で話そうとしてはいけないということだ。暗記した回答は、面接当日の緊張のあまり忘れてしまうことも少なくない。また、丸暗記した内容は、面接官からすればすぐにわかり、「よく覚えてきたね」としか評価されない。この評価は面接の合格基準からすれば遠く離れている。

大切なことは、**各テーマの内容を自分でよく理解し自分の言葉で、自分の考えあるいは自分の意見として受け止めてもらうように話すことができるようにしておくことだ**。「受け売り」は、ベテランの面接官には通じないということは、知っておくべきだ。

質問 1 　教員を志望する理由は何か

ここを押さえろ！
- 具体的なきっかけや動機
- 問われているのは熱意と意欲
- 明確な「教員像」

 ## きっかけや動機などを具体的に述べる

　面接では、必ずといってもいいくらいに問われる代表的な質問である。

　この質問に回答するに当たって大切なことは、**教職に対するす熱い思いや意欲などを語ること**。そのためには、教職の特質をきちんと押さえておく必要があり、その教職に自分を向かわせた、人との出会いや具体的なきっかけや動機などを端的に述べることが重要である。

　人との出会いや具体的なきっかけや動機などはややもすると長くなりがちであるが、ここでは簡潔に話すことが必要である。

 ## あなたのめざす「教員像」を明確に！

　「こんな教員になりたい」といったことを具体的に、**熱意が伝わるように自分の言葉で話すことが大切**である。「過去に出会った、あの先生のようになりたい」だけでは不十分なのである。

　現実の学校には様々な課題が山積しており、そのような課題にも立ち向かう意欲を表現する必要がある。またその一方で、教育に夢や理想をもっているというメッセージを面接官に伝えなければならない。**課題解決に立ち向かう骨太なバイタリティーと教育に対する理想などを伝えることが重要**なのだ。

　特に注意しなければならないことは、「教員像を明確に！」といっても、**教育職員養成審議会の答申にあるような、教員に求められている資質能力を延々と述べることではない**ということだ。

 ## 特性を教職で生かす

　話の内容に説得力をもたせるためには、「かつて出会ったあのような先生になりたい」「こんな先生になりたい」ということを自分の特性を踏まえて述べることが必要である。言い換えれば、**自分の特性は教員に向いているということを主張する**わけである。子どもたちと一緒にいることがとにかく楽しく感じられることや、子どもたちに教える

ことや一緒に学び合うことがとにかく好きであり、そこに喜びや楽しみを見いだせることなど熱意を込めて語ることである。

「自分が有している特性を教職で開花させることができる」ということが面接官に伝わるようにしよう。

回答例

1 私の中学校時代の社会科の先生は、生徒一人ひとりをとても優しく指導され、ほめてくださることが多く、とても活気のある授業をされていました。私は当初社会科が苦手でしたが、先生のこのような指導のおかげで得意科目になりました。「授業を通して人を変えることができる」、あのような先生になりたいと思い、教員を志望するようになりました。

2 私の特性を考えてみると、会社などに就職し、物を作ったり売ったりすることには向いていないと思うのです。それよりも子どもたちと向き合って、その成長を支援するという教職が私には向いていると思っています。教職を通して私の自己実現を図りたいのです。

講　評

1 最も多くみられる回答のパターン。きっかけや動機についてはよくわかるが、オーソドックスすぎ。この先生との出会いをきっかけとして、教職に対する熱意や意欲あるいは力強さなどをキーワードで加味していくとよりよい回答になる。

2 この内容だと、「会社などに勤務することが性に合っていないので教職を志望する」と受け止められてしまう。もっと積極的に自分の特性が教職に向いているということをアピールすることが必要である。

関連質問
・教員をめざす動機は何か
・教員を志望する最大の理由は何か

45

どんな教員をめざしているか

- 具体的な「教員像」
- 必要な基礎的・基本的な資質能力
- 実践的な指導能力や資質
- 専門職としての自覚

 ## あなたが描く「教員像」を具体的に話す

　「どんな教員になりたいか」が問われているわけなので、「こんな教員になりたい」という教師像を面接官がイメージできるように、具体的に述べる必要がある。なお、ここでも質問1のときと同様に、教育職員養成審議会の答申にあるような、教員に求められている資質能力を延々と述べてはいけない。

 ## 教員としての必要な基礎的・基本的資質能力に言及する

　この質問では全体としての教員の適性も問われている。教員に求められている資質能力を延々と述べてはいけないが、教員に求められている基礎的・基本的な資質能力に関連したことはきちんと押さえる必要がある。例えば、児童生徒一人ひとりを大切にする温かな思いやりや教育的な愛情、教職に対する強い使命感や責任感、わかるまで指導する授業、多様な特性を有する生徒や保護者などとのコミュニケーション能力や対応能力、困難な課題にも積極的に取り組む姿勢、児童生徒はもちろんのこと保護者や地域の方々からの信頼を得る努力などがある。

　これらのことについて述べるときも、単に前述のことを話すのではなく、自分の考えていることやこれまでの経験体験を織り交ぜながらあなた自身の言葉で語ることが必要である。

 ## 実践的な指導能力や資質が問われていることを忘れずに

　今日の学校教育には、学力低下問題や学力差の拡大、青少年の健全育成や非行問題、いじめや不登校あるいは中途退学問題など教育上の課題が山積している。教員にはこれらの課題解決に向けたに課題解決能力や対応能力が求められている。新任の教員といえどもこれらの課題に対応していく必要があるわけなので、採用面接に当たっても、これらの課題への認識や実践的な対応能力が問われているのである。

　そのため、面接では観念的な事柄や単なる知識を羅列することに終始してはいけな

い。「このような児童生徒には、このように対応する教員になります」といった、**具体的で実践的な内容を伴ったことを話さなければならない。**

プロとしての自覚と意気込みを述べる

　改正された教育基本法には、新たに「教員」に関する条項が設けられている。ここには、「法律に定める学校の教員は、自己の崇高な使命を深く自覚し、絶えず研究と修養に励み、その職責の遂行に努めなければならない」と記されている。教員は、ここに述べられているような専門職としての職責を担うわけである。そのような**プロとしての教師をめざす自覚と意気込みを熱く語ることが必要**である。また、学校では先輩の先生方の指導を受けながら、絶えず研究と修養に励み組織の一員として職責を果たしていくという考えを述べることも忘れてはいけない。

<table>
<tr><th>回答例</th><th>講評</th></tr>
<tr>
<td>

1 教職は、将来の社会を担う人間を育てる職業です。そのため、教員には、豊かな人間性や子どもたちに対する深い愛情、使命感や責任感そして実践的な指導力などが強く求められています。大学などで学んできた専門的な知識だけでは児童生徒の教育を進めることはできないと考えます。そこで私は、児童生徒理解に努め、一人ひとりの個性を大切にした、温かくて思いやりのある教員をめざしています。そして、いつも児童生徒とともに汗を流し、喜びも悲しみもともに分かち合うことのできる教員になりたいと思っています。

</td>
<td>

1 前半の部分は教職に対する思いが述べられているが、やや重い。もっと簡潔に述べ、後半の内容を膨らませることが必要である。「こんな教員になりたい」という思いが十分伝わってこない。

</td>
</tr>
<tr>
<td>

2 私は、児童生徒にとって「よき指導者であると同時によき相談相手」であるといった教員をめざしています。常に児童生徒の声に耳を傾け、児童生徒の立場に立って指導できる教員でありたいです。それには保護者の方々や他の先生方とも連携し、多様な児童生徒の特性を的確に把握し、温かく対応できなければいけないと思います。授業以外でも部活動や放課後など、積極的に児童生徒とかかわり、心と心の通い合いを築き上げていくような教員になりたいのです。

</td>
<td>

2 前半では児童生徒思いの温かな心が伝わってくる。児童生徒第一主義といったメッセージがよくわかる。「face to face」「heart to heart」の考え方はとても大切だが、その一方で教育には厳しさも求められている。このことに対する考えが十分表れていない。

</td>
</tr>
</table>

関連質問

・あなたのめざす教員像はどのようなものか
・これからの教員にはどのような力が求められるか

あなたの強み・弱みは何か

- 自己PRのチャンス
- 強みは自信をもって強調
- 弱みは視点を変えてアピール
- 思いつきはダメ

自分のいいところを通してアピール!

「長所・短所は何ですか」「得意・不得意なことは何ですか」といった形で問われることもあるが、いずれの場合も自己PRの絶好のチャンスである。ただし、強みや長所あるいは得意なことを何でも話せばいいというわけではない。その強みや長所あるいは得意なことを教職にどう生かせるのかといったことを踏まえて簡潔にプレゼンテーションしなければならない。当然のことであるが、面接官にアピールできるように、重要度を考え順番をつけてその内容などを事前に準備しておくことも必要である。

強みは謙遜せずに自信をもって話す

強みや長所あるいは得意なこととして取り上げる内容には、教員に向いている個性や性格・得意な学科や分野・取得した資格・スポーツや文化活動などにおける得意な種目や分野・特技・地域でのボランティア活動・高校や大学などでのリーダーとしての活動・大会への出場や参加とその結果・表彰（高校や大学などでの表彰なども含む）などたくさんある。自分を支えている強みや長所などは、自分の自信にもなっているはずであるし、そのことと教職とのつながりをどこかに見いだせるはずである。**具体的なことを取り上げて自信をもって謙遜せずに述べることだ。**きっとそのときのあなたの顔は輝いているはずである。

弱みも見方を変えて強みに

人間だれしも弱みや短所や苦手なことはある。面接で聞かれた場合も隠したり恥ずかしがったりせずに、きちんと述べることが必要である。弱みや短所は表現の仕方によっては、マイナスイメージをさらに大きくしてしまう。そこで大切なことは見方を変えて、**弱みを強みに変えることである。**短所も見方を変えれば長所にもなる。たとえば、処理が遅いといった弱みは、慎重に事に臨むといった強みにもなるのである。そんな思いをもって、「ダメな私」などということは考えずに述べればよい。

教職に関連づけて、重要度の高いものから順番に述べる

　特に強みや長所などを述べるときには、そのことが教職とどうかかわっていくのか、教育活動にどう生かすことができるのかといったことを踏まえて話すことが必要である。例えば、「経験や体験を生かし、ぜひ、児童生徒にも伝えたい」「一緒にやり、挑戦させてみたい」といった言葉を補ってみることもできる。

　あれもできるこれもできるといった具体的根拠に欠けるPRや自慢になってはいけない。時間を考慮していくつかに絞ることも必要であるが、重要と思われることは時間をかけて述べ、その他のことについては簡単に触れるといったように、時間と内容に軽重をつけて伝えることも必要である。

回答例

1 私の強みは、子どもたちと一緒に過ごすことがとにかく大好きということに尽きます。今も児童館に週3回出かけ小学生と一緒にゲームやスポーツなどを行っていまして、子どもたちの相手は結構大変なのですが、みんなの笑顔を見ると疲れも吹き飛びます。最近は児童館の事業計画作成に携わったり、リーダーたちのまとめ役もやらせていただいております。これらの経験や体験は教員になっても生かせると思います。

2 私は運動が大好きで、高校では野球部に所属し、ポジションはキャッチャーでした。甲子園には出場できませんでしたが地区大会や県大会には何度も出場しました。大変忙しい高校時代を過ごしましたが、一つのものをやり続けることの大切さを学びました。この体験から得たことは、子どもたちに教科や部活動の指導で生かせると思います。これが私の強みです。

講　評

1 現在行っているボランティア活動と結びつけて自分の強みが語られており、具体的でよい回答になっている。最後にこの経験や体験を教員になってからどのように生かしていくのかという思いや考えなどがあればきちんと述べるとさらによくなる。

2 野球部での活動について述べられているが、もう少し多方面から自分をPRしたほうがよい。特に子どもとのかかわりや教科指導や生徒指導に生かせる体験や経験で得たことなどの強みや取得した資格や検定などがあれば遠慮せずに話したほうがよい。

関連質問

・あなたの長所や短所は何か
・あなたの得意なこと不得意なことは何か

大学生活で取り組んできたことは何か

ここを押さえろ！
- ● 継続して取り組んできた活動
- ● ゼミや専攻の具体的な内容
- ● 経験した部活動やボランティア活動
- ● 分野別に教職に関連づけた内容

自己PRの絶好のチャンス

　専門性が問われているのと同時に、幅広い大学生活での経験や体験が問われている。教職に欠かせない資質の一つとして、優れた教科に関する専門性とともに豊かな人間性や社会性がある。このような側面から、自分を積極的にPRしたい。

　高校時代から継続してきたことや発展させてきたことであればそのことにも触れておくことが大切である。持続できたこと、継続していることはそれだけでも価値がある。

ゼミや専攻の内容はやさしく解説する

　卒業論文や所属していたゼミでの活動内容などを述べる場合、得意な分野だけに、極めてありがちなことであるが、延々と語ってしまったり、難しい専門用語を多用し「難しいことを難しく」話してしまったりしてしまう。むしろ具体的な事例を織り込みながら「難しいことをやさしく」話すことが必要である。

　また、残された課題や取り組んだ内容がどんな意義や役割があるのかといったことについてもきちんと述べておきたい。

サークルや部活動、ボランティア活動も具体的に述べる

　大学生活で取り組んできたことであるから、幅広い視点から全体を構成して話す必要がある。サークル活動や部活動あるいはボランティア活動などについても触れておきたいところだ。

　ここでは単にボート部に属していたとか新聞部に属していたといったことだけでなく、どのような立場でどのような活動をしていたのか、またその成果としてどのようなことがあったのか、人とのかかわりの中などで苦労したことや特段努力したことなども具体的に話す。そして、その活動から学んだことについても加味することが重要である。ボランティア活動は特に高い評価が得られるはずであるから、少ない経験でも謙遜や遠慮をせずにしっかりとアピールしよう。

内容を絞って教職に関連づけて話す

あれもこれも話すのではなく、専門分野の研究・サークル活動・ボランティア等の社会貢献活動などの分野別に絞って話すことが必要である。欠かせないのはゼミや卒業論文で取り組んだ内容についてである。特に取り組んだ内容の新規性について触れることができるとインパクトが強くなる。**かなり専門的な説明にならざるをえないが、そこをわかりやすい言葉で具体的に説明できるかどうかがカギだ。**また、そのことと取得する教員免許状の教科等の内容との関連も説明しておきたい。サークル活動や部活動、社会貢献活動などは高く評価されると考えられるのでこれらの内容もはずさないようにする。これらの内容についても**教職との関連に配慮して話すことが大切である。**

回答例

1▶ 私は経済学部の経営学科に所属し、「新たな需要構造の分析と市場原理」を卒論のテーマとして最近の需要構造を分析し、従来の市場原理の新たな解釈を試みました。これは古典的な市場原理を現代社会に即した見方や考え方を提言したもので生きた経済を学ぶうえで極めて重要です。この成果は現代社会や政治・経済の授業で生かすことができます。サークル活動では鉄道研究会の部長を務めていました。文化祭では鉄道模型を作り子どもたちに実際動かしてもらいましたし全国の有名駅弁を仕入れ直接販売などもしました。子どもたちが喜んでくれて、とてもやりがいがありました。

2▶ 私は教職ゼミに所属し、「不登校問題とその対応」について研究調査しました。不登校生徒への対応の在り方についての研究も必要ですが、私は不登校生徒を出さないための指導の在り方について研究しました。不登校となったきっかけの約3分の1は学校生活にかかわっています。特に生徒や教員などと人とのコミュニケーションがうまくできなかったり、学業の不振なども大きな理由になっていることがわかり、その対応策についても調査研究をしました。

講　評

1▶ 分野も絞られており、比較的わかりやすい。時間のことも考慮する必要があるが、ボランティアなどの社会貢献活動などにも触れて、そこから得られたものと教職に就いた後にこれらのことをどのように生かしていくのかといったことにも触れるとよい。

2▶ 不登校問題は今日の学校教育の大きな課題になっているだけに、面接官からも様々な観点から質問されることが予想される。それだけにこのようなテーマに関しては、十分な備えをし、たいていのことについては答えられるようにしておく必要がある。

関連質問

・あなたの専門は何か
・あなたの専門と担当する教科・科目の内容との関連性はどこにあるのか

教育実習で感動したことや苦労したことはどんなことか

- ●感動したことの具体的内容
- ●授業以外の時間帯でのかかわり
- ●困ったことや課題の具体的内容とそれへの取り組み
- ●成果の整理

 ## 子どもたちとの出会いの感動を率直に述べる

　教育実習は、一定期間大学を離れ、学校教育の現場で教員として必要な学校教育に直接かかわる知識や指導計画の作成やその実践、指導方法や児童生徒のとのかかわり方、あるいは学校組織やその運営の在り方、保護者や地域の方々とのかかわり方などについて、所属する学校の校長をはじめとした教職員から具体的・直接的に指導を受ける機会である。その意味では、教育実習生は被教育者であるが、その一方で生徒の前では「先生」と呼ばれる立場に立つのである。それぞれの立場でこれまでにはなかった様々な新たな経験・体験をすることになるが、ここで欠かせないのは、あなたが出会った子どもたちとのかかわりを通して得た感動を率直に述べることである。

 ## 休憩時間や清掃や部活動などでのかかわりも忘れずに

　教育実習の中心は教科や科目の指導である授業であるため、回答が授業についてだけ述べて終わってしまうケースも多々みられるが、それでは不十分である。一緒に汗を流した部活動での子どもたちとの出会いや感動などについても触れておきたい。さらには、指導教員のみならず多くの教員との出会いもあったはずである。長い教職の経験から発せられる言動からは、学ぶべきものも多い。ここで得られた感動も率直に述べるようにする。

 ## 失敗を述べる場合は克服策もあわせて述べる

　教育実習では、うまくいったことよりもむしろ困ったことや失敗してしまったということのほうが多いかもしれない。うまくいったことばかり述べるのではなく、失敗談なども隠さず率直に話したほうがむしろ好感をもたれることもある。ただ大切なことは、その失敗にどう対応したか、指導教諭からどのようなアドバイスをいただきどう改善したかといったことを付け加えることである。ただ「困ってしまいました」で終わらせないようにすることが大切である。

教育実習の成果や課題の整理が必要

　各自が行った一定期間の教育実習の内容については、授業・教材研究・学級活動やホームルーム活動・参加した学校行事・放課後の部活動などの活動・学校組織や学校運営・学校改革への取り組み・保護者や地域とのかかわりなどの**項目別に整理しておく**とよい。特にそのとき自分が得たこと（成果）や感じたことなども整理しておくことだ。多くの学生は「教育実習日誌」を作成するが、これとは別に、記憶の新鮮なうちに成果や課題などの整理をすることが必要である。なお、**教育実習の成果は、面接などでもよく質問される事項の一つ**になっている。

第
3
章

回答のポイントはここだ！

回答例

1 私は出身中学校で教育実習を3週間行わせていただきました。あっという間の3週間でしたが、全力投球と感動の連続でした。苦心して作成した指導計画での授業では生徒がこちらの期待以上に活発に活動してくれましたし、授業が終わった後で、普段本当におとなしい生徒が私のところにやってきて「今日の授業はとても楽しかったし、よくわかったよ」と言ってくれたときは大きな喜びを感じました。苦労したことは、限られた時間の中での次から次へとやってくる授業のための教材研究です。指導の先生から厳しくも温かなアドバイスを受けながら、あんなに集中し努力を続けたのは私にとって初めての経験でした。

2 私は母校の高校で2週間教育実習を行いました。初めは少し気楽さがありましたが、実際に教育実習が始まると目が回るくらいに忙しい毎日を過ごしました。そんな中での一番の思い出は、生徒から授業のみならず休憩時間や放課後に「先生!!先生!!」と呼ばれ、教育実習室にも訪ねてきた生徒の進路相談などにものれたことです。このときの感動は、将来教職に就くことへの思いを一層高めてくれました。困ったことは、とにかく授業の教材研究に多くの時間がかかったことと、授業が指導計画どおりにいかなかったことです。

講評

1 教育実習期間の感動したことや苦労したことがよくわかる。担当の指導教諭からアドバイスを受けながら困難を乗り越えたというところも好感をもたれる一つになっている。この回答では、「苦心して作成した指導計画」と話されたが、「どんなふうに苦心したのか具体的に話してください」といった追加の質問が出されることも予測しておきたい。

2 教育実習期間の忙しかった様子はよくわかるが、後半の部分で困ったことやうまくいかなかったことに対してそれを克服するためにどのように努力や工夫をしたのかを述べる必要がある。このままだと工夫や改善の努力不足などと受け取られてしまう。

関連質問

・教育実習の目的は何か
・教育実習であなたが得たことは何か

質問 6　ボランティア活動の経験はあるか

> ここを押さえろ！
> ● ボランティア活動の具体的内容
> ● きっかけやねらい
> ● 成果の整理
> ● 学習指導要領等での位置づけ

 ### ボランティア活動の内容を具体的に述べる

　ボランティア活動とは、基本的には自ら進んで、社会事業などに無償で参加し活動することをいう。最近は教育課程に位置づけたボランティアに関する教育を推進している学校も少なくない。そのこととも関連して、**ボランティア活動や奉仕活動などに関して問われることが近年増加してきている**。

　ここでは、老人ホームをはじめとした社会福祉施設や地域のボランティアセンターなどでの手伝い、地域の清掃活動をはじめとした美化運動、交通安全キャンペーン、図書館や保育園や児童館での活動など様々なところで**あなたが体験・経験したボランティア活動の内容をできるだけ具体的に語ることが重要**である。

 ### ボランティア活動のきっかけやねらい

　なぜそのボランティア活動に参加するようになったのか、その動機やきっかけ、ねらいや目的などについても触れる必要がある。

　ボランティア活動は一般に自主性、社会性、創造性、無償性などを原則とし、個人の自由意思を基本とし、自分の技能や時間などを進んで提供し、他人や社会に貢献する活動である。またこの活動は、他人を思いやる心、互いに認め合い共に生きていく態度、自他の生命や人権を尊重する態度などに支えられている。厚生労働省「ボランティア活動」では、「ボランティア活動は個人の自発的な意思に基づく自主的な活動であり、活動者個人の自己実現への欲求や社会参加意欲が充足されるだけでなく、社会においてはその活動の広がりによって、社会貢献、福祉活動等への関心が高まり、様々な構成員がともに支え合い、交流する地域社会づくりが進むなど、大きな意義を持っています。このため、国民のボランティア活動への理解を深め、参加を促進するための拠点としてのボランティアセンターが、社会福祉協議会などに設置されています」と記している。ボランティア活動の事例としては、災害援助、環境・自然、交流、点訳、リサイクル、募金、制作・製作、技術、趣味などに関する活動がある。

ボランティア活動の成果もきちんと述べる

　しかしながら、「こんな活動を経験・体験しました、とてもいい経験をさせていただきました」だけでは不十分である。「とてもいい体験をさせていただいた」その具体的な内容をきちんと話すことが必要である。

　そして、何より重要なのはその活動を通じて自らも高めることができたということを語ることだ。その活動が、これまでの自分にどのような影響を与えたのか、自分のどこがどう変わったのかといったことに触れ、さらに、この経験・体験を子どもたちにもぜひ伝えていきたい」ということが言えるとよいだろう。

　なお、学校ではこのような活動は、各教科・特別の教科　道徳・総合的な学習の時間・特別活動の学級活動（ホームルーム活動）や生徒会活動及び学校行事などで実施されていることも念頭に置く必要がある。

 ## ボランティア活動の学習指導要領等での位置づけ

　盲点になりがちであるが、ボランティア活動にかかわる法的な根拠を問われることもある。ボランティア活動にかかわる内容は、学習指導要領や学校教育法などの法令にも示されている。

　たとえば、**中学校学習指導要領の総則**では「職場体験活動やボランティア活動、自然体験活動、地域の行事への参加などの豊かな体験を充実すること」、特別活動の学校行事の内容の（5）勤労生産・奉仕活動では「ボランティア活動などの社会奉仕の精神を養う体験が得られるようにすること」と記されている。また、総合的な学習の時間の内容の取扱いの配慮事項では、「自然体験や職場体験活動、ボランティア活動などの社会体験、ものづくり、生産活動などの体験活動、観察・実験、見学や調査、発表や討論などの学習活動を積極的に取り入れること」としている。

　さらに、**学校教育法第31条**（体験学習）や**学校教育法施行規則第98条**（知識・技能審査・ボランティア活動の単位認定）や**社会教育法第5条**（市町村の教育委員会の事務）などでも触れられている。

　このような法的な位置づけについても述べることができるようにしておこう。

 ## ボランティア活動を実施する際の留意点

　ボランティア活動をはじめとした体験活動などは、単に実施すればよいというわけではない。実施に当たっては児童生徒の安全確保はいうまでもないが、特に次頁にあるようなことを十分踏まえ実施することが必要であることも理解したうえで、面接に臨んだほうがよい。

・学校の教育目標、児童生徒の発達段階や実態、地域の実情などを踏まえ、教育計画に位置づけて計画的・継続的に実施すること。
・実施に当たっては、保護者や児童生徒の意向や要望等を踏まえ、地域の協力を得ながら実施すること。
・児童生徒の発達段階や活動の内容に応じ、その自発性に配慮するとともに、地域の実情に応じて様々な体験活動の場や機会を工夫し、多様な活動を展開すること。
・全教職員の協力の下に校内の指導体制を確立を図り、地域の関係機関や関係団体等との連携を十分配慮し、学校外の指導者の協力を得ながら実施すること。

回答例

1 私は3年生のときに介護などの体験を特別養護老人ホームで5日間実施させていただきました。そこではお年寄りの食事や入浴などをはじめとした毎日の生活のお世話をしました。お世話をしたお年寄りの方々とのお話を通して、心の交流もできたと思います。そこでの体験をもっと継続したいとの思いから、その後も現在までずっと毎週土曜日に出かけてお手伝いをさせていただいております。私は人に優しく接することの大切さを体験を通して学ばさせていただいています。ここで特に身につけた、相手の立場に立って考え行動することの大切さは、教職に就いてからも生かしていきたいと考えています。

2 私は、小・中学校時代にお世話になった児童館に高校生のときから週1〜2回通っています。そこで私は得意の和太鼓を子どもたちに教えています。時々ですが地域の自然公園の清掃活動にも参加しています。最近は、近くのボランティアセンターの紹介で手話教室に通い始めました。まだまだうまくできるというわけではありませんが、将来、手話を通して何かお役に立つことをしたいと思っています。

講　評

1 ボランティア活動を始めたきっかけやその活動の様子などはわかりやすく話されている。また、その活動が自らを高めるいい勉強の機会になっていることも面接官に伝わるだろう。時間の関係もあると思うが、困難なことをどう克服したかとか、配慮しなければならないことなども実際の体験から話ができるように準備しておくことも必要である。

2 ボランティア活動に積極的にかかわってきたことはよくわかる。その点では十分であるが、「ここを押さえろ！」で示した内容についても触れることが必要である。特に、なぜボランティア活動を行っているのかといったことやそのことと自分とのかかわりなどについても率直に語るとその内容が一層充実する。

関連質問

・学校教育でボランティア活動を取り扱う必要性はどこにあるのか
・学習指導要領や学校教育法でのボランティア活動の位置づけはどのようになっているか

質問 7 「学力低下問題」について どう思うか

ここを押さえろ！

● 「学力低下問題」の概要
● 「学力」と「生きる力」の関連
● 学校週5日制や「ゆとり」教育
● 学習指導要領での対応

指摘されている「学力低下問題」の概要

　最近のOECD（経済協力開発機構）の「国際学力比較調査」（PISA調査）によると、わが国の高校生の「読解力」「数学応用力」「科学応用力」などの学力において、参加国に占める位置が前回調査と比べていずれも下がっている。また、文部科学省が全国の小学生・中学生を対象に行った「全国学力・学習状況調査」（令和5年度）においても、自ら考え、自ら判断する力、情報を読み取る力やそれを活用する力などに課題があることが明らかになった。中学の英語で平均正答率が大きく低下し、特に「話す」技能を測った出題では正答率ゼロの生徒が6割を占めるなど、授業の在り方の改善も必要になったといえる。

　このように各種の調査結果によると、わが国の子どもたちの知識・技能を活用する力、思考・判断・表現などの力や読解力や記述力に課題があると指摘されているのである。このような客観的事実をもとに、学力が低下しているといわれていることをまずは話しておきたい。

「学力」と「生きる力」の関連についての考え方

　「生きる力」は、平成8年に出された中央教育審議会の答申「21世紀を展望したわが国の教育の在り方について」の中で、「これから求められる資質や能力は、変化の激しい社会を『生きる力』」だとして重要視されてきた。この「生きる力」は、平成20年（高等学校は平成21年）告示の学習指導要領や平成29年（高等学校は平成30年）告示の学習指導要領でも発展的に継承され、今後も学校教育において育成すべき「主要能力」とされている。

　そして、新しい知識・情報・技術があらゆる活動の基盤となるこれからの「知識基盤社会」においては、グローバル化による絶え間ない変化に対応するための能力としての「生きる力」がますます必要になってくるのである。学力をとらえる視点としての「生きる力」をしっかりと押さえて、これからの学校教育で育成すべき学力について述べる

ことが必要である。

「ゆとり」教育についても述べることができるように

　今までは「ゆとり」ある教育活動を通して「生きる力」を育むことをその中心課題としていた。「ゆとり」教育を推進するために完全学校週5日制となって年間の授業時数は減少し、教育内容もいわゆる「3割カット」されたことが学力低下の大きな要因の一つとされた。

　そのため、平成20年告示の学習指導要領では、年間総授業時数が小学校で5645時間に、中学校では3045時間に増加し、学習の質・量ともに拡充した。なお、平成29年告示の学習指導要領では小学校が5785時間、中学校が3045時間になっている。このように、学習指導要領では「ゆとり」が見直されてきたことにも触れておきたい。

これからの学校教育の在り方についての考え方も準備しておく

　改正された学校教育法では、教育目標を達成するために「生涯にわたり学習する基盤が培われるよう、基礎的な知識及び技能を習得させるとともに、これらを活用して課題を解決するために必要な思考力、判断力、表現力その他の能力をはぐくみ、主体的に学習に取り組む態度を養うことに、特に意を用いなければならない」（30条）とし、これからの学力観や指導の在り方を示している。

　現行の学習指導要領や次期学習指導要領でも、子どもたちの生きる力を育むためには、学力の重要な要素である基礎的・基本的な知識・技能の習得を図るとともに思考力・判断力・表現力の育成などが重要であるとしている。これからの学校教育の在り方と学力の関連についてもあわせて考えておこう。

回答例

1 パソコンの普及によって字を書くといった習慣が少なくなり、漫画やゲームなどにより論理的に物事を考えるといった時間も少なくなってきていると思います。また、土曜日が休みになって学校における勉強の時間も少なくなっていることも重なって、学力が低下しているのだと考えます。この問題への対応としては、学校週５日制の見直しが必要と考えます。

2 「小数計算のできない大学生、漢字の書けない大学生」とマスコミなどで取り上げられたことがありましたが、そのとき大学１年生だった私は大きなショックでしたが、言われてみれば私も漢字には思い当たるところがありました。小学校では円周率を3.14ではなく3で計算しているとも聞きましたが、複雑な小数計算を避けているのだから、学力低下も当然の結果と考えます。

講 評

1 学力低下問題の要因を、パソコンの普及や漫画やゲームなどに求めるだけでは不十分である。学習指導要領の改訂の背景などについてもしっかりと押さえておく。また、「学校週５日制も見直し」が必要としているが、基本的に学校週５日制は今後も維持されることであるので、配慮のある対応を心がけたい。

2 もっと広い視点から意見を述べたい。例えば、PISA調査の結果から学力の必要性を簡潔に話したり、「ゆとり教育」やその在り方についても言及するなど、内容の豊富な質の高い回答にしていくことが欠かせない。

関連質問

・学力と生きる力の関連についてどう考えるか
・「ゆとりある教育」と学力の関連についてはどう考えるか
・これからの学校教育ではどのような学力を育むことが重要か

質問 8　これからの教員に求められる資質や能力にはどのようなことがあるか

ここを押さえろ!

- あふれた熱意と使命感
- 豊かな人間性と温かな思いやり
- 専門職としての実践的指導力
- コミュニケーション能力などの人間力

 ### あふれる熱意と意欲について語る

古くから「教育は人なり」といわれてきた。教職の重要性やその責任の重大性をしっかりと認識し、強い信念をもってほしい。そしてそのことを面接官に伝わるように、熱く語りたいところだ。

東京都の公立学校教員採用候補者選考の案内パンフレットには、東京都教育委員会の望む教師として、次のようなことが記されている。

① 教育に対する熱意と使命感をもつ教師
② 豊かな人間性と思いやりのある教師
③ 実践的な指導力のある教師

教育職員養成審議会答申（平成9年）では、いつの時代にも求められる資質能力として、「教育者としての使命感、人間の成長・発達についての深い理解、幼児・児童・生徒に対する教育的愛情・教科等に関する専門的知識、広く豊かな教養、これらを基盤とした実践的指導力」を、中央教育審議会答申（平成24年）では、「教員に求められる資質・能力」として、「教職に対する責任感、探究力、教職生活全体を通じて自主的に学び続ける力」「教科や教職に関する高度な専門職としての知識や技能と新たな学びを展開できる実践的指導力」「豊かな人間性や社会性、コミュニケーション力、同僚とチームで対応する力、地域や社会の多様な組織等と連携・協働できる力などの総合的な人間力」を挙げている（p.225参照）。このような内容は必ず意見の中に織り込んでおこう。

 ### 今後特に求められる資質能力

教育職員養成審議会の答申では、今後特に求められる資質能力として、次のようなことを示している。これからの教員に求められる新たな視点として把握し、このことについても自らの言葉で話してみよう。

- 地球的視野に立って行動するための資質能力：地球、国家、人間等に関する適切な理解、豊かな人間性、国際社会で必要とされる基本的資質能力
- 変化の時代を生きる社会人に求められる資質能力：課題探求能力等に係わるもの、人間関係に係わるもの、社会の変化に適応するための知識及び技術
- 教員の職務から必然的に求められる資質能力：幼児・児童・生徒や教育の在り方に関する適切な理解、教職に対する愛着、誇り、一体感、教科指導、生徒指導のための知識、技能及び態度さらには、「画一的な教員像を求めることを避け、得意分野を持つ個性豊かな教員」の重要性も指摘している。

 ## 改正された「教育基本法」の「教員」の条項も押さえよう

　平成18年12月に、**教育基本法**が約60年ぶりに改正された。ここには新たに「教員」に関する条項が設けられ、「法律の定める学校の教員は、自己の崇高な使命を深く自覚し、絶えず研究と修養に励み、その職責の遂行に努めなければならない」と記されている。教育の憲法ともいわれる教育基本法にも、**自己の崇高な使命への自覚と責任や職務遂行のためのたゆまぬ努力の必要性**が述べられている。このことは、面接全般にもかかわってくるので特に重視し、教員の資質能力に関連づけて話すとよいだろう。

回答例

1▶ 教職は、人間の人格形成にかかわり、子どもたちに夢や感動を与え、自分の将来を見つめさせ、将来の生き方や在り方を考えさせるなど、子どもに極めて大きな影響を与える職業です。それを担う教員には、教育に対する熱意と使命感をもち、豊かな人間性と思いやりがあり、教科・科目などの実践的な指導力などが必要だと思います。

2▶ 私は教員に欠かせない資質や能力では、子どもが好きであること、それにはその子どもたちに温かく接することができなくてはならないと思います。それには、子どもたちの立場に立って一人ひとりの児童生徒をよく理解することだと思います。それには、子どもたちとのコミュニケーションも欠かせないと思います。

講評

1▶ 答申や法令に書かれていることをそのまま述べている印象だ。ここに示されたことを踏まえて、情熱を傾けてこんな教員でありたいという意欲や熱意が感じられるように自分の言葉で語ってみよう。

2▶ 前の回答例に比べると回答者の気持ちは伝わってくる。しかし、話の流れが整理されておらず、いかにも思いつきで付け足して話しているように受け止められる。さらに教員に求められている資質や能力について理解を深めておきたい。

関連質問
・改正された教育基本法では、「教員」に関してどのように記しているか
・これからの教員に求められる資質や能力にはどのようなことがあるか

質問 9 「生きる力」を育むうえで大切なことは何か

「生きる力」は全体の教育活動を通じて育成する

中央教育審議会第一次答申（平成 8 年 7 月）では、「生きる力」は全人的な力であると示している（質問7参照）。まずは、「生きる力」とはどのような力なのかを述べられるようにしておこう。

「総合的な学習の時間」には必ず言及が必要!

これからの教育の在り方として、「ゆとり」の中で「生きる力」を育むことの方向性を示した、中央教育審議会第一次答申（平成 8 年 7 月）で、横断的総合的な学習を行う「総合的な学習の時間」を設けることが提言された。そして、「生きる力」を育む場としての「総合的な学習の時間」では、下記のような目標のもとに指導を行うことと現行の中学校学習指導要領に記されている。面接においては、「生きる力」の具体的な指導場面としての「総合的な学習の時間」について、整理しておきたい。なお、高等学校では「総合的な探究の時間」と称されている。

探究的な見方・考え方を働かせ、横断的・総合的な学習を行うことを通して、よりよく課題を解決し、自己の生き方を考えていくための資質・能力を次のとおり育成することを目指す。
(1) 探究的な学習の過程において、課題の解決に必要な知識及び技能を身に付け、課題に関わる概念を形成し、探究的な学習のよさを理解するようにする。
(2) 実社会や実生活の中から問いを見いだし、自分で課題を立て、情報を集め、整理・分析して、まとめ・表現することができるようにする。
(3) 探究的な学習に主体的・協働的に取り組むとともに、互いのよさを生かしながら、積極的に社会に参画しようとする態度を養う。

学習指導要領での「生きる力」の扱いを踏まえて述べる

小学校では平成23年度、中学校では平成24年度から全面実施された学習指導要領でも、現在実施されている小中学校の新学習指導要領においても、「生きる力」を育むと

いう基本理念は変わっていない。

　中学校の学習指導要領では、「学校の教育活動を進めるに当たっては、主体的・対話的で深い学びの実現に向けた授業改善を通して、創意工夫を生かした特色ある教育活動を展開する中で、生徒に生きる力を育むことを目指すものとする（一部省略）」とある。

　「生きる力」の教育理念が新しい学習指導要領に引き継がれていることも踏まえて、「生きる力」について多面的に述べられるようにしておきたい。

　なお、新中学校学習指導要領総則の第1「中学校教育の基本と教育課程の役割」で、次の事項の実現を図り、生徒に生きる力を育むことを目指すものとするとしている。

(1) 基礎的・基本的な知識及び技能を確実に習得させ、これらを活用して課題を解決するために必要な思考力、判断力、表現力等を育むとともに、主体的に学習に取り組む態度を養い、個性を生かし多様な人々との協働を促す教育の充実に努めること。
(2) 道徳教育や体験活動、多様な表現や鑑賞の活動等を通して、豊かな心や創造性の涵養を目指した教育の充実に努めること。
(3) 学校における体育・健康に関する指導を、生徒の発達の段階を考慮して、学校の教育活動全体を通じて適切に行うことにより、健康で安全な生活と豊かなスポーツライフの実現を目指した教育の充実に努めること。

回答例

1 「生きる力」は、人間として力強く生きていく力であり、経済的な基盤を築くための資格などを取得することが何よりも必要です。そのため学校、特に高等学校では、「資格講座」などを設置することが求められます。私は高校で全商の簿記2級の資格を取りましたので、その方面の指導には自信があります。

2 「生きる力」を育むうえで大切なことは、単なる知識を注入するといった教育ではなく、「自分で課題を見つけ、自ら学び、自ら考え、主体的に判断し、行動し、よりよく問題を解決する資質や能力を育てる教育活動」そして、「自らを律しつつ、他人とも協調し、他人を思いやる心、生命や人権を尊重する心、感動する心など、豊かな人間性」や「たくましく生きるための健康や体力等を育む教育活動」行うことです。

講　評

1 「生きる力」を狭く理解しているようだが、まず「生きる力」とはどのような力をさし、育成するためにどうするのかといったことを広い視野から述べよう。

2 「生きる力」の説明はよく述べられているが、面接官が聞いているのは、「生きる力」を育むうえで大切なことは何かだから、この回答では問いに正対していない。また、学習指導要領等の丸暗記ではなく、自分の言葉で説明しよう。

関連質問
・「生きる力」と総合的な学習の時間との関係どのようにとらえているか
・学習指導要領での「生きる力」の位置づけはどのようになっているか

「体験活動」の必要性は何か

> **ここを押さえろ!**
> - 「生きる力」との関連性
> - 「体験活動」が必要とされる背景
> - 具体的な内容や方法
> - 自分の体験活動の経験や体験

 ## 「生きる力」と「体験活動」の関連を踏まえて

　体験学習に関して学習指導要領では「生きる力」を育むことをめざして、体験活動を重視した教育活動を推進するとしている。新高等学校学習指導要領の総則では、「学校においては、地域や学校の実態等に応じて、就業やボランティアに関わる体験的な学習の指導を適切に行うようにし、勤労の尊さや創造することの喜びを体得させ、望ましい勤労観、職業観の育成や社会奉仕の精神の涵養に資するものとする」と述べている。また、「総合的な探究の時間」の学習活動を行うに当たっては、「自然体験や就業体験活動、ボランティア活動などの社会体験、ものづくり、生産活動などの体験活動、観察・実験・実習、調査・研究、発表や討論などの学習活動を積極的に取り入れること」としている。面接に向けては、このような「体験活動」やそれと関連した「生きる力」の学習指導要領などでの位置づけを明確にしておく必要があり、これらのことも回答の一部で言及したい。

 ## 「体験活動」が必要とされる背景

　体験活動などについては、新中学校学習指導要領の総則の第6「道徳教育に関する配慮事項」の3で、「学校や学級内の人間関係や環境を整えるとともに、職場体験活動やボランティア活動、自然体験活動、地域の行事への参加などの豊かな体験を充実すること」と記されている。同学習指導要領の特別活動［生徒会活動］の2「内容」の(3)ボランティア活動などの社会参画で、「地域や社会の課題を見いだし、具体的な対策を考え、実践し、地域や社会に参画できるようにすること」とある。同じく［学校行事］の2「内容」の(5)勤労生産・奉仕的活動で、「勤労の尊さや生産の喜びを体得し、職場体験活動などの勤労観・職業観に関わる啓発的な体験が得られるようにするとともに、共に助け合って生きることの喜びを体得し、ボランティア活動などの社会奉仕の精神を養う体験が得られるようにすること」とある。3「内容の取扱い」（一部省略）では、「実施に当たっては、自然体験や社会体験などの体験活動を充実するとともに、体

験活動を通して気付いたことなどを振り返り、まとめたり、発表し合ったりするなどの事後の活動を充実すること」と示されている。さらに、同学習指導要領解説特別活動編の第3節「学校行事」の（5）勤労生産・奉仕的行事の②の実施上の留意点のウで「学校行事におけるボランティア活動は、生徒がボランティア活動について学んだり、体験したり、ボランティア精神を養い、自己の生き方を見つめ、将来社会人としてボランティア活動に積極的に参加していく意欲や態度を養うことに意義があり、ボランティア教育（ボランティア学習）を含めた教育活動として広く捉えられるものである」と記している。

 ## 学校における多様な体験活動の具体的な例を理解しておく

学校の体験活動は整理しておきたい。下記をもとに述べられるようにしよう。

- ・ボランティア活動など社会奉仕にかかわる体験活動（公園等の清掃）
- ・自然にかかわる体験活動（農山漁村での体験）
- ・勤労生産にかかわる体験活動（野菜作りの体験）
- ・職場や就業にかかわる体験活動（商店や企業などでの勤労体験）
- ・文化や芸術にかかわる体験活動（伝統文化の体験）
- ・交流にかかわる体験活動（老人会や幼稚園などでの幼児との交流など）

回答例

1 体験活動は、直接自然体験や社会体験あるいは生活体験をすることですが、特に最近の子どもたちはこれらの体験が乏しいようです。これが原因となって、いじめや不登校あるいは暴力行為や非行問題が起こっていると私は思っています。そのため、学校においては教科・科目の学習のみならず広く学校教育全般にわたって体験活動を取り入れていくべきであると思います。

2 これからの教育では、自分で課題を見つけ、自ら学び、自ら考え、主体的に判断し、行動し、よりよく問題を解決する資質や能力を育てる教育を重視する必要があります。また、最近は、子どもたちが多くの人や社会、自然などと直接触れ合う機会が乏しくなっています。そのため、直接経験の機会を設け、他人とも協調し、他人を思いやる心、生命や人権を尊重する心など、豊かな人間性や社会性を育むことが必要です。

講　評

1 最近の子どもに自然体験や社会体験などがなぜ少なくなってきているかも述べよう。体験が乏しいことといじめや不登校、暴力行為や非行問題が発生することとの間のつながりを説明する必要がある。論理に飛躍の感じられる回答である。

2 体験活動と「生きる力」の関係や体験活動の必要な理由についても説明がよくなされている。しかし、内容に迫力が感じられない。この原因は自分の言葉で語っていないためである。自分がこれまで行ってきた「体験活動」で感動したことや得たことなどを織り交ぜて話すともっとよくなる。

関連質問

・「生きる力」の育成と体験活動との関係にはどのようなことがあるか

質問 11 「キャリア教育」の重要性は何か

ここを押さえろ!
- 「キャリア教育」の重要性の背景
- 「キャリア教育」の特質
- 「進路指導」の推進の在り方
- 「キャリア教育」を通して育成する能力

 ### 「キャリア教育」の重要性が指摘される背景

　最近、キャリア教育の重要性や必要性が指摘されているので、その背景を下記などを参考にして、述べられるようにしておこう。

　キャリア教育の背景には、特に若者のフリーターやニートの増加、高水準で推移する就職後の早期離転職などがある。厚生労働省によると、フリーターとは、学生や主婦を除く15歳から34歳までの若年層で、パートやアルバイトとして就労している人である。内閣府では派遣労働者や嘱託などを含め、働く意思があっても正社員としての職を得ていない人々をさしている。ニート（Not in Education Employment or Training）は、通学しておらず職業にも就いておらず職業訓練も受けていない若年無業者をさす。原因として、若者の勤労観や職業観の未熟さ、職業人としての基礎的な資質や能力の低下などがある。

 ### 「キャリア教育」や「進路指導」は何をめざす教育なのか

　キャリア教育は何をめざした教育なのか説明できるようにする。「キャリア教育」とは、学校と社会及び学校間の円滑な接続を図るため、望ましい勤労観・職業観及び職業に対する知識や技能を身につけさせ、自己の個性を理解し、主体的に進路を選択する能力・態度を育てるものだ。

　「キャリア教育」は、小学校段階から発達段階に応じて実施すべきだ。「進路指導」は本来、生徒が自らの生き方を考え、将来に対する目的意識をもち、自らの意志と責任で自己の進路を選択決定する能力や態度を身につけることができるよう、指導・援助することである。この意味では、進路指導はキャリア教育の中核なのだ。

 ### 「進路指導」のねらいや課題についても触れる

　面接での問いの内容は多方面にわたることも予想されるので、広く各学校で行われている進路指導のねらいや課題についても次のことを参考にして整理しておく必要がある。

- ・進路指導は、上級学校への入学や卒業後の就職先を決定するという、**単なる「入口指導」や「出口指導」ではない**。
- ・進路指導は、**生徒一人ひとりの興味・関心や適性・能力などを発見**し、それらの開発（能力開花）をめざし、生徒一人ひとりが自主的に進路を選択し、進路上の自己実現を図っていくうえで、必要な**生徒の資質や能力や態度などを育成**する教育活動である。
- ・人間としての在り方、生き方を見つめる進路指導を推進していくうえでも、生徒の主体的な進路選択能力を育むことは重要であり、家庭・地域社会・関係機関等との連携を密にした、**インターンシップなどの体験的な学習**を通して、望ましい勤労観や職業観を育成することが求められる。
- ・これまでの進路指導に対しては、子どもたちの変容や能力・態度の育成に十分結びついていなかったり、単に進路決定のための**「出口指導」**になりがちであったとの課題が指摘されていることも把握しておく必要がある。

回答例

1 キャリア教育はこれまでの進路指導に代わって、最近増加しているフリーターやニート対策として、学校で新たに行われている教育です。フリーターは、低賃金・長時間労働といったことなど勤務条件に厳しいものがあります。高校や大学などを卒業した後、きちんと正社員として勤務できるようにするために、キャリア教育が推進されています。

2 最近の若者は将来のしっかりした勤労観や職業観などをもたず、進学する大学にしろ就職する企業にしろ、「入れるところに入る」といった傾向がみられます。その一方で、せっかく入った大学を中途退学したり就職した企業を早い時期に退職してしまうということもあります。このようなことを考えると、生徒一人ひとりの興味・関心や適性・能力などを発見し、それらの開発をめざし、生徒一人ひとりが自主的に進路を選択し、進路上の自己実現を図っていくうえで、必要な生徒の資質や能力や態度などを育成する教育活動がとても重要です。

講　評

1 最近増加しているフリーターやニート対策としてキャリア教育が推進されているように受け止めているようだが、キャリア教育や進路指導の幅広いねらいをもっと広い視点から回答すべきだ。

2 内容としては前の回答例の一部（最近のフリーターなどの増加）を取り入れ回答するとより適切な回答となる。後半の部分は、自分の言葉で言えるようにしたい。

関連質問

- ・「キャリア教育」や「進路指導」は何をめざす教育なのか
- ・「進路指導」のねらいや課題は何か

授業はどのように進めることが必要だと考えるか

- 教員は授業で勝負する
- 求められる授業の工夫と改善
- 体験を重視した授業の推進
- 生徒の声に耳を傾けた授業の推進

授業ではプロとしての資質や能力が問われる

　教職は極めて高度な専門職であり、授業においてプロとしての専門性を発揮する必要がある。専門職としての職責を果たしていくうえで常に研究と修養に努め、高いレベルで授業力を維持したい。面接では**教職のプロフェッショナルを支えるのは授業である**との認識をはっきりと述べよう。

授業の見直しと改善が求められている

　古くから「教育は人なり」といわれるように、児童生徒と日々直接触れ合い、指導に当たる教員の役割とその責任は大きい。特に授業では、常に工夫と改善が求められる。これからは、画一的で硬直的な知識注入型の授業内容や方法を改善し、児童生徒の自主性や主体性などを一層重視し、児童生徒が自ら学び、自ら考える授業へとその基調を転換する必要がある。そして、**自己の存在感や達成感や成就感などを実感できるような授業を展開していくことが重要**である。そのためには、児童生徒一人ひとり特性などを踏まえた授業を展開していくことが求められている。以上のことを踏まえて、下記のことについても述べられるようにしておくことが必要である。

●多様な学習形態の導入

　前述したことを実現するには、児童生徒の発達段階や学校や地域の実態等を踏まえ、実験・実習、見学・観察・調査、討論・発表、プレゼンテーション、ディベート、シミュレーション、ケーススタディ、ブレーンストーミング、ロールプレイング、パネルディスカッション、フィールドワーク、フィルムフォーラムなど、児童生徒の主体性や自主性を重視した多様な学習活動を導入すべきである。また、コンピュータ、VTR、OHPなどの視聴覚教材や視聴覚機器を積極的に活用するなど、**多面的で合理的な授業**を展開することが大切である。

●主体的に、互いに協力しながら学ぶアクティブ・ラーニング

　学習指導要領の改訂をめざした中央教育審議会への諮問（平成26年11月20日）で

は、「何事にも主体的取り組もうとする意欲や多様性を尊重する態度、他者と協働するためのリーダーシップやチームワーク、コミュニケーション能力、さらには、豊かな感性や優しさ、思いやりなどの豊かな人間性の育成」が我が国の子どもたちにとって今後特に重要と考えられるとしている。また、その際、子どもが課題の発見と解決に向けて主体的にかつ互いに協働して学ぶ、**アクティブ・ラーニングの導入やその指導の方法等を充実させていく必要がある**としている。なお、この学習に当たっては、授業に調査研究や発表や討論あるいは教室の中だけで授業を完結するのではなく地域や関係機関とも連携・融合し、体験的な学習を一層導入することが必要である。

生徒による授業評価の必要性

　面接では、授業の改善とかかわって、最近多くの学校で実施されている**生徒による授業評価についても問われる可能性は高い。**このことについても、授業の在り方や授業の改善と関連させて、整理しておきたい。なお、生徒による授業評価の詳細については、質問39を参照のこと。

　生徒にとって、学校で最も長い時間を過ごす授業は、**興味や関心が高められ満足のいくものであることが必要**である。言い換えれば、教員は児童生徒に満足度の高い授業を提供する責任と義務がある。多様な生徒のニーズをしっかりと把握し、その実現に向けた努力が必要なのだ。このことを実現していく手立てとして、児童生徒による授業評価の導入がある。従来は、授業がわからないといったことがあれば、その責任は児童生徒にあり、教員の責任とはしなかった傾向があった。これからは、教員の行った授業の方法や内容あるいは指導方法などを見直して、**どこをどう改善していけば児童生徒にとって満足度の高い授業を提供することができるのか**を検討する必要がある。

回答例

1️⃣ 授業を行うには、まず教材研究をしっかりと行い、きちんとした指導計画を作成する必要があります。また、授業での話すことをいきなり本番の授業でやるのではなく、事前に何度か練習しておくことです。そうすれば自信もついて授業を進めることができると思います。また、大きな声で、板書もわかりやすく書くことが必要です。

講　評

1️⃣ 面接官が問いたいのは「教材研究をしっかり行う」や「きちんとした指導計画」の「しっかり」や「きちんと」のそれぞれの具体的な内容である。1時間の授業にとらわれず、授業そのものの在り方について回答する必要もある。

関連質問

・どのような観点から授業の見直しと改善が必要か
・どのような授業を展開していく必要があると考えるか

学習に遅れがちな子どもに対してどのような指導が必要か

ここを押さえろ!

- わかる授業・わかるまで指導する授業
- 一人ひとりをしっかりと見つめた授業
- 自己肯定感や有用感を育む指導
- 必要な学習の習慣化

　面接では、実践的な指導力について問われることも少なくない。ここで取り上げた事柄についても、より具体的に明確に述べたい。次に示したことについて、自らの言葉で話せるようにしておこう。

「わかるまで指導」するのは教員の責任

　学習に遅れがちな子どもはどの学級にも存在する。これらの子どもたちを放置してしまうのは大きな問題だ。教師としての力量が問われるのは、子どもたちにとってよくわかる授業をきちんとできるかどうか、子どもたちにわかるまで指導することができるかどうかだ。そのためには、**各教科・科目の学習内容を厳選し、基礎的・基本的な内容を十分時間をかけて指導し**、子どもたちに学習に対する興味や関心をいだかせ、主体的に学習し、学習する喜びや充実感や達成感などを得られるような授業を行いたい。

「指導の個別化」と「学習の個性化」の必要性

　子どもたちの興味・関心、能力・適性、進路希望等は極めて多様化している。教員はその多様性をしっかりと把握し、児童理解・生徒理解を行うべきだ。「十人十色」ともいわれる**子どもたちの特性を生かした授業を行う**とととともに、「一人十色」ともいうべき、一人の中に存在する多様性をも生かした授業の展開が求められる。単なる一斉授業ではなく、個に応じた指導の機会や学習の機会を設け、できるだけ「指導の個別化」を図り、子ども一人ひとりに応じた学習活動や学習活動に取り組む機会を提供し子ども自身の学習が最適となるよう調整する「学習の個性化」も必要である。「指導の個別化」と「学習の個性化」は、「個に応じた指導」でもあり、「個別最適な学び」を推進することが重要だ。また、学校全体として、少人数授業や習熟度別授業あるいはティーム・ティーチングなどの学習形態も導入するようにしたい。

学習のプロセスを重視すること

　特に学習が遅れがちな子どもには、高い階段を一気に登らせるようなことはせず、低

い階段を何段も設ける**スモールステップ方式の指導を取り入れる**ことも一つの方策である。そして、階段を一段一段登っていくそのプロセスを温かく見守ると同時に本人の努力や進歩の状況を認め、ほめることである。**子どもは、認められることやほめられることで自己肯定感をもち、学習に対する自信や意欲をもつようにもなる。**このようなプロセスの中で、基礎的・基本的内容の確実な定着を図ってくことが重要である。

 ## 目標をもたせ学習の習慣化を図ること

　学習の遅れがちな子どもは、学習の目標や自分の進路や将来などについて、あいまいなことが多い。そのことともかかわって、家庭などでの学習の習慣化が身についていないことも多い。自分なりに何か目標があれば、学習への意欲や関心も高まってくるはずである。身近な目標とともに中長期的な目標をもたせ、その**目標達成をめざした学習計画を作成し、それを継続的に実施していくことが必要である。**その際大切なことは、それらを子ども任せにするのではなく、教員や保護者がサポートや支援を行ってその進行を管理し、前述のような**スモールステップ方式**などを導入しプロセスを重視し温かく見守ることである。そこに学習の習慣化も図られるようになるのである。

第
3
章

回答のポイントはここだ！

回答例

1 学習が遅れがちな子どもは必ず存在します。特に最近は「学力の二極化」ともいわれ、各家庭の経済力とも深くかかわっていることなので困難な問題かと思います。学校においては、学力の低い子どもに水準を合わせて授業を行うこともできませんから、放課後などに補習や補講などを行い学習の遅れを取り戻させる努力が必要だと思います。

2 これまでの一斉授業中心の教育では対応することは難しいと思います。現実の子どもたちの学力差には大きなものがあり、授業の水準を低いほうに合わせて授業を進めることはできないためです。そのため、習熟度別の授業形態をとり、一人ひとりに合ったきめ細かな授業を展開することにより、学習に遅れがちな子どもを出さない指導ができると考えます。

講　評

1 全体的にネガティブに受け止めているため、日々の授業でどう取り組むのかといった視点がまったく欠けてしまっている。補習や補講も必要であるが、毎日の授業でのあなたの取り組みを述べる必要がある。

2 確かに従来の一斉授業には問題もあるが習熟度別の学習形態を導入しただけでは解決しない。解説文などを参考にして、「指導の個別化」「学習の個性化」への努力などについても触れることが必要である。

関連質問

・学習の遅れがちな子どもに対して具体的にどのように対応するか
・学習の遅れがちな子どもが生まれる背景にはどのようなことがあるか

「総合的な学習の時間」は、どのような指導が必要か

 ## 横断的・総合的な学習の特質を押さえよう

　「総合的な学習の時間」や「総合的な探究の時間」は、中学校や高等学校で、地域や学校、生徒の実態等に応じて、横断的・総合的な学習や生徒の興味・関心等に基づく学習など創意工夫を生かした教育活動を行うとされている。そのため、ここで取り扱われる内容は、各教科・科目の壁を乗り越えた横断的・総合的な学習が行われることになる。

　面接においては、この「総合的な学習の時間」や「総合的な探究の時間」の特質のほかに、そのねらい、具体的な学習活動、評価の在り方などについても関連して問われる可能性が高い。これらについても下記に示した事項を参考にして、きちんと整理し、明確に述べられるようにしよう。

 ## 「総合的な学習の時間」のねらい

　「総合的な学習の時間」の目標として、新中学校学習指導要領では、下記のようなことが示されている。特に「生きる力」の育成と関連させて、述べるようにしよう。

(1) 探究的な学習の過程において、課題の解決に必要な知識及び技能を身に付け、課題に関わる概念を形成し、探究的な学習のよさを理解するようにする。
(2) 実社会や実生活の中から問いを見いだし、自分で課題を立て、情報を集め、整理・分析して、まとめ・表現することができるようにする。
(3) 探究的な学習に主体的・協働的に取り組むとともに、互いのよさを生かしながら、積極的に社会に参画しようとする態度を養う。

 ## 具体的な学習活動についても考えておこう

　「総合的な探究の時間」の学習活動の例として、高等学校学習指導要領には、次ページのことが示されている。具体的内容は、これらを踏まえて自分なりに考えておこう。

　新中学校学習指導要領では、「総合的な学習の時間」の指導計画の作成と内容の取扱いで、「他教科等及び総合的な学習の時間で身に付けた資質・能力を相互に関連付け、

学習や生活において生かし、それらが総合的に働くようにすること」と記されている。

ア　例えば、国際理解、情報、環境、福祉・健康などの現代的な諸課題に対応する横断
　　的・総合的な課題
イ　地域や学校の特色に応じた課題
ウ　生徒の興味・関心に基づく課題
エ　職業や自己の進路に関する課題

 ## 「総合的な学習の時間」の評価についても対応できるように

　「総合的な学習の時間」の評価ついて、教育課程審議会の答申（平成10年7月）では、「教科・科目のように試験の成績によって数値的な評価は行わず、活動や学習の過程、報告書や作品、発表や討論などにみられる学習の状況や成果などについて、児童生徒の良い点、学習に対する意欲や態度、進歩の状況などを踏まえて、適切に評価する」としている。数値による評定は行わず文章で示し、否定的評価ではなく肯定的評価の視点に立ち、相互評価・自己評価・他者評価なども取り入れるとともに評価の機会を多く設け、評価の多様化・多元化を行うことが必要である。これらのことを踏まえて「総合的な学習の時間」の評価の在り方について述べられるようにしておくことが重要である。

　なお、高等学校の新学習指導要領で、「総合的な学習の時間」は「総合的な探究の時間」に変わった。

回答例

1 「総合的な学習の時間」は、これまでの教科・科目の学習とは異なり、児童生徒中心に学習を進めます。例えば、どのようなこと調べるかといったことでも、教員は指導せずにあくまで児童生徒の主体性に基づいて行います。そしてそれらの内容について発表します。

2 「総合的な学習の時間」は、例えば環境問題のように各教科・科目でも取り上げられている内容を多方面から総合的に調査・研究し、その成果をまとめ発表する学習です。この学習を通して、自己の在り方や生き方を考えることができるようにすることに学習のねらいがあります。

講　評

1 児童生徒が中心となって学習を進めるのは正しいが、「教員は指導せず」となると正しいとはいえない。児童生徒中心の授業とは、教員が指導しない放任主義の授業ではない。

2 全体的に総合的な学習の時間についてよく理解しているようだが、「各教科・科目でも取り上げられている内容」とは限らないので注意してほしい。「横断的・総合的な課題」などのキーワードを使う必要がある。

関連質問
・「総合的な学習の時間」のねらいは何か
・「総合的な学習の時間」の具体的な学習活動にはどのようなことがあるか

道徳教育のねらいとその基盤としての道徳性とは何か

ここを押さえろ！

- 道徳教育のねらいの把握
- 道徳性の具体的な説明
- 道徳教育を進める際の配慮事項
- 道徳教育と「特別の教科 道徳」の時間の関係

　道徳教育については、教科・科目を越えてすべての教員に問うことのできる内容でもあり、面接において問われる確率の高いテーマの一つである。このことについては、学習指導要領の総則や「特別の教科　道徳」に示されている「目標」や「内容」を一読しておく必要がある。ここでは、特に問われる可能性の高い、道徳教育の目標、道徳の時間の目標、道徳性、道徳教育の主な内容について以下に示したので、これらの事項を参考にして、きちんと整理し、明確に述べられるようにしておきたい。

学習指導要領の内容を踏まえよう

　道徳教育は、新中学校学習指導要領の総則に示されているように、**道徳性を養うこと**を目標としている。

●中学校学習指導要領　総則

　道徳教育は、教育基本法及び学校教育法に定められた教育の根本精神に基づき、人間としての生き方を考え、主体的な判断の下に行動し、自立した人間として他者と共によりよく生きるための基盤となる道徳性を養うことを目標とする。

最近の道徳教育をめぐる動き

　平成27年3月の学習指導要領の一部改正によって、**小中学校の道徳は「特別の教科　道徳」に位置付けられた**。小学校では平成30年度から、中学校では令和元年度から実施されている。

　これまでは、読み物の登場人物の心情理解に偏った形式的な指導がみられるとの指摘を受けていたことを踏まえ、「特別の教科　道徳」では**児童生徒が課題を自ら見つけ自力で解決する問題解決型の実践的な教育**を行うこととしている。また、道徳科には、**検定教科書が導入**されている。

「特別の教科 道徳」における目標についての対応も必要

「特別の教科 道徳」の目標として新中学校学習指導要領では次のように示している。

第1章総則の第1の2の（2）に示す道徳教育の目標に基づき、よりよく生きるための基盤となる道徳性を養うため、道徳的諸価値についての理解を基に、自己を見つめ、物事を広い視野から多面的・多角的に考え、人間としての生き方についての考えを深める学習を通して、道徳的な判断力、心情、実践意欲と態度を育てる。

 道徳性の内容についても述べられるような対応が必要

道徳教育の目標に述べられている豊かな人間性の基盤としての道徳性には、次のようなことが含まれる。これらのことをもとに「道徳性」の内容を押さえておこう。

- ・美しいものや自然に感動する心など柔らかな感性
- ・正義感や公正さを重んじる心
- ・生命を大切にし、人権を尊重する心などの基本的な倫理観
- ・他人を思いやる心や社会貢献の精神
- ・自立心、自己統制力、責任感
- ・他者との共生や異質なものへの寛容な心

回答例

1 最近特に指摘されていますが、規範意識が低下していて、ルールを守らないマナーの悪い若者が目立ちます。また、自己中心的で他人のことを考えず思いやりや優しさも欠けています。そのため学校における道徳教育を一層徹底し、豊かな人間性を育む基盤となる道徳性を身につけさせることが必要です。

2 道徳の目標は、各教科、総合的な学習の時間及び特別活動における道徳教育と連携を図り、道徳的価値やそれに基づいた人間としての生き方についての自覚を深め、正義感や人権を尊重する心や他人を思いやる心などの道徳性を培い、道徳的実践力を育成することです。

講 評

1 道徳教育の必要性についての回答になってしまっていて、道徳性の内容が十分説明されていない。具体的にいくつか事例を挙げながら説明するとよい。

2 「道徳の時間」の目標を述べているが、質問は「道徳教育」である。道徳教育は、道徳の時間をはじめ、各教科、総合的な学習の時間及び特別活動など学校教育全体を通じて行われることにも注意しておきたい。

関連質問

- ・道徳教育の目標は何か
- ・「道徳の時間」における目標にはどのようなことがあるか

ここを 押さえろ！	● 最近の非行問題の特色
	● 最近の非行問題の背景や要因
	● 問題行動への実践的な対応力
	● 家庭や関係機関等との連携

青少年の非行問題について特徴や背景や要因、実践的な対応などについて詳細に整理し、述べられるようにしておきたい。

最近の青少年の非行の特徴を押さえる

児童生徒の健全育成にかかわる国や教育委員会などの施策や学校及び教職員の努力にもかかわらず、児童生徒による暴力行為やいじめや非行などの問題が多発している。特に最近の青少年非行の特徴として、低年齢化・凶悪化・粗暴化・突然化（キレる）・重大化・一般化※・普遍化・自己中心化・無罪悪化・責任転嫁※などが挙げられる。

※ 一般化・普遍化（生徒指導上の問題のない、普通の児童生徒が非行問題等を起こす）
※ 責任転嫁（悪いのは自分ではなく、友達や親や先生などであるとして責任を転嫁する）

最近の青少年の非行の背景について述べる

非行問題発生の要因として、下記などを踏まえて背景について述べよう。

- ・社会性や倫理観・規範意識の低下や希薄化
- ・自己中心的な思考や行動
- ・耐性の欠如
- ・将来展望の不確実さ
- ・物質的豊かさと価値観の多様化
- ・地域社会や家族形態の変化とそこでの教育力の低下
- ・自然体験や社会体験等の不足に伴う「かかわる力」などの低下
- ・インターネットなどの普及と生活様式や行動様式の変化

問題行動への実践的な対応を述べられるようにしておく

非行問題等には実践的な対応が重要で、新任教諭にも具体的な指導が求められる。知識ではなく、実践できる資質や能力（実践的指導力）が必要だ。実践的な対応として、次のようなことは重要となろう。

(1) **問題行動への初期対応**
・正確な事実確認（発生場所・時刻・関係生徒・問題行動の内容等）
・事実関係の聞き取り（予断や偏見、生徒のプライバシーの保護や人権には十分配慮・複数の教員での対応が原則）
・保護者への迅速で正確な内容の連絡（校長などの上司の指示による）
・保護者との面談（正確な事実関係・十分な説明責任・保護者の意見）
・関係機関との連携（日常的な関係機関との連携や協力・プライバシーの保護や人権への十分な配慮・報道機関などへの窓口の一本化）

(2) **特別指導の内容の決定とその指導をどう進めるかを把握しておく**
・生徒指導部会、学年会、企画調整会議、職員会議などで十分な審議
・機械的な対応の在り方の見直しと児童生徒理解に基づいた指導内容の検討
・児童生徒の意見を表明する権利の保障
・問題行動児童生徒への組織的な指導体制の確立
・制裁的な指導ではなく援助的・相談的指導を重視
・保護者への特別指導内容の連絡と協力の依頼
・生徒の変容の的確な把握

(3) **他の児童生徒などへの指導の必要性**
・温かな雰囲気の学級やホームルームの構築と好ましい人間関係の再構築
・学級やホームルームでの役割やその場面の保障
・意図的、計画的に長期にわたる指導と援助

回答例

1 最近の青少年非行の特徴として、低年齢化・凶悪化・粗暴化・普遍化などが挙げられます。この要因としては、社会性や倫理観や規範意識の希薄化、耐性の欠如、地域や家庭における教育力の低下などが考えられます。そこで学校では、悪いことは悪いということを毅然とした態度で指導していくべきだと思います。

2 青少年の非行問題では、相手を切りつけたり殺してしまうというひどい事件が報じられています。問題の背景は、学校教育や家庭教育あるいは社会全体の責任があるので、学校だけで解決できる問題とは思えません。

講評

1 青少年非行の特徴や要因については言及されているが、後半の学校の対応の説明が不十分。家庭や地域における教育の在り方などについても詳しく述べたい。

2 凶悪化・粗暴化した青少年非行への感想と受け止められる。青少年非行問題の背景・要因と学校教育で求められている事柄について再整理しよう。

関連質問
・最近の青少年の非行の特徴にはどのようなことがあるか
・最近の青少年の非行の背景にはどのようなことがあるか

生徒指導の目的は何か

ここを押さえろ!
- 生徒指導の目的
- 広い視点からの生徒指導の内容の把握
- 開発的生徒指導と対処療法的指導の違い

　生徒指導は教育の重要な柱なので、幅広い観点から問われる可能性が大きい。次に記した内容を参考に生徒指導の目的、生徒指導の内容、実際の指導方法などについて明確に述べられるようにしておこう。

 ## 生徒指導の目的について述べる

　生徒指導は、すべての教育活動を通じて行われる。道徳教育や学級活動・ホームルーム活動などの特別活動は生徒指導そのものだが、教科・科目や総合的な学習の時間の指導の中でも必要であり、次のようなことを目標として行われるべきだ。

- ・すべての生徒のそれぞれの人格のよりよき発達
- ・学校生活がすべての児童生徒にとって有意義で興味深く、充実したものになるようにする
- ・社会において自己実現が図られるような資質・能力・態度の育成をめざす
- ・個々の児童生徒の自己指導力の育成

　生徒指導は、児童生徒の非行対策や問題行動への対応といった、消極的な面だけにとどまるものではないことは理解しておきたい。

 ## 生徒指導の内容について述べる

　生徒指導は、教科・科目の学習指導とかかわっていて、単に問題行動に対するものではない。なお、生徒指導の内容としては下記の事柄がある。

- ・学業にかかわる指導（学習意欲の向上や学習の習慣化、学習不適応への対応など）
- ・進路にかかわる指導（キャリア教育の在り方、自己実現や生き方に関する指導など）
- ・道徳にかかわる指導（道徳的判断力や実践力、公共心やルール・マナーなどに関する指導など）
- ・心身の健康にかかわる指導（心の教育・生命尊重・人権尊重・危機管理・安全・環境の改善などにかかわる指導など）
- ・自己理解や個人の不安や悩みにかかわる指導（自己実現や自己指導力などにかかわる指導など）
- ・集団への適応にかかわる指導（基本的な行動様式や人間関係などにかかわる指導など）

開発的生徒指導と対処療法的生徒指導の違い

　対処療法的な生徒指導とは、問題行動が起こるたびに行われる。一般的には、児童生徒個人に対しての管理的指導や訓育的な指導であり、注意・叱責・指示など命令的な指導が行われがちである。**開発的生徒指導**とは、児童生徒個人よりは学級やホームルームなどの集団を対象として行われる。援助的指導や相談的指導が中心となり児童生徒の意欲や関心などを一層高める役割を果たし、児童生徒の主体的・自主的・創造的な活動が一層発展する。

 ## 生徒指導充実の基盤として何が必要か

　対処療法的ではなく、開発的生徒指導へ転換していくことが必要である。それには、好ましい人間関係を基に豊かな集団活動が営まれる学級や学校づくりが求められる。自他の個性を尊重し、相手のよさを見つけようと努める集団、互いに協力し合い、主体的によりよい人間関係を形成していこうとする集団を育むことが重要だ。

　また、生徒指導の推進では、全教職員の共通理解を図り、学校としての協力体制や指導体制を構築し、家庭や地域社会及び関係機関等との連携・協力体制を作り上げていくことも必要だ。

回答例

1 生徒の飲酒喫煙・非行・いじめ・暴力などの問題に対しての指導を生徒指導といいます。このような問題を起こす生徒は厳しく指導することが必要です。家庭の教育力の低下もあり、学校は厳しく生徒指導をしていく必要があります。

2 生徒指導は、教科・科目の学習指導と並んで重要な意義をもつものであり、学業にかかわる指導、進路にかかわる指導、道徳にかかわる指導、心身の健康にかかわる指導、自己理解や個人の不安や悩みにかかわる指導、集団への適応にかかわる指導など広い内容が含まれています。このような指導を行うに当たって私は全力を挙げていきます。

講　評

1 生徒指導を単に反社会的な問題を起こした生徒への指導ととらえている。生徒指導のねらいや内容を整理しておく必要がある。特に開発的生徒指導について理解しておきたい。

2 生徒指導の内容については、何をめざして生徒指導が行われるのか、またどのようなことに配慮して行うことが必要なのかを述べることが重要だ。最後のところで、生徒指導に対する意気込みを述べることはない。

関連質問

・生徒指導の内容にはどのようなことがあるか
・生徒指導を行う際にはどのようなことが大切か

第**3**章

回答のポイントはここだ！

質問 18 いじめへの対応として何が必要か

ここを押さえろ!	●いじめのとらえ方
	●いじめに関する課題の把握
	●いじめのサイン
	●いじめを出さない指導

いじめ問題は学校教育における大きな課題で、教員をめざす人々も重要な課題として受け止めるべきだ。次に示した内容を参考に正しい認識を高めよう。いじめの定義やとらえ方、構造、サインなどについては、確実に理解しておこう。

 ### 変化した「いじめ」のとらえ方

以前文部科学省では、いじめとは「自分より弱い者に対して一方的に身体的・心理的な攻撃を継続的に加え、相手が深刻な苦痛を感じているもの」と定義していたが、いじめの定義は何度か変遷している。平成25年に施行されたいじめ防止対策推進法では「いじめとは、児童等に対して、当該児童等が在籍する学校に在籍している等当該児童等と一定の人的関係にある他の児童等が行う心理的又は物理的な影響を与える行為(インターネットを通じて行われるものを含む)であって、当該行為の対象となった児童等が心身の苦痛を感じているもの」と改められた。いずれにせよ、いじめは許されない行為であり、人間の尊厳を傷つける重大な人権問題である。いじめは特定の児童生徒に起こるという認識は間違いだ。どの学校、どの学級、いつでも、どの児童生徒にも起こりうる問題であるという認識が必要である。

 ### いじめの構造について述べる

いじめは、「A いじめている子ども・B いじめられている子ども・C 実際には手を出

いじめの構造

傍観者
観衆
いじめ
A → B
C 周りではやしたてる子
D 見て見ぬふりをする子

さないが見てはやし立てる子ども・D 見て見ぬふりをする子ども」の4層構造をなしている。いじめに、CやDも加担しているのである。

 ## いじめ発見の視点と子どものサインについて説明できるようにしておく

担任は、日頃から児童生徒の表情や言動や態度、あるいは交友関係などに変化が見られないか配慮することが必要だ。早期発見・早期指導が重要で、サインを見落としてはいけない。例えば、サインには次のようなことがある。

- ・持ち物が頻繁になくなったり、こわされたり、落書きされたりする。
- ・服を汚してきたり、破いてきたり、傷などがあったりする。
- ・お金の使い方が荒くなる。
- ・表情がさえず、おどおどしたり、ふさぎこんで元気がなくなる。
- ・学校にいきたがらなくなったり、遅刻や早退が多くなったりする。
- ・不快に思う呼び方を友達からされている。
- ・不自然な電話がかかってきたり、呼び出されたりする。
- ・つきあう友達が急に変わったり、友達のことを聞くと怒ったりする。
- ・妙にまつわりつくようになったり、逆に部屋に閉じこもりがちになったりする。
- ・家族に話しかけられるのを嫌がったりする。

出典：「いじめをなくそうみんなの声と心で」（東京都教育委員会）

回答例

1 いじめはいけない問題ですが、あまり大騒ぎすることも問題であると思います。子どもどうしで課題を解決させることも大切だからです。子どもの成長過程で、いじめは多かれ少なかれありうることであり、この問題を克服することで強く生きることのできる力を育てることができると思います。

2 いじめは、人間として絶対に許されない行為であることを、教員はもとより子どもにもしっかりと認識させる必要があると思います。また、教員としては、いじめを出さないクラスづくりなどが大切だと思います。

講評

1 「あまり大騒ぎすることも問題」「いじめを克服することで強く生きることのできる力を育てる」などは、いじめに対する誤った考え方である。いじめは絶対に許されないという考え方に立って論じる必要がある。

2 前半はいじめ問題を正しくとらえている。後半の「いじめを出さないクラスづくり」とあるが、どのようにしてそれを築いていくのかを論じなければならない。

関連質問

- ・「いじめ」はどのように定義されているか
- ・「いじめ」を未然に防ぐにはどのような対応が必要か

不登校問題への対応として必要なことは何か

不登校問題は学校教育における大きな課題で、よく問われる。

「不登校」とは何かを具体的に言えるように

不登校とは「何らかの心理的、情緒的、身体的、あるいは社会的要因・背景により、児童生徒が登校しないあるいはしたくてもできない状況にあること（ただし病気や経済的な理由によるものを除く）」であり、年間に30日以上欠席した児童生徒のことである。かつては登校拒否などと呼ばれていたが、今は「不登校」という言葉が使われている。

不登校の要因

不登校の状態になった要因は、学校に係る状況・家庭に係る状況・本人に係る状況の3つに区分することができる。

学校に係る状況	・友人関係をめぐる問題 ・教職員との関係をめぐる問題 ・学業不振　・クラブ活動、部活動等への不適応 ・学校のきまり等をめぐる問題 ・入学、転編入学、進級時の不適応 ・いじめ、進路に係る不安
家庭に係る状況	・家庭の生活環境の急激な変化 ・親子の関わり方　・家庭内の不和
本人に係る状況	・生活リズムの乱れ・あそび・非行、無気力・不安

出典：「児童生徒の問題行動・不登校等生徒指導上の諸問題に関する調査結果について」（文部科学省）より作成

また、不登校の具体的な理由の例として、次のようなことがある。

- いやがらせをする生徒の存在や教師との人間関係など学校生活上の影響で登校しないまたはできない。
- 遊ぶためや非行グループに入ったりして登校しない。
- 無気力でなんとなく登校しない。登校しないことへの抵抗が少ない。
- 登校の意思はあるが、身体の不調などを訴え登校しないまたはできない。

中学1年で急増する不登校生の実態

　不登校生の数は小・中学校ともに学年が上がるに従って増加しているが、小学校6年生から中学校1年生にかけて急増している。原因としては**小学生から中学生へといった生活の変化への適応の問題**（中一ギャップ）などがある。なお、全国の不登校の児童生徒数は、小・中学校で約24万9048人、高校で約6万575人であり、増加傾向にある（令和4年度）。

 ## 不登校への対応としてどのようなことがあるのか

　不登校への対応として効果のあった指導について述べられるようにしておこう。

- ・教員は不登校問題についての研修会などを通して、その対応などについて共通理解を図る
- ・保健室等の特別な場所に登校させて指導に当たる
- ・スクールカウンセラーや心の専門的な相談員や養護教諭が専門的に指導に当たる
- ・児童生徒と教員の触れ合いを多くする
- ・友人関係を改善する
- ・授業方法の改善や個別的な指導などの導入
- ・意欲をもって活動できる場の提供

回答例

1 不登校生は、学校に来られない状況です。教員は根気強く登校を促すべきで、毎日電話をかけたり、時には自宅まで迎えに行ったりすることも必要です。保護者にも厳しく登校させるように指導します。学校に行くことの必要性を伝えるべきです。

2 学校生活や授業に適応できなくて不登校になったのでしょう。不登校の理由は一人ひとり異なりますが、まずはその背景などを把握すべきです。そのためカウンセリングマインドで生徒とよく話し合うことが必要で、それに基づいて具体的な手立てを生徒とともに考えることになると思います。

講　評

1 単に登校を促す指導だけでは、不登校の状況を強めてしまいかねない。不登校になったきっかけなどをまずよく聴く（傾聴）努力をすべきだ。そして相手の思いや考えに共感したい。

2 カウンセリングマインドは重要なキーワードであり、具体的な手立てを生徒とともに考えていくとの指摘もよい。保護者や関係機関と連携した具体的な対応について触れるとよりよくなる。

関連質問
- ・不登校の要因（直接のきっかけ）にはどのようなことがあるか
- ・不登校とはどのような状態にあるのか

中途退学問題への対応として必要なことは何か

ここを押さえろ!
- 中途退学問題のとらえ方
- 中途退学問題の要因
- 中途退学問題への対応

　中途退学問題は、夢や希望などをもって入学した高校を途中でやめてしまうことであり、これからの人生にも影響を及ぼすことになる。中途退学問題が起こる要因やその問題への対応の在り方などは、面接でも問われることが考えられる。次に記したことを参考に、中途退学問題について述べられるようにしておこう。

中途退学問題とは何か

　高等学校（公立・私立）における中途退学者数は4万3401人で、全生徒数に対する割合は約1.4%である（令和4年度）。定時制課程や通信制課程での中退率は高くなっている。学年別では、1・2年生で全体の半数を超えており、学年が進行するに伴い減少している。高校へ入学してからの適応指導が重要である。

中途退学してしまう背景を押さえておく

　中途退学の事由として、学業不振・学校生活・学業不適応、進路変更、経済的理由、家庭の事情、問題行動等などがある。このうち多いのは、**学校生活・学業不適応や進路変更**である。この両者で中途退学の事由の大半を占めているので、生徒を受け入れた高校側と生徒を送り出した中学校側に問題があったともいえる。

　高校では、多様な生徒の実態やニーズに適切に対応することが十分にできていなかったことがある。一方中学校では、進路指導やキャリア教育のこれまでの在り方が問われている。「高等学校中途退学問題について」（学校不適応対策調査研究協力者会議報告書）では、次のようなことを指摘（一部抜粋）している。

　　中学校においては、各高等学校の教育方針・教育内容や学科の特色等、高等学校で学ぶ意義や将来の進路との関わり、生徒の適性などについての理解を図る上での指導や相談がややもすると不足し、また、中学浪人を出さないようにと配慮から偏差値による進路指導を行っているというケースが見られた。

　　高等学校においては、目的意識や学習意欲が不十分なまま高等学校に入学する生徒がいる中で、十分な適応指導が行われていない面がある。また、基礎的な学力が十分に身に付いていないまま高等学校に入学したり、自己の興味・関心に従って選択履修したいとする

生徒がいるにも関わわらず、ともすると画一的な教育課程、学習指導が依然として行われているという問題もある。

 ## 中途退学者問題への対応について述べる

次のことを踏まえて、中途退学問題への対応策について述べよう。

- 生徒の能力・適性、興味・関心、進路等に応じた、幅広い選択が可能な教育課程の編成
- 勤労や奉仕にかかわる体験を重視し、望ましい勤労観や職業観の育成
- 単位認定の弾力化と、硬直的な進級規定等の見直し
- 生徒が帰属感をもち誇りをもてるような特色ある学校づくりの推進
- 中学校における偏差値に基づいた進路指導の改善
- 高等学校における入学から卒業までの計画的な進路指導
- 中学校と高等学校が相互に連携した進路指導の推進
- 人間としての在り方・生き方に関する学習の充実
- 生徒と教師の好ましい人間関係の醸成
- 入学時の適切な適応指導の充実
- 参加する授業・わかる授業・わかるまで指導する授業の展開
- 課題解決的な学習の推進や主体的な学習態度の育成

回答例

1 高校の中途退学率が高いのは、学習意欲や学習目的などがないままに入学する生徒が増加したためだと思います。やはり、将来の目的や進路希望などをもって入学すべきだと考えます。中学校の進路指導がしっかりと行われなければ解決しないと思います。

2 高等学校は義務教育ではないので、進路希望と合わないと思ったら早く自分に合った進路に進むべきだと考えます。高校卒業資格だけにこだわらなくてもいいと思います。その意味で、中途退学問題は前向きにとらえていいと思います。

講 評

1 中途退学問題の要因を、中学校の進路指導にのみ求めている。もちろんこのことも必要ではあるが、受け入れている高校側の問題点や解決策などについても述べることが必要だ。

2 中途退学をここに述べられているように新たに進路の実現に向けたステップとしてとらえることもできる。しかしそれはむしろ一部のことであり、ここでは中途退学問題を広い視点からとらえて論じる必要がある。

関連質問

- 中途退学問題とはどのような問題か
- 中途退学問題の背景にはどのようなことがあるか

校則違反や規則違反を繰り返す生徒をどのように指導するか

- 見逃さない指導
- 問題行動の背景
- 共通理解と協働体制
- 家庭や保護者との緊密な連携指導

 ## 悪いことは悪い、ダメなことはダメと指導することの必要性

　みんなで決めたルールや規則を守ることによって、快適な生活や学校生活が保障される。それを乱す生徒にその場できちんと指導しないことがあると、校則違反や規則違反はますます拡大していくことが予測される。「ダメなことはダメ」と厳しく指導することが必要だ。

　しかし、厳しく指導するだけでは解決が困難になることもあるので、対応の在り方（指導の仕方）は児童生徒の実態を踏まえて、ていねいに行いたい。「指導は厳しく、対応は優しく」が原則だ。これを基本的な考え方として把握しておきたい。

 ## 問題行動は氷山の一角

　現れた問題行動は、氷山の一角である。そこだけに目を奪われたり、指導が偏ってしまうと、本質的な解決がいつまでたっても行われず、また、同様な問題行動が繰り返されることになる。必ず問題行動には、それを起こさせる要因がある。そしてこの要因を取り除かないことには本質的な解決がいつまでたっても行われないのである。氷山は、水面上に現れている姿よりもはるかに大きな体積が水面下に隠されている。それと同様に、水面下に隠されている問題行動の要因には大きなものがある。それを指導し取り除いていくべきだ。

 ## カウンセリングマインドに立った指導の必要性

　氷山の水面下に隠れた部分には、カウンセリングマインドの視点に立った指導が必要である。

　カウンセリングマインドの視点に立った指導では、どなったり、怒ったり、命令したり、指示したりする威圧的・強権的な指導は行わない。例えば、校則違反や規則違反を繰り返す生徒に対して「あれほど言ったじゃないか」「何度言ったらわかるのか」「どうしようもない生徒だな」「もう絶対しないな」「反省文を書きなさい」といった一方的な

指導ではない。カウンセリングマインドに立った指導では、**生徒の意見や考えなどをまず聞くところから始まる**。生徒の声にじっくりと耳を傾けるのである（傾聴）。そして生徒の意見や考えを否定するのではなく**受け入れ（受容し）、共感する**ことが必要である。教員はここで、命令したり指示したりすることは控えることにする。そして話し合いが進む中で、生徒本人が、校則や規則は守ることが必要だということに気づかせ、自らが校則や規則を守るという生活態度を身につけていくことを見守り、支援・サポートしていくのである。「self-help」（自立）をめざすことが重要である。

 ## 協働体制と家庭との連携の必要性について述べる

　ここで取り上げられている内容の生徒指導は、**教職員の共通理解のもとに学校全体で行うことが必要**である。また、学校の指導方針などについての理解を家庭にも求めると同時に保護者にその協力をいただき、本人と家庭と学校が一体となって問題の解決に当たることが必要であることにも留意したい。その意味でもキーワードとして「協力体制」や「協働体制」の語句を用いるとよい。

回答例	講　評
1 校則違反や規則違反を繰り返す生徒に対しては、校則や規則は守るべきものであることを何度も何度も繰り返し厳しく指導することが必要です。特に、校則や規則違反は他の生徒への影響も大きいので、その違反の事実を家庭にも連絡し、家庭でも厳しく指導してもらうことだと思います。	**1** これでは、しばらくは違反はなくなるかもしれないが、再発することは十分考えられる。それは、違反する要因が何ら解決していないためである。
2 学級会などで校則や規則を守ることの必要性について、生徒自身に話し合わせます。そして、違反をしたらどうするかといった罰則規定も作らせます。生徒自身で作った約束事ですから、違反者は出なくなると思います。クラスで決まったことは、家庭にも学級通信などでお知らせし、協力をお願いします。	**2** 生徒自身に考えさせることも大切なことではある。しかしここで配慮しなければならないのは、当事者である生徒が学級会のその場にいた場合である。この場合には、担任が十分に指導したうえで学級会を進める必要がある。

関連質問

・校則違反や規則違反を繰り返す生徒への効果的な指導法にはどのようなことがあるか
・カウンセリングマインドに立った指導とはどのような指導をいうのか

学級活動では どのようなことが重要か

- ● 学級活動の目標の把握
- ● 学級活動の具体的な内容
- ● 学級活動の指導計画作成の配慮事項

学級活動や（高校ではホームルーム活動）については、見落としがちである。まず、特別活動について理解しておき、学級活動等のねらいや内容を押さえる。

特別活動の目標

特別活動の目標は、(1)多様な他者と協働する様々な集団活動の意義や活動を行う上で必要となることについて理解し、行動の仕方を身に付けるようにする。(2)集団や自己の生活、人間関係の課題を見だし、解決するために話し合い、合意形成を図ったり、意思決定したりすることができるようにする。(3)自主的、実践的な集団活動を通して身に付けたことを生かして、集団や社会における生活及び人間関係をよりよく形成するとともに、人間としての生き方についての考えを深め、自己実現を図ろうとする態度を養うことである（中学校学習指導要領）。

学級活動の目標は、学級や学校での生活をよりよくするための課題を見いだし、解決するために話し合い、合意を形成し、役割を分担して協力して実践したり、学級での話し合いを生かして自己の課題の解決及び将来の生き方を描くために意思決定して実践したりすることに、自主的、実践的に取り組むことを通して、第1の目標に掲げる資質・能力を育成することを目指すことである（新中学校学習指導要領）。

特別活動は、学級活動、児童会・生徒会活動、学校行事（小学校ではこのほかにクラブ活動）からなっていて、学級活動は、特別活動の中核をなす教育活動だ。学級活動の年間配当時間は35単位時間（小学校第1学年は34単位時間）で、毎週学級活動を実施する。学級担任と生徒との信頼関係を築き、児童生徒の学校生活への適応と学校生活の充実向上を図ることを意図している。なお、児童会・生徒会活動及び学校行事は、内容に応じ、年間、学期ごと、月ごとなどに適切な授業時数を充てることにしている。

学級活動の内容を押さえておく

学級活動（中学校）で行われる活動内容には、下記のものがある。（新中学校学習指導要領）。

(1)　**学級や学校における生活づくりへの参画**
　　　学級や学校における生活上の諸課題の解決、学級内の組織づくりや役割の自覚、学校における多様な集団の生活の向上

(2)　**日常の生活や学習への適応と自己の成長及び健康安全**
　　　自他の個性の理解と尊重、よりよい人間関係の形成、男女相互の理解と協力、思春期の不安や悩みの解決、性的な発達への対応、心身ともに健康で安全な生活態度や習慣の形成、食育の観点を踏まえた学校給食と望ましい食習慣の形成

(3)　**一人一人のキャリア形成と自己実現**
　　　社会生活、職業生活との接続を踏まえた主体的な学習態度の形成と学校図書館等の活用、社会参画意識の醸成や勤労観・職業観の形成、主体的な進路の選択と将来設計

 ## 学級活動の指導計画作成の配慮事項を言えるように

学級活動の指導計画を作成する際には、次のことに配慮したい。

・児童生徒による自主的、実践的な活動が助長されるようにする。
・各教科、道徳及び総合的な学習の時間などの指導との関連を図る。
・家庭や地域の人々との連携、社会教育施設等の活用などを工夫する。
・教育相談についても、家庭との連絡を密にして適切に実施できるようにする。
・ガイダンス機能を充実するよう指導を工夫する。

回答例	講評
1 学級活動は、望ましい人間関係を形成し、集団の一員としてのよい生活づくりや様々な問題の解決をめざした自主的、実践的な態度や健全な生活態度を育てることにそのねらいがあります。教科の学習とは異なり生徒の自主性に任せることが重要だと思います。	**1** 前半では、学級活動のねらいが押さえられている。後半に「生徒の自主性に任せる」とあるが、すべてを生徒に任せるわけにはいかない。
2 学級活動は、週1時間行われ、ここでは学級を単位として、学級や学校の生活の充実と向上、生徒が当面する諸課題への対応などについて、教員がリーダーシップをとって進める授業です。ここで決められたことはきちんと守っていくよう指導する必要があります。	**2** 前半は学級活動の内容について述べられている。後半に「教員がリーダーシップをとって進める授業」とあるが誤りで、教員は主として支援やサポートの役割を担うことになる。

関連質問

・学級活動のねらいや内容は何か
・学級活動の指導計画作成の際の配慮事項にはどのようなことがあるか

第**3**章　回答のポイントはここだ！

懲戒の内容とその法的規定との関係はどのようになっているのか

ここを押さえろ!
- 懲戒の内容
- 懲戒に関する法規定
- 出席停止と懲戒の違い

　校長及び教員の法的な規定は押さえておきたい。次に示した内容を理解しよう。また、出席停止の扱いについても関連して問われることもあるので、懲戒との違いを含めて、見落とさないようにしよう。

普段の教育活動の中での懲戒

　子どもどうしの暴力や器物破損や対教師暴力などの問題行動は、学校教育の大きな課題の一つである。このような問題行動を起こした子どもたちに接すると、「悪いことをした」「罪を犯した」といった認識は乏しく、説諭されてはじめて気づく子どもも多い。児童生徒は、教育的に毅然とした態度で厳しく戒め、指導するべきだ。

　戒めとは、広辞苑に「禁じられていることを教えさとして、慎ませる」「過ちのないように注意する」「叱る、罰する」と記されている。教員が児童生徒に対して、叱ったり、起立させたり、何らかの行為を課すといった行為は、法的な効果を伴わない教育的な「叱責」であり、事実行為の懲戒である。

学校教育法と学校教育法施行規則の規定

　学校教育法（第11条）で、「校長及び教員は、教育上必要があると認めるときは、文部科学大臣の定めるところにより、児童、生徒及び学生に懲戒を加えることができる。ただし、体罰を加えることはできない」と記し、校長及び教員に教育上の懲戒を行う権限を法的に認めている。　また、学校教育法施行規則（第26条）において、懲戒に関して下記のように示している（一部省略）。

① 校長及び教員が児童等に懲戒を加えるに当たっては、児童等の心身の発達に応ずる等教育上必要な配慮をしなければならない。
② 懲戒のうち、退学、停学及び訓告の処分は、校長が行う。
③ 退学は、市町村立の小学校、中学校、義務教育学校又は特別支援学校に在学する学齢児童又は学齢生徒を除き、次の各号のいずれかに該当する児童等に対して行うことができる。
　一 性行不良で改善の見込みがないと認められる者

　　二　学力劣等で成業の見込みがないと認められる者
　　三　正当の理由がなくて出席常でない者
　　四　学校の秩序を乱し、その他学生または生徒としての本分に反した者
　④　停学は、学齢児童又は学齢生徒に対しては、行うことができない。

出席停止の措置の内容についても押さえておく

　退学や停学は、学齢児童又は学齢生徒に対しては、行うことはできない。公立学校の小・中学校の児童生徒に対しては、懲戒という観点ではなく、**学校の秩序を維持し、他の児童生徒が義務教育を受ける権利を保障する**といった側面から、**「出席停止」の措置を講ずることができる**（学校教育法第35条）。なお、出席停止は教育委員会が、保護者に対して行う点に注意する。

　この出席停止を命ずる場合には、あらかじめ保護者の意見を聴取するとともに理由及び期間を記載した文書を交付しなければならない。また、出席停止期間の学習に対する支援その他教育上必要な措置を講ずることが必要である。

第 **3** 章　回答のポイントはここだ！

回答例

1 学校教育法で、「校長及び教員は、教育上必要があると認めるとき、児童、生徒に懲戒を加えることができる」とされています。またその懲戒には、退学、停学及び訓告があり、特に「退学」に関しては、性行不良、成業の見込みがない、正当な理由がなく出席常でない、学校の秩序を乱し、生徒としての本分に反するなどの場合に限られています。

2 懲戒に関しては、学校教育法第11条や学校教育法施行規則第26条で規定されています。そして懲戒には、退学、停学及び訓告の処分があります。問題行動の防止のため、この法律に基づいて厳しく処分すべきだと思います。

講　評

1 法的な規定を淡々と述べるだけでなく、懲戒に当たって必要な、例えば「児童等の心身の発達に応ずるなどの教育上の必要な配慮」など、教育上の配慮についても言及する必要がある。

2 指導に指導を重ね、これ以上指導の方策がないというときに、法的な手段に訴えることになる。基本としてこのような考え方が必要である。

関連質問

・出席停止の措置と懲戒との違いは何か
・学校教育法と学校教育法施行規則では、懲戒をどのように規定しているか

体罰は許されるか

ここを押さえろ！
- これって体罰？
- 体罰に関する法規定
- 体罰の起こる要因
- 体罰とその罰則

　まずは「体罰は絶対に許されない」という認識を述べるべきである。しかし、現実には体罰が起こっている。体罰についても、多方面からの認識が必要であり、次に示したことなどを参考にして答えられるようにしておこう。

つい手が出てしまった

　ニュースや新聞でも「体罰教師」に関する記事が報道されることがある。体罰が行われるのは、児童生徒が教員の注意や指示などに従わせたり、部活動の練習でのしごきやカツを入れるためだったりする。体罰を行った教員は、感情的になってしまった、熱心さのあまりつい手が出てしまった、厳しく指導することが必要だと感じたなどと弁解することが多い。どのようなときに体罰が起こるのかを押さえておこう。

何が体罰に当たるのかを押さえる

　前のテーマでも取り上げたように、学校教育法（第11条）で、「校長及び教員は、教育上必要があると認めるときは、文部科学大臣の定めるところにより、児童、生徒及び学生に懲戒を加えることができる。ただし、**体罰を加えることはできない**」と規定されている。身体に対する侵害や肉体的な苦痛を与える懲戒は体罰になる。用便に行かせなかったり、食事時間が過ぎても教室にとどめ置くなどして食事を与えなかったり、長時間にわたって直立不動の姿勢を保たせたり正座を長くさせたりすることも、肉体的な苦痛を伴うことになるため体罰に当たる。

体罰はなぜ許されないのかといった根拠についても答えられるように

　「たたいてでも指導してください」という親がいるなど、わが国には体罰を容認する風潮がある。しかし、体罰は絶対に許されない行為であることを肝に銘じておきたい。
　体罰が許されないのは、学校教育法などの法律で規定されているからだけではない。体罰は、教育の根幹である**児童生徒と教員との信頼関係を損ない、教育上の効果がまったく期待されない**ためでもある。体罰は、生徒の心には、大きな傷跡となり、人格形成

上に悪影響も及ぼす。教員が指導という名目で体罰を行ったということは、**指導という名のもとに暴力行為を働いたことになり、指導力のなさを暴露したことにほかならない**。弱者に対して暴力でことを解決しようとする行為は、人権感覚や人権意識が欠如していることにもなる。これは、専門職としての教職を放棄したことだ。体罰が許されない根拠について述べられるようにしておこう。

 ## 体罰と法的責任についても押さえておく

　体罰行為には、行政上・刑事上・民事上などの法的責任が問われるとともに、公教育に就いている教員としての道義上の責任も問われることになる。

※行政上（公務員法上）の責任
・地方公務員法第29条（懲戒）

※刑事上の責任
・刑法第208条（暴行罪）　・刑法第204条（傷害罪）　・刑法第220条（監禁罪）

※民事上の責任
・民法第709条（損害賠償責任）　・国家賠償法第1条（国又は公共団体の賠償責任）

　なお、令和3年度において体罰により懲戒処分等を受けた公立小・中・高などの教職員の数は340人で、令和2年度の393人からは減少している。

回答例	講評
1　今の教育は、全体的に甘いと思います。だれも子どもを厳しく叱ったり怒ったりしません。このことが子どもをダメにしています。学校も社会も「体罰」について騒ぎすぎです。親が自分ではたたけないので「厳しく指導してください」という保護者もいるんです。	1　体罰を容認する考えである。体罰を行う側の発想ではなく、体罰を受ける子どもの立場に立った発想がないとこのような誤った主張になってしまう。
2　体罰は絶対に許されません。学校教育法やその施行規則などにもはっきりとうたわれているためです。法を守ることの大切さを指導する立場にある教員自らが法律を破るなんて考えられません。わが国は法治国家ですから、法を守らなかったに場合には、教員としてその責任を取ることも当然だと思います。	2　体罰の禁止が法律に定めてあるから行ってはいけないという回答である。間違っているわけではないが、体罰は教育上の効果がまったく期待されず、児童生徒と教員との信頼関係を損ない、子どもの心に傷をつけてしまうといったことにも言及したい。

関連質問

・体罰に関してどのような法的な規定があるか
・体罰が許されない理由は何か

情報公開請求にどう対応するか

情報化の時代では学校もその大きな影響を受けることは避けられない。特に学校には、児童生徒や保護者に関する情報が集まっている。この情報の扱いについて、正しい認識をもとう。ここでは、情報公開請求に対する対応を述べられるようにしておきたい。

 ## 最近増えている情報の公開請求への対応の基本的な考え方

最近は、保護者や地域や関係機関の方々から、公文書や個人情報の開示請求が増加している。また、生徒自身からの請求も増加の傾向にある。開かれた学校づくりが求められていることを踏まえ、情報は積極的に「開示」し、公表・提供すべきだ。情報公開の対象は、教職員が職務上作成した文書や取得した文書など学校が所有するすべてのものが対象となる。情報の公開請求への対応の基本的な考え方を押さえよう。

 ## 膨大な個人情報を収集する学校の実態を認識して対応する

学校には、児童生徒等に関する成績をはじめ、家庭状況や健康状況、これまでの生活歴や学習歴などに関する情報など膨大な個人情報が収集されている。個人情報の収集に当たり、その収集目的を明らかにし、必要な範囲で、必要な情報だけを、児童生徒や保護者などから直接、公正な手段で収集すべきだ。また、収集された情報は本来の目的以外には利用してはいけないということはいうまでもない。

 ## 情報の厳しい管理の必要性について言及しよう

児童生徒等の成績が入ったパソコンやメモリーを自宅にもち帰ろうとして、帰宅途中に電車の棚に忘れたり、盗難にあったなどのニュースや新聞記事を目にすることがある。個人情報の盗難や流失だ。こんなことは、絶対にないように**厳しく情報を管理す**べきだ。教員には必要な情報を収集してそれを適正に管理する責任と義務が発生するのだ。

東京都教育委員会の「東京都公立学校の新しい教員のみなさんへ」の中では、情報の適正管理に関して、次のように述べられている。

・必要な範囲で収集した情報を正確かつ最新の状態に保つように努めなければならない。
・個人情報の漏洩、滅失及び毀損の防止その他個人情報の適正な管理のために必要な措置を講ずるように努めなければならない。
・必要がなくなった個人情報については、速やかに消去し、又はこれを記録した公文書を廃棄しなければならない。特に、指導要録等法律で保存期間が定められているものについては、必要な期間は適正な状態で保管し、廃棄する場合も必要な手続きを取った上で、情報の漏洩がないよう十分に配慮しなければならない（指導要録の「学籍に関する記録」は20年保存、「指導に関する記録」は5年保存）。

これらのことを十分踏まえて、**情報の厳しい管理の必要性について述べよう。**

情報の開示の必要性も述べる

公文書の開示請求があった場合は、規定に従って**開示すべき情報は速やかに開示することが必要である**。このことを踏まえ、日頃から適正に情報や文書などを整理しておくことが必要である。無論個人に関する情報は、個人の権利や利益等を侵害することがあってはいけない。情報の公開が原則である一方、個人情報は保護されなければならないのである。しかし、児童生徒等から自己の個人情報の開示請求があった場合には、**規定に従って開示すべき情報は速やかに開示する**ことが必要である。

回答例	講評
1 保護者などからの公文書の請求に対しては、教育に関する資料・指導に関する資料などは、子どもたちに間接・直接にかかわっているため、開示できないことをていねいに説明し了解してもらいます。了解していただけない場合は、校長や教頭先生など上司の方に相談します。	**1** 公文書の開示請求に対しては、まず校長や教頭などの管理職にその旨を伝え指示を仰ぐことが必要である。学校では、開示請求に適切に対応できるようにその事務手続きなどが明確になっているはずである。
2 公文書は別として児童生徒の等の個人情報については、本人や保護者であっても開示することはできないと思います。それは日頃の指導の過程であったり評価の基準であったりするからです。それらを公開してしまうと今後の指導にも影響があるためでもあります。	**2** 規定に従って開示すべき情報は速やかに開示することが必要である。

関連質問
・個人情報の管理の在り方としてどのようなことが重要か
・情報の開示の必要性は何か

教科書は授業で必ず使用しなくてもよいのか

**ここを
押さえろ！**

- 教科書の使用義務
- 検定済み教科書
- 教科書の選択の方法
- 補助教材や副教材の選択

　教科書は学校教育における主たる教材で、このことに関して教員は精通していることが求められる。**教科書検定や教科書の採択なども問われることが予測される。**法規定も踏まえ、次に示したことについては、十分把握しておこう。

 ## 教科書とは何か

　「教科書」とは、小学校、中学校、高等学校、中等教育学校及びこれらに準ずる学校において、**教育課程の編成に応じて組織配列された教科の主たる教材として、教授用に供される児童または生徒用図書である。**教科書は、文部科学大臣の検定を受けたもの又は文部科学省が著作の名義を有するものだ。学校教育法第34条では「小学校においては、文部科学大臣の検定を経た教科用図書又は文部科学省が著作の名義を有する教科用図書を使用しなければならない」とし、他の校種もこれを準用することとしている。また、学校教育法の改正（平成30年6月公布）に伴い、教育課程の一部において、通常の紙の教科書に代えて**デジタル教科書**を使用できるようになった。ただし、視覚障害、発達障害等の事由により通常の紙の教科書を使用して学習することが困難な児童生徒に対し、文字の拡大や音声の読み上げ等により、その学習上の困難の程度を低減させる必要がある場合には、教育課程の全部においてデジタル教科書を使用できる。なお、義務教育で使用する教科書は、無償とされている。

 ## 教科書の検定についても答えられるように準備する

　文部科学省は、正確で客観的な公正さが保たれているか、また、教育的配慮が適切になされているかといった観点から、教科書の検定を行っている。**民間の教科書会社等の図書を検定し、合格した図書は教科書として使用できる。**合格した教科書の上部などに文部科学省検定済教科書と記されている。教科書検定制度は、**学校教育の全国的な水準を維持し、教育の機会均等を保障し、教育の中立性を保持し、適正な教育内容を維持していくための制度だ。**なお、教科書検定で不合格となった図書は、教育上好ましくないとされた図書なので、補充教材などとしても使用することはできない。

教科書の採択の実際についても押さえておこう

公立学校における教科書の採択は、地方教育行政の組織及び運営に関する法律第21条に基づき、教育委員会が行うことになっている。国・私立の学校では教科書採択の権限は校長にある。義務教育学校では、ほぼ次のような方法で採択が行われる。

・文部科学大臣は、発行者の届けに基づき教科書目録を作成
・教科書目録を各都道府県教育委員会・各市町村教育委員会へ発送
・発行者が教科書の見本本を各都道府県教育委員会・各市町村教育委員会などへ発送
・各都道府県教育委員会・各市町村教育委員会で、教科用図書選定審議会を設置し、教科書の調査・研究
・選定資料を作成配布し、採択権者へ指導・助言・援助
・採択権者による教科書の採択

補充教材の使用についても問われることがある

教科書以外に補充教材や補助教材として、検定を経ない図書を使用することは、学校教育法第34条第4項で「教科用図書及び第2項に規定する教材以外の教材で、有益適切なものは、これを使用することができる」としている。その際、**教育の中立性を保持**し、適正な教育内容であり、学習の進度に合致していることなどが求められる。また、保護者の経済的な負担についても配慮する必要がある。補充教材の使用に当たっては、教育委員会に届けることになっている。

回答例

1▶ 学校教育法では検定を受けた教科書を使用しなければならないと規定していますが、必ずしも教科書に基づいた授業を求めてはいないと思います。教員の創意工夫のある授業を行うことが大切だと思います。

2▶ 外国では、先生が生徒に合った教材を本屋さんなどで見つけてきて、教科書に利用しているという話を聞きました。検定済の教科書を利用することもあると思いますが、授業の主たる教材は先生が生徒の実態等を踏まえて決めればいいと考えます。

講評

1▶ 創意工夫ある授業は必要だが、あくまで学習指導要領に示された内容に基づくべきであり、教科書の内容に基づいたものでなくてはならない。

2▶ 確かに外国ではそのような国もあるが、わが国の教育システムはそのようになっていない。学校教育法などの法規についても趣旨をよく理解しておこう。

関連質問

・教科書の検定制度とは何か
・補助教材の取り扱いはどのようになっているか

第**3**章

回答のポイントはここだ！

心の教育はどう進めるのか

> **ここを
> 押さえろ！**
> - ● ルールを守れない子どもの増加
> - ● 問題点の背景
> - ● 見直しが必要な家庭や地域や学校における教育
> - ● 豊かな人間性を育む教育

　最近特に、いじめや不登校の問題とも関連づけて、心の教育の重要性が指摘されている。心の教育は、道徳教育を中心とした学校教育のみならず、**家庭教育とも深くかかわっていることなども踏まえて対応しよう。**問題点やその背景、家庭教育の重要性などについて整理してあるので、これらを参考にしたい。

最近の子どもたちの問題点を押さえる

　最近の子どもに対して、相手を思いやる心や行動に欠ける、自己中心的な考えや行動が多い、忍耐力に欠け衝動的な行動が目立つ、欲望や衝動を抑える耐性が育っていない、良好な人間関係の形成が苦手、自尊感情にも欠けるなどの指摘がある。一方、いじめや不登校などの問題や非行の低年齢化・粗暴化・凶悪化・一般化などの傾向もみられる。これらは特定の子どもにみられるというよりは**広くみられる傾向**だ。

問題点の背景について述べる

　これらの問題の背景として、**少子化、物質的な豊かさ、情報化、間違った個人主義や平等意識**などが挙げられる。また、家庭・地域・学校などの教育力の低下も指摘されている。

　少子化の進展は、少ない兄弟姉妹あるいは一人っ子という状況を生み出し、「人とかかわる」機会を少なくしている。また地域社会においても子どもどうしが群がって遊ぶという姿もあまりみられなくなり、ゲームや漫画などの「ひとり遊び」の傾向が強くなっている。また、少子化家族の中で、親の子どもに対する期待、特に学習に対する期待が高まり、過干渉や過保護といった傾向もみられ、豊かな個性や人間性の発達を阻害している。

　また、子どもは、豊かさの中で、苦労や努力することもなく好きなものを手にすることが多い。

　情報化の進展も子どもの生活を大きく変え、ゲームや携帯電話やインターネットなどは子どもの生活の一部になっている。これらは、人と直接かかわることなく楽しめるも

のである。このことも子どもの豊かな人間性を育むうえで課題になっている。誤った個人主義の傾向は、他人や仲間や社会などのことよりも、自己の利益や権利を優先させ、自己中心の考え方を形成させる役割を果たしている。

 ## 学校における必要な取り組み

「心の東京革命行動プラン」では、学校における必要な取り組みとして、次のようなことを挙げている。

- ・子どもがあいさつをするよう先生から声をかけよう
- ・叱るべき時はきちんと叱ろう
- ・しつけは本来家庭の責任であることを親に伝えよう
- ・チームワークの中で競争と協力を学ばせよう
- ・奉仕活動を通して人に喜ばれる経験をさせよう
- ・仕事の体験を通して働くことの尊さを学ばせよう
- ・動物や植物の世話をさせ、命の尊さを学ばせよう
- ・学校を地域の人と子どもがふれあえる舞台にしよう
- ・豊かな経験をもつ人や個性ある人材を講師として招こう

出典：「心の東京革命行動プラン」（東京都生活文化局）

また、子どものしつけをはじめとした教育を学校や他人に任せるといった傾向がみられる家庭も少なくない。心の教育を推進するに当たっては、家庭などの役割は大きい。

第 **3** 章 回答のポイントはここだ！

回答例

1 子どもたちが、思いやりや社会生活のルールやマナーを身につけるために、「心の教育」を推進することはとても重要です。しかし、この教育は、本質的に「しつけ教育」であり、これは家庭や親が責任をもってやるべきことだと思います。極端な例かもしれませんが、育児放棄をする親、児童虐待をする親、学校や他人に教育を任せる親など課題を挙げればきりがありませんが、家庭教育をしっかりすることが何より必要だと思います。

講評

1 確かにしつけの問題は家庭に大きな責任がある。しかし、学校もまた家庭や地域と一体となって「心の教育」を推進することが必要である。学校では、道徳や学級活動やホームルーム活動などの特別活動の時間を中心に、正義感や倫理観や思いやりの心など豊かな人間性を育むことが必要である。

関連質問

- ・心の教育の必要性は何か
- ・心の教育を推進していくうえでの家庭の役割にはどのようなことかあるか

サッカーゴールが倒れ頭部にけがをした生徒へどう対応するか

学校における児童生徒の安全管理は最優先されるべきだ。事故は起きるべきではないが、起こらないとは限らない。むしろ起こると認識して、**事故を起こさないためにはどのようなことが必要か、事故が起こったらその被害を最小限に食い止めるにはどうしたらよいのか**ということを考えたい。

適切にかつ迅速に対応することの必要性

児童生徒が学校や登下校中にけがをするといった事故は、未然に防ぎたい。教員は、常に危機管理意識をもつことが欠かせない。それでも学校事故が起きたら、必要なことは、適切にかつ迅速に対応することだ。このことをまず述べよう。

事故発生時の対応

事故が発生したら、直ちに児童生徒の状況や実態を把握し、養護教諭等に連絡し、保健室などに連れて行く。また同時に管理職にも連絡し、上司の指示を受ける。校長の指示のもとに、医療機関に連絡し搬送し処置をお願いすることや場合によっては救急車の出動を依頼することもある。事故現場にいた教員や最初に駆けつけた教員等は、「だれが、いつ、どこで、どうして」事故に遭遇したのかを記録し上司などに報告すべきだ。また、上司の指示に従い、保護者にもできるだけ早く連絡する。このときは、保護者に対して、学校の管理下において事故が起きたことに対する謝罪も必要だが、**事故とその発生状況、発生場所、発生日時、発生原因、学校の取った措置、そして児童生徒の現状**などを客観的に正確に伝えよう。このような初期対応がきちんとされることがまず必要である。なお、校長は学校事故については、教育委員会に報告することになっている。また、学校の管理下で生じた事故に対しては、独立行政法人日本スポーツ振興センター法などに基づき、医療費などは一定の条件のもとに支払われる。

報道機関への対応についても理解しておく

事故の内容によっては報道機関への対応も必要となるが、**個人で対応することは避けなければならない**。通常は報道機関への窓口は、校長や教頭などに一本化される。ま

た、当該児童生徒の個人情報を安易に漏らすことがないように、教員としての守秘義務を果たすことも求められる。いずれにせよ、学校事故への対応は、たとえば生徒指導部といった組織で対応することになるので、個人の勝手な判断で行動するようなことをせず、上司の指示に従って、組織の一員として、適切にかつ迅速に対応することである。

 ## 事故の防止が最優先

　児童生徒の安全と生命を最優先する学校においては、**危機管理・安全管理を徹底し、学校事故を未然に防止する**ことが極めて重要である。学校事故の発生を未然に防ぐために、教員は日頃から、事故は「いつでも、どこでも」起こりうるものだという認識をもち、危機管理意識と安全点検を常に忘れてはならない。そして危険な事故の要因を取り除こう。またその一方で、過去の事故事例に学んだり、専門家などからのお話を聞くといった研修会を実施するなどして、**事故に対する予見能力や回避能力**を高めていくべきだ。さらに、児童生徒に対しては、計画的に継続的に、「安全と安心な学校生活」を送ることができるよう、**安全教育や安全指導**を行い、児童生徒自らも安全に対する注意義務を果たすとともに危機回避能力などを身につけさせることが重要である。このようなことを踏まえて、事故防止の重要性を述べることが必要である。

回答例	講評
1 本人のけがの状況を判断し、特段大したけがをしていなければ、しばらく教室などで休憩させ、少し治まったところで教室に戻させて授業に出るように指導します。また、なかなか治まらないようでしたら、養護教諭のいる保健室に行かせ、詳しく見てもらうことにします。	**1** あまりにも個人的な判断で対応している。「大したけがをしていなければ」と言っているが、目に見えないところに傷病がある場合も少なくない。授業に出るように指導しているが、ここも適切な対応とはいえない。
2 直ちに養護教諭に連絡し保健室に運びます。頭などを打っている可能性もあるので、近くの病院に電話し病院に連れて行き詳しく専門的にけがの状況などを見てもらいます。病院から保護者にも連絡し、状態によっては至急病院に来てもらうことにします。	**2** 学校事故の場合、このような迅速な対応も重要ではあるが、少なくとも教頭や校長に連絡しその指示を仰ぐことが必要である。また、保護者への連絡やその内容などについても、特別な場合を除き上司とよく相談してから行う必要がある。

関連質問
・学校事故防止のためにはどのようなことが必要か
・学校事故発生時の対応としてどのような対応が必要か

学校保健とは？

- ●「学校保健」の意味と内容
- ●学校保健安全法の規定
- ●保健学習や保健指導の内容

健康の維持は、学校が教育活動を進めていくうえで欠かせない。学校保健は、重要な役割を有しているが、見落としがちだ。下記をもとに、学校保健安全法との関連にも留意して、活動の内容や役割などを述べよう。

健康を保持増進する活動と学校保健安全法との関連を踏まえる

児童生徒、事務職員、教職員などの健康を保持増進するために必要なのが学校保健だ。学校全体で計画的、組織的に取り組むべきである。

学校保健安全法は、児童生徒等及び職員の健康の保持増進を図るための保健管理と教育活動が安全な環境において実施され、児童生徒等の安全の確保が図られるよう、学校の安全管理に関して規定している。**学校保健**に関しては、学校保健計画の策定などの学校の管理運営等、健康相談等、健康診断、感染症の予防、学校保健技師や学校医、学校歯科医や学校薬剤師の配置などを、**学校安全**では、学校設置者の責務、学校安全計画の策定等、学校環境の安全の確保、危険等発生時対処要領の作成等、地域の関係機関等との連携などを定めている。

保健学習と保健指導

保健教育は、主に「保健学習」「保健指導」で行われる。心身ともに健康で活力ある生活を送るために、健康や体力を維持し向上させることは重要だ。

- ●**保健学習**　「保健学習」は、小学校では体育科の「保健領域」で、中学校では保健体育科の「保健分野」で、高等学校では保健体育科の「保健」で行われる。中学校の保健体育科の「保健分野」の目標は、下記のように新中学校学習指導要領示されている。

(1) 個人生活における健康・安全について理解するとともに、基本的な技能を身に付けるようにする。

(2) 健康についての自他の課題を発見し、よりよい解決に向けて思考し判断するとともに、他者に伝える力を養う。

(3) 生涯を通じて心身の健康の保持増進を目指し、明るく豊かな生活を営む態度を養う。

- **保健指導**　養護教諭をはじめ教職員が相互に連携し、毎日の生活において健康状態の観察を行い問題に適切に対応し、健康で安全な生活を送ることができるように指導する。特に学級活動、ホームルーム活動、学校行事、児童や生徒会活動などの時間に、計画的・組織的・継続的に実施されるべきだ。

健康診断・健康相談・学校伝染病の予防

　ここでは、保健管理に関する内容を整理してあるので、それを踏まえて保健管理の内容を押さえておくことが重要である。

- **健康診断**　学校教育法や学校保健安全法に基づき、健康診断が実施される。学校教育法第12条では、「学校においては（一部省略）、幼児、児童、生徒及び学生並びに職員の健康の保持増進を図るため、健康診断を行い、その他のその保健に必要な措置を講じなければならない」と規定している。学校保健安全法では、第三節に規定されている。

- **健康相談**　学校保健安全法（第8条）では、「学校においては、児童生徒等の心身の健康に関し、健康相談を行うものとする」と規定している。児童生徒等が、学校で専門的に健康相談ができるようになっている。

- **感染症の予防**　校長は、感染症にかかっており、かかっている疑いがあり、又はかかるおそれのある児童生徒等があるときは、政令で定めるところにより、出席を停止させることができる（学校保健安全法第19条）とされている。また同法の第20条では臨時休業について規定している。

第
3
章

回答のポイントはここだ！

回答例

1. 児童生徒の健康を保持し増進するための活動が学校保健で、養護教諭が中心に進めることが必要です。また、特に保健の授業で、体の健康ばかりでなく心の健康についても指導すべきだと思います。

2. 学校保健安全法の規定に基づき、健康診断、健康相談、感染症の予防、学校環境衛生基準の実施と事後措置などを行うことを学校保健といいます。学校保健計画や学校安全計画に従って実施することが重要です。

講　評

1. 学校における「保健教育（学習・指導）」と「保健管理」の重要性を指摘し、学校全体で計画的に組織的に取り組む必要があることを述べたい。

2. 学校保健の管理的側面についてのみ述べ法律を説明しているだけだ。学校保健のねらいやそれが重要視されている背景にも言及しよう。

関連質問

・保健学習や保健指導とはどのようなことをさすのか
・安全計画の内容にはどのようなことがあるか

「防災教育・防災管理等」へ どう対応するか？

ここを 押さえろ！

● 東日本大震災に学ぶ「防災教育・防災管理等」
● 「防災教育・防災管理等」の重要性の認識とその指導の在り方
● 「防災教育・防災管理等」の考え方とその取り組み

　日本の国土は、その位置・地形・気象などの条件から、自然災害が発生しやすい。「天災は忘れた頃にやってくる」ともいわれるが、東日本大震災などの教訓を生かし、学校においても、「防災教育・防災管理等」の一層の改善と充実が求められている。なお、9月1日は「防災の日」、9月は「防災月間」になっている。

 ## 「防災教育・防災管理等」の重要性の認識と具体的な取り組み

　学校において児童生徒等が安全に安心して学習活動などに励むことができるようにすることは、何をおいても最も重要なことであり、不可欠なことである。東日本大震災は、想定外の巨大地震・津波ともいわれているが、これからは、この「想定外」も含めた「防災教育・防災管理等」を推進し、児童生徒等の安全の確保が確実に行われるようにすることが必要だ。特に、児童生徒等の**危険予測や危険回避能力**を高めるための「防災教育・防災管理等」の推進が重要とされている。この観点からは、新聞やテレビなどでも取り上げられた**釜石の奇跡**（日ごろからの防災教育での「避難3原則（とらわれない・最善を尽くす・率先して避難）」を実践し、児童生徒が無事であった）は、「防災教育・防災管理等」の推進に当たって参考になる点が多く見られる。

 ## 自らの命を守り地域社会への貢献を促す「防災教育」の推進

　児童生徒等の防災（災害）に関する学習や指導を行う防災教育では、自然災害等の危険に際して、自らの危機を予測し、周りの状況を踏まえ、自らの命を守り抜くため「**主体的に行動する態度**」の育成が重要だ。「防災教育」の基本的な知識は、特に社会や理科や保健体育などの教科を中心に、**学校の教育活動全体を通じて習得させる**ことが必要だ。その際も、知識と行動を一体化させるためにも、体験的な活動の導入が欠かせない。

　「防災教育」では、自らの命を守れるようにすることが第一義であるが、「地域に貢献する・社会に貢献する」といった意識を高め、自ら進んで**安全で安心な地域社会づくりに貢献する**態度を育成することも重要だ。震災の被災地などでも**ボランティア活動**が盛んに行われているが、ボランティア活動は、他人に対する温かな思いやりの心や相手の

立場に立って物事を考えることのできる心など豊かな人間性や社会性、自他の生命や人権を尊重する心、自ら考え行動することのできる「生きる力」などを培うことにもなる。

安全を確保するための「防災管理」と組織活動の充実

学校保健安全法の第1条では、「学校における教育活動が安全な環境において実施され、児童生徒等の安全の確保が図られるよう、学校における安全管理に関し必要な事項を定め、もつて学校教育の円滑な実施とその成果の確保に資することを目的とする（文中一部省略）」と述べている。また同法の第26条では「学校の設置者は、児童生徒等の安全の確保を図るため、その設置する学校において、事故、加害行為、災害等により児童生徒等に生ずる危険を防止し、及び事故等により児童生徒等に危険又は危害が現に生じた場合において適切に対処することができるよう、当該学校の施設及び設備並びに管理運営体制の整備充実その他の必要な措置を講ずるよう努めるものとする（文中一部省略）」とし、学校安全に関する学校の設置者の義務を定めている。教職員は、この義務を果たす上でも、防災管理等に関する知識や技能を身に付けておくことが必要だ。

そしてそれらの向上を図るためには、防災研修が欠かせない。そして、成果を生かす上でも、地域のハザードマップなどを参考にして「防災マニュアル」や「防災マップ」などを作成し、避難訓練を意図的・計画的・継続的に実施することが重要だ。さらには、地域や家庭と連携した防災訓練や自治体の防災担当部署との連携体制の構築も必要だろう。

回答例

1 防災教育を推進する際は、東日本大震災の津波や被災地の様子をしっかりとVTRなどで見せ、防災意識を高めることが必要だと考えます。そうすることで定期的に実施する避難訓練も緊張感が増すと思います。

2 「災害は忘れたころにやってくる」ともいわれますが、学校は、むしろ「災害はいつ起こってもおかしくないんだ」といった認識に立ち、避難訓練を繰り返す必要があります。そうすることで、いざという時に安全な行動ができるものと考えます。

講 評

1 震災の教訓を取り入れる際は、児童生徒等の発達段階も踏まえ、ねらいなどを明確すべき。過剰な不安が子どもに与える心理的悪影響にも配慮したい。

2 避難訓練を重視した発言。防災教育・防災管理等を学校の教育活動全体を通じて行うことの重要性を具体的に指摘する必要がある。

関連質問
・「安全確保・安全管理」へどう対応するか。
・「学校の危機対策」はどうあるべきか。

開かれた学校づくりとは何か

- 学校の閉鎖性の打破
- 児童生徒に開かれた学校
- 地域に開かれた学校
- 地域で学び地域に貢献する学校

従来の閉鎖性・硬直性・画一性などを打破し、開かれた多様で柔軟性のある学校づくりが求められている。

これからの学校の在り方

学校教育の充実発展のためには、家庭はもちろんのこと、地域や関係機関との協力・連携・融合を図り、相互の教育力を高めるべきだ。学校は生涯学習の地域における拠点としての機能をもち、新たなコミュニティを創成していくうえでの機能も発揮していきたい。国内ばかりでなく国際交流や留学生の派遣や受け入れ、外国の学校との交流など国際社会に対応することも必要だ。なお、「学校を開く」とこれまで以上に児童生徒や学校の安全管理体制の拡充が求められる。このことについては110ページを参照のこと。さらに学校運営や経営にもかかわるので、108ページも参照するとよい。

閉鎖性を打破し開放性のある学校づくりをめざす

従来の閉鎖性・硬直性・画一性を打破し、体育館やグラウンドなどの学校施設を開放したり、学校の教育活動に関する情報を積極的に発信し、学校がめざしている教育やその活動状況の実態、取り組みの課題や成果などをわかりやすく公開し説明することが求められる（説明責任・accountability）。また、保護者や地域の方々、関係機関等の学校に対する期待や希望などを的確に把握し、学校運営や学校経営に生かしていくべきだ。

まずは児童生徒に開かれた学校づくりが必要

学校の主人公である児童生徒等に対して、学校を内に開くといった「内なる開放」がまずは重要。学校の教育活動に児童生徒等の声を反映させ、子どもたちの多様なニーズに応えていくということだ。子どもたちの多様な特性に応じ多様で弾力的な教育課程を編成・実施したい。高校では、選択教科・科目や学校設定科目も設けバラエティに富んだ教育課程を編成し、単位認定の多様化・弾力化を図る。学校生活に円滑に適応できるように、メンタル面のカウンセリングやキャリアガイダンスカウンセリングなどの機能

を充実させる。これらを実現していくうえで、**児童生徒による授業評価の実施**は欠かせない。

地域などに開かれた学校の在り方

地域社会がもつ人材や教材あるいは施設設備などを活用する。地域には、企業や警察署・消防署や博物館や図書館などで、専門的な業務に従事している方々やスポーツや文化活動・ボランティア活動・伝統芸能や伝統産業、あるいは、民生委員や保護司として活躍している方々がいる。地域の優れた人材を学校教育に積極的に導入する。教職員としての免許状はない人も多いが、教員とのT-T（ティームティーチング）で授業を担当することも可能だ。また、学校行事に地域の方を招くだけではなく一緒にできる共催のプログラムを準備することも考えられる。地域のお祭りなどの行事に、児童生徒等のみならず教職員も積極的に出かけて参加や参画をすることも必要だ。

地域で学ぶことの重要性

児童生徒や教職員が積極的に地域の方々と交流したりすることも重要だ。ボランティア活動や老人ホームや社会福祉施設での体験学習、企業等におけるインターンシップ、地域の行事への参加や参画は重視したい。地域の保育園や幼稚園、中学、高校、特別支援学校、大学などとの交流も考えられる。**地域に支えられ、地域で学び、地域に貢献する学校づくり**を進めていくことが求められる。

<table>
<tr><th colspan="2">回答例</th><th>講　評</th></tr>
</table>

回答例	講　評
1 「開かれた学校づくり」は、子どもの命が奪われるといった事件などを考えると、私は反対です。学校を開くとそれだけ教員の業務も増えて大変です。むしろ、学校の玄関のドアを厳重にしたりすることなどが必要です。	**1** 児童生徒や学校の安全を確保するということも大切なことではあるが、それらを確保しつつ、学校を開く意義や必要性を述べることが必要である。
2 地域の見学や調査、ボランティア活動、インターンシップなどの実施を考えると地域で学習する機会をもっとたくさん設けるといいと思います。そこではいろいろな人との出会いやかかわりがあるので、子どもにとっていい勉強になると思います。	**2** これは「開かれた学校づくり」の一部である。地域や関係機関の方々の人材の学校教育への導入や交流などについても触れる必要がある。

関連質問
・開かれた学校づくりが求められる背景は何か
・開かれた学校づくりの具体的な方策は何か

第**3**章
回答のポイントはここだ！

質問 **32**

コミュニティ・スクールとはどのようなものか

ここを押さえろ!
- 地域での学校運営や学校経営
- 学校評議員の構成と役割
- コミュニティ・スクールの特色
- 開かれた学校運営や学校経営

　学校運営や学校経営などを保護者をはじめ地域に開く、新たな学校づくりが今推進されている。それに関連した、**学校評議員やコミュニティ・スクールの内容については、きちんと理解し**、面接においてそのことをしっかりと述べることができるようにしたい。そのためには、次に記した内容を理解しておくことが大切だ。

地域に開かれた学校運営の実際

　これからの学校は、学校の施設や設備の開放とか、公開講座を実施するといった教育内容や方法などを地域に開くといったことにとどまらず、学校運営や学校経営等に関しても、例えば、その目標や方針や具体的な方策などを保護者や地域社会にわかりやすく公表し説明する。また、保護者や地域の方々からの学校教育に対する意向や期待などを的確に把握し学校運営や学校経営に反映する。また学校運営に必要な経費などの学校予算やその決算なども、ホームページなどを通してオープンにする。これらのことを通して、地域に開かれた学校づくりが進められる。以上の内容を踏まえて、**地域に開かれた学校運営**が具体的に進められることの重要性を述べよう。

保護者や地域の声を聞きそれを反映する学校の在り方

　保護者や地域住民が学校運営や学校経営に参画することを具体的に推進するために設けられたのが、**学校評議員制度**である。この学校評議員の設置や運営参加については、学校教育法施行規則（第49条）に下記のように規定されている。

- ・小学校には、設置者の定めるところにより、学校評議員を置くことができる。
- ・学校評議員は、校長の求めに応じ、学校運営に関し意見を述べることができる。
- ・学校評議員は、当該小学校の職員以外の者で教育に関する理解及び識見を有するもののうちから、校長の推薦により、当該小学校の設置者が委嘱する。

　また、文部科学省の資料によると、この学校評議員に期待されることは、保護者や地域住民等の意向を把握し反映すること、保護者や地域住民等の協力を得ること、学校運営の状況等を周知するなど学校としての説明責任を果たしていくことができるようにす

ることなどが挙げられている。これにより、校長は、学校の教育目標・教育計画・指導内容や方法などをはじめ地域との連携の在り方などについても学校評議員から意見を聴くことになる。そして、保護者や地域の協力を得て、**特色ある教育活動を主体的かつ積極的に展開していくことになる**。

 ## 地域運営学校（コミュニティ・スクール）

　地域運営学校は、学校評議員制度の考え方をさらに発展させ、学校と地域の協力や連携をさらに進め、地域の力を学校運営に一層生かし、保護者や地域住民のニーズが的確に反映される新しい仕組みをもった学校である。コミュニティ・スクールは、「学校運営協議会」を通じて、保護者や住民が、校長や教職員と一体となって、責任を共有しながら、地域に開かれ、信頼される学校づくりを行う。まさに、「地域の学校」「地域住民参画の学校」といえる。なお、「学校運営協議会」の機能や役割として下記のことがある。

・学校における基本的な方針について決定する
・保護者や地域のニーズを反映する
・学校の活動状況をチェックする
・校長や教員の選考に関与する
・自らの活動に対する説明責任

<table>
<tr><th>回答例</th><th>講評</th></tr>
<tr><td>

1 コミュニティ・スクールは、市民大学や公開講座などのことをさし、生涯学習社会にあって重要な役割を果たしています。特に、職場を退職した高齢者にとって生きがいや楽しみを提供していると思います。またここで学んだことを、ボランティア活動などで生かす人々も少なくありません。

</td><td>

1 コミュニティ・スクールについての知識がなかったためか、まったく違った回答になっている。

</td></tr>
<tr><td>

2 コミュニティ・スクールは、地域に開かれた学校づくりの先進的な取り組みで、特に小学校での取り組みが多くみられます。コミュニティ・スクールでは、学校運営や学校経営について学校評議員が設置され、ここで学校運営の在り方や学校経営の方針などについて話し合われ、ここでの意見を参考にしながら校長は学校運営や経営に当たります。

</td><td>

2 学校運営協議会と学校評議員との混同をしている。ここでは、学校運営協議会の役割や機能を説明し、コミュニティ・スクールの特色を述べるとともに地域に開かれた学校の必要性や意義などについて説明する必要がある。

</td></tr>
</table>

関連質問
・学校経営を開くとは、どのようなことをさすのか
・学校評議員とはどのような制度か

第**3**章 回答のポイントはここだ！

不審者侵入にどう対応するのか

- 不審者の侵入防止
- 不審者の侵入への対応
- 必要な日頃からの危機管理体制

児童生徒の安全の確保は最優先されるべきことなので、このことに関して面接で問われる可能性は大きい。下記を参考にして述べることができるようにしておこう。

安全な社会や学校をめざしていくことの重要性

幼児・児童・生徒などが学ぶ学校は最も安全な場所であるべきである。まず心身や物品などにもたらす危害を防止することが重要だ。事件や事故が発生したときは、その危害を最小限に食い止める必要がある。学校を社会全体で安全で安心して生活が営める場にしていきたい。学校は、最も安全な場所と思われてきたが、痛ましい事件も発生している。学校は安全でないという前提で、学校の安全管理・危機管理の見直しが求められている。以上を踏まえ、安全な社会や学校の重要性を述べる。

不審者の侵入防止に備えて

ほとんどの人は一定の教育的な目的をもって来校するが、ときには不審者もいる。不審者侵入の防止策は具体的組織的に作成し実践することが求められる。不審者の侵入防止のためには、少なくとも次に記した対応が必要である。

- 校内への出入口を特定し、登下校時以外の時間帯は施錠するなどして人の出入りを確実に管理する。
- 事務室などに必ず受付を設置し、来訪者記入ノートなどを準備し、来校時間・氏名の記入・来校目的・面談相手氏名・退校時間などを記入してもらう。
- ネームプレートなどを見える位置につけてもらう。
- 面談場所に案内する。
- 面談が終了したら面談対応者が事務室などの受付場所に案内し、ネームプレートの返却や退校時間などを記入してもらい退校を確認する。
- 日頃から、当番を決めるなどして教職員がグループで校舎内外のパトロールを行う。その際、パトロール中ということが分かるように腕章などを付ける。
- 校舎内外のパトロールには、保護者や地域の方の協力を得る。警察との連携も必要。
- 防犯のための、防犯カメラ、インターホン、テレビドアホン、非常警報装置などの設備を整備する。費用が許されるならば警備員の配置も考えられる。

・学校の入口には、順路などが一目でよく分かるように看板を設置する。「ご用のない方の校内への立ち入りは禁止します。ご用のある方は、必ず受付においでください」などと校長名で記した看板も設置する。
・保護者や地域の方々をはじめ最寄りの警察署とは日ごろから協力関係を作り、不審者の動向などに関する情報が学校に伝えられる関係を構築しておく。

出典：「学校への不審者侵入時の危機管理マニュアル」(文部科学省)より作成

　不審者が侵入したとき、即座に対応ができるように一定のマニュアルなどを作成しておくことも必要である。次のような対応も考えられる。

・不審者に気付かれないようにあらかじめ決めておいた暗号やサインを担当職員に連絡する。
・不審者の言動に細心の注意を払って、丁寧に退校することを求める。説得に従わないときは、110番をするなどして警察に連絡する。
・しばらくして再度侵入してくることもあるので、保護者や地域の方々なども連携し、パトロールを継続する
・近隣の学校などへ連絡し警戒するようにと、情報の提供を行う。公立学校においては、学校の設置者である教育委員会にも連絡する。

出典：「学校への不審者侵入時の危機管理マニュアル」(文部科学省)より作成

回答例

1 学校に不審者が入れないようにする手立てが必要です。登校や下校時以外は校門を施錠し外部の人を校内に立ち入らせないようにします。校門に監視カメラをつけることも不審者の侵入を未然に防ぐ抑止力として機能すると思います。

2 来校者には、受付でその目的やだれと面談したいかなどを聞いてから対応するといいと思います。外部の人かどうかわかるネームプレートをつけてもらうこともいいと思います。外部の人が自由に校内に立ち入ることができないシステムを作ることが大事だと思います。

講評

1 外部の人を校内に立ち入らせないようにするのは現実問題として困難である。保護者をはじめ地域の方々など必要な方にはむしろ来校していただかねばならないということも視野に入れての回答が必要である。

2 危機意識が感じられない。「外部の人が自由に校内に立ち入ることができないシステム」と述べているが、聞きたいのは具体的な方策だ。

関連質問

・不審者の学校への侵入防止対策としてどのようなことがあるか
・不審者が学校に侵入したらどう対応するか

「学校におけるICT教育の推進」の要点は何か？

● 教育の情報化とICT教育
● 学習指導要領と情報活用能力の育成
● 学校におけるICT教育の推進と課題

　近年、知識・情報・技術などが急速に発展変化し、特に情報化やグローバル化が加速度的に進展している。このことは、情報社会（Society 4.0）に続く超スマート社会（Society 5.0）の到来ともいわれ、我が国はこれまでにない新たな価値の創造と展開が可能な時代を迎えている。学校においても、この新たな時代に合わせた新たな教育の創造が不可欠とされ、学校教育におけるICT（Information and Communication Technology：通信技術）などの活用（電子黒板やパソコンやタブレットなどのデジタル機器やITテクノロジー等の導入）はマストであり、学校における教育の情報化は極めて重要な課題になっている。

「教育の情報化」とICT教育

　教育の情報化とは、情報通信技術の時間的・空間的制約を超える双方向性を有する、カスタマイズを容易にするといった特性を生かして、教育の質の向上を目指すものであり、次の３つの側面を通して教育の質の向上を図るものである。
①情報教育：子供たちの情報活用能力の育成
②教科指導におけるICT活用：ICTを効果的に活用した分かりやすく深まる授業の実現
③校務の情報化：教職員がICTを活用した情報共有によりきめ細かな指導を行うことや校務の負担軽減等
　あわせて、これらの教育の情報化の実現を支える基盤として、教師のICT活用指導力等の向上・学校のICT環境の整備・教育情報セキュリティの確保の３点を実現することが極めて重要である。

「教育の情報化に関する手引き」：文科省（一部省略）

学習指導要領における「教育の情報化」の推進

　中学校学習指導要領（平成29年告示）では、情報活用能力（情報モラル）の育成を、「**学習の基盤となる資質・能力**」と位置づけ、その育成を図るためには、「各学校においては、生徒の発達段階を考慮し、各教科等の特質を生かし教科等横断的な視点から教育課程の編成を図るもの」としている（一部省略）。また、主体的・対話的で深い学びの授業改善では、「各学校において、コンピュータや情報通信ネットワークなどの情報手

段を活用するために必要な環境を整え、これらを適切に活用した学習活動の充実を図ること」としている。さらに、その解説（総則編）では、「情報手段を活用した学習活動を充実するためには、校内のICT環境の整備に努め、生徒も教師もいつでも使えるようにしておくことが重要である」と述べている（一部省略）。

ICTを活用した教育の推進に当たって必要なこと

　学校教育情報化推進計画（2022年4月）では、「ICTを活用した児童生徒の資質・能力の育成」に関して、下記のこと（一部省略）が重要であると述べている。

- ・ICTを積極的に活用し、全ての子供たちの可能性をひきだす、個別最適な学びと協働的な学びを一体的に充実し、「主体的・対話的で深い学び」の実現に向けた授業改善につなげていくことが求められる。多様で大量の情報が取り扱えるのみならず、時間・空間の制約を超えることのできるなどのICTの特性・強みを生かし、端末を日常的に活用することで、児童生徒が、ICTを新たな学びのツールとして自由な発想で適切に活用できるようにすることが必要である。
- ・教育の質を向上させ，子供たちの資質・能力を伸長させていくため、ICTをこれまでの実践と最適に組み合わせて有効に活用するという視点が重要である。
- ・特別な支援が必要な児童生徒に対するきめ細かな支援、さらには個々の才能を伸ばすための高度な学びの機会提供、中山間地域や離島等の児童生徒への多様な学びの機会の提供等にICTの持つ特性を最大限に活用することが重要である。
- ・情報モラルも含めた情報活用能力を各教科等の指導の中で育成するとともに、子供たちにICT末端の適切な扱い方や使用のルールを指導し、保護者等とも共通理解を図ることが重要である。
- ・子供たちが授業のみならず、家庭等でも日常的にICT末端を活用した学習をする機会が増えていくと考えられることから、視力をはじめ、ICT機器を使用することによる児童生徒の健康面への影響について配慮することが必要である。
- ・高校での「情報Ⅰ」の必修化や大学におけるデータサイエンス教育の充実などを踏まえ、高大接続の観点からも、小学校段階から体系的な情報活用能力の育成が必要である。

ICT教育推進の課題

　ICT教育を推進することにより、例えば、従来の授業に比べ、タブレットやパソコンを利用すると児童生徒に一斉に指導内容等が伝えることができるとともに児童生徒も板書事項をノートに書き写すといった時間などもなくなるため**効率的な授業展開が可能**である。質問や回答などに挙手して答えるのではなく、児童生徒一人一人が画面上で対応し、教師も全員の意見や回答などに対応することが可能であるなど、**双方向的な授業の展開が期待される**。また、複雑な図形や動画など提供することも容易になり、視聴覚教

育が随所に取り入れられ、児童生徒の授業に対する興味や関心等が高まるとともに授業の内容が深まり・広がり効率的かつ効果的な学習が展開できる。このようなことは、「指導の個別化」や「学習の個性化」を図り「個別最適な学び」を一層進めることにもなる。また、ICT教育を推進することにより、新たな業務が生じるが、従来の授業に用いる教材の印刷や配布などの業務を軽減することができる。さらに教員間で情報の共有化が容易になるなど「教員の働き方改革」にもつながっていく。

　しかし、ICT教育を推進するには、教員のICT活用する指導力やその向上と人材の確保、ICTを活用するための環境整備、学校のICT推進体制整備や従来の校務の改善、国などのICT教育への調査研究の推進や財政的な支援、地域や学校間などのICT教育導入の格差の是正、個人情報の保護やセキュリティへの対応、デジタル教材の開発、著作権等への理解、保護者や地域の人々などへのICT教育の理解など、**推進する上での課題は山積している**。

回答例

1 近年、知識・情報・技術などを巡る変化は急速で加速度的です。第4次産業革命ともいわれる人工知能やビッグデータやあらゆるものがインターネットにつながるIoTなどの技術が急速に進展し、社会の在り方が劇的に変化しています。学校教育においても、教育の情報化やICT教育を推進することは極めて重要な課題であると思います。

2 平成元年告示の学習指導要領で、中学校技術・家庭科に「情報基礎」が新設され、中学校・高等学校の各教科でも情報に関する内容が取り入れられるようになり、これらの指導においても教育機器が活用され情報活用能力の育成が推進されました。

3 授業でのICTの活用により、効率的に指導の個別化や個別最適な学びや主体的・対話的で深い学びなどを推進することができます。でも、ICTを活用するためには、教員の指導力向上を図ったり、環境整備を進めることも必要なので、まだまだ課題はたくさんあると思います。

講評

1 社会における情報化の進展については述べられているが、これらを踏まえて、教育の情報化・学校におけるICT教育などの進展について記述する必要があった。

2 平成元年告示の学習指導要領までさかのぼり、各教科での情報に関する取り扱いに触れているが、現行の学習指導要領での位置付けやその活用を記述する必要がある。

3 授業でのICTの活用のメリットの例を挙げて説明したい。さらに授業だけでなく、学校運営などでのICT教育のメリットや課題等についても言及すると充実した回答になる。

関連質問

・なぜ、ICT教育が必要なのか
・GIGAスクール構想とは何か

「学校における働き方改革と その方策」の要点は何か？

● 学校における働き方改革が緊急的に求められる背景
● 教員の勤務の実態と教職員給与特別措置法の要点
● 学校・教師が担う業務の適正化の推進

　教員の職務は、子どもたちの心身の発達と深くかかわり、その人格形成に大きな影響を与えるとともに、未来に向かって無限の可能性を有する子どもたちの資質や能力などを開花させていくという、極めて崇高で精神的・文化的かつ創造的な営みといえる。教育基本法には、自己の崇高な使命への自覚と責任や職務遂行のためのたゆまぬ努力の必要性が示されている。そして、児童生徒や保護者はもちろんのこと、広く地域社会や国民から信頼と尊敬が得られる存在になることが求められている。その一方で、子どもたちが抱える課題は多様化・複雑化しその解決が困難化し、保護者や地域等からはそれらの課題解決の期待なども高まっている。このようなこともあり学校や教員の業務は拡大し長時間勤務となる一方で、教員の待遇が根本的に改善されないこともあり、「働かせ放題の職場」とか「ブラック職場」などと揶揄されることもある。**学校や教師が担う業務の適正化や教員を取り巻く環境整備や処遇の改善など、「学校における働き方改革」が緊急的に求められている。**

教員の長時間勤務の実態

　文科省は、公立学校教員を対象とした教員の勤務実態調査結果（速報値）を発表した（2023年4月）。これによると、残業の上限として国が決めている月45時間を超えるとみられる教員が、小学校で64.5％、中学校で77.1％であった。教員の1日当たりの勤務時間（10月・11月）は、小学校で10時間45分、中学校で11時間1分であった。教員の長時間勤務とも深く関係する部活動は、新型コロナウイルス感染症の影響もあり2016年度調査時よりも減少しているが、1週間の平均活動日数は5日が最も多く56.1％、次いで4日が19.5％、6日が6.4％であった。なお、部活動については、2018年にスポーツ庁が学期中は週2日以上は休むこととのガイドラインを示している。

公立の義務教育諸学校等の教職員給与等に関する特別措置法の要点

　公立の義務教育諸学校等の教職員には、その職務と勤務態様の特殊性に基づき、給与やその他の勤務条件について特例を定めるものとし、「公立の義務教育諸学校等の教職員給与等に関する特別措置法」（給特法）が適用されている。一般の労働者は時間外勤

務や休日出勤をしたときは残業手当が支給されるが、この法律では、公立学校の教職員には時間外勤務手当及び休日勤務手当は支給しないこととし、その代わりに月給の4％に相当する教職調整額を支給することとしている。

　第二次世界大戦後、当時の文部省は、全国的な教職員の勤務状況の調査を実施（1966年）した。この調査結果では、教職員の時間外勤務が約8時間であったことから、給与の4％を教職調整額として一律に支給することとした。

 ## 学校における働き方改革とその方策

　中央教育審議会の質の高い教師の確保特別部会は「教師を取り巻く環境整備について緊急的に取り組むべき施策」の提言（2023年8月）を行った。ここでは、「教師を取り巻く環境は、我が国の未来を左右しかねない危機的状況にあると言っても過言ではない」と指摘し、長時間勤務の背景や要因を考慮しつつ、**従来の慣習や固定概念にとらわれることなく、試行しながら「まずは取り組む」ことを優先し、柔軟かつ機動的に見直しを重ねていくことが必要**であるとし、下記のような方策を示している（一部省略）。

1　授業時数や学校行事の在り方の見直し
・標準授業時数を大きく上回っている教育課程を編成・実施している学校の教育課程の見直しや運動会での開会式の簡素化や全体行進の省略等
2　ICTの活用による校務効率化の推進
・ICT環境整備の推進と学校における更なる活用や生成AIの校務への活用推進
3　地域、保護者、首長部局との連携協働
・働き方改革について学校運営協議会等で積極的に議題として取り扱うことや過剰な苦情や不当な要求等に対しては、保護者等との信頼に基づいた対等な関係を構築し、連携・協働した学校づくりを推進し学校が組織として対応
4　健康及び福祉の確保の徹底
・始業から終業までに継続した休息時間（勤務間インターバル）の確保の検討や勤務時間の途中の休憩時間の適切な確保
5　教員定数の改善
・小学校高学年の教科担任制の強化や教員定数の改善や環境整備の加速化
6　支援スタッフの配置充実
・教員業務支援員やスクールソーシャルワーカー等や部活動支援員等の配置の充実
7　処遇改善
8　教師のなり手の確保・質の高い教師の確保

 ## 学校・教師が担う業務の適正化とその徹底

中央教育審議会の答申「新しい時代の教育に向けた持続可能な学校指導・運営体制の

構築のための学校における働き方改革に関する総合的な方策について」（2019年1月）
では、学校・教師が担う業務を3分類し14の取組を示したが、今回の提言においても
これらの取組の徹底を図ることが必要であるとしている。

業務の3分類と14の取り組み（一部省略）
1　基本的に学校以外が担うべき業務（登下校に関する対応、放課後から夜間などにおけ
　　る見回り、児童生徒が補導された時の対応、学校徴収金の徴収・管理、地域ボラン
　　ティアとの連絡調整
2　学校の業務だが必ずしも教師が担う必要のない業務（調査・統計等への回答等、休み
　　時間における対応、校内清掃、部活動）
3　教師の業務だが負担軽減が可能な業務（給食時の対応、授業準備、学習評価や成績処
　　理、学校行事の準備・運営、進路指導、支援が必要な児童生徒・家庭への対応）

回答例

1 学校における働き方改革が緊急的に求められる背景に
は、教員の長時間労働があり、一方で賃金が安すぎる
ことがあります。業務の多さや待遇の悪さなどがあ
り、これらを緊急に改善しないと、教員の不足が加速
化し質の高い教師を確保することが困難になるためで
す。

2 文科省の調査によると、1か月間の残業の上限時間を
大幅に上回っている教員が多数を占めているようです
が、残業の時間に応じた残業代ではなく、「給特法」
によって本給の4％が一律に支給されるにとどまって
います。まずは教員の待遇改善が必要だと思います。

3 学校・教師が担う業務の適正化については、早急に取
り組まねばならない課題です。この課題を放置する
と、若者の教員離れに拍車をかけることになり、今後
も教員不足はますます深刻化し、教育の質や学校運営
にも支障が生じかねないと思います。

講　評

1 教員の長時間勤務や処遇に
関して述べられているが、
長時間勤務が生じる背景な
どや処遇に関しても、その
ような処遇になっている経
緯などにも言及したりする
とよかった。

2 文科省の調査結果を踏まえ
教員の勤務実態の要点は押
さえられている。また、
「給特法」に関してもほぼ
要点を理解されているが、
もっと働き方改革の方策の
要点に踏み込む必要があ
る。

3 学校や教師が担う業務適正
化に関して、本書に示した
答申などを参考にして、具
体的にどのように進めるの
かといった方策や考え方な
ども述べるとよかった。

関連質問

・あなたが考える「学校における働き方改革」とは、どんなことか
・「学校における働き方改革」とICT教育との関連は何か

「教育職員免許法」の改正のポイントはどこか

ここを押さえろ!
- 教育職員免許法の一部改正（平成19年6月）の主な内容
- 改正教育職員免許法（令和4年5月公布）の主な内容
- 新たな研修制度のポイント

　教育職員免許法の一部を改正する法律が、令和4年5月に成立し5月に公布された。平成19年6月の改正で、免許状がこれまでの「終身制」から「更新制」となったが、今回の改正により、「更新制」に関する規定が削除され、令和4年7月から免許状の「更新制」は廃止された。これに伴い、指導力の向上を目指した新たな研修制度が令和5年度から実施されることになった。各法の改正の内容と要点を押さえておこう。

平成19年の法改正のポイント

　中央教育審議会の答申（平成18年7月）「今後の教員養成・免許制度の在り方について」を受け、平成19年6月に教育職員免許法が一部改正され、平成21年度から本格実施された。それに伴い、これまで普通免許状は終身有効である「終身制」であったが、その後は10年間の有効期限が定められ、有効期間を更新するには免許状の更新講習（大学等で実施され講習を30時間以上受講・修了）を受講等することが必要な「更新制」となった。前記の答申では、この制度の導入の必要性や意義について、「教員免許状が、教職生活の全体を通じて、教員として必要な資質能力を確実に保証するものとなるためには、免許状の授与の段階だけでなく、取得後も、その時々で求められる教員として必要な資質能力が保持されるようにすることが必要である」「社会状況の激しい変化や、教員の子どもの教育に果たす役割等を考慮すると、教員として必要な資質能力は、本来的に、時代の進展に応じて更新が図られるべき性格を有しているものと考える」などと述べている。

令和4年の法改正のポイント

　第208回国会において、「教育公務員特例法及び教育職員免許法の一部を改正する法律」が、令和4年5月に成立し5月に公布された。また、改正法の施行に伴い必要な改正を行う関係法令として、「教育職員免許法施行令の一部を改正する政令」も6月に公布された。改正法は、「新たな教師の学びの姿」を実現するため、公立の小学校等の校長及び教員の任命権者等による研修等に関する記録の作成並びに資質の向上に関する指導助言等に関する規定を整備するとともに、**普通免許状及び特別免許状の更新制を発展**

的に解消する等の措置を講ずるものである。また、普通免許状及び特別免許状を有効期間の定めないものとし、更新制に関する規定を削除することとしている（教育公務員特例法及び教育職員免許法の一部を改正する法律等の施行について〔通知〕・文部科学省）。このように、令和4年7月からそれまでの免許状の更新制は廃止された。

 ## 改正教育職員免許法（令和4年5月公布）の改正の趣旨

前記の通知によると、改正の趣旨として次のようなことが述べられている。

> グローバル化や情報化の進展により、教育を巡る状況の変化も速度を増している中で、教師自身も高度な専門職として新たな知識技能の修得に継続的に取り組んでいく必要が高まっている。また、オンライン研修の拡大や研修の体系化の進展など、教師を取り巻く環境も大きく変化してきた。このような社会的変化、学びの環境の変化を受け、令和の日本型学校教育を実現するこれからの「新たな教師の学びの姿」として、教職生涯を通じて探究心を持ちつつ主体的に学び続けること、一人一人の教師の個性に即した個別最適な学びの提供、校内研修等の教師同士の学び合いなどを通じた協働的な学びの機会確保が重要となる。

また、「令和の日本型学校教育」を担う新たな教師の学びの姿の実現に向けて（中教審　審議のまとめ・令和3年）では、これまでの「更新制」に関して、「免許状を更新しなければ職務上の地位の喪失を招きかねない中で、変化を前向きに受け止め、探究心を持ちつつ自律的に学ぶという高度な専門職にふさわしい水準で教師の主体的な姿勢が発揮されてきたと評価することには慎重にならざるを得ない。そうした制約の下での学びは、形式的なものとなり、学習効果を低下させてしまいかねない。10年に1度、特定の期間に免許状更新講習を受講することも、教師が常に最新の知識技能を学び続けていくという必要性と整合的とはいえない」と述べられていた。

 ## 「新たな教師の学びの姿」の実現に向けた新たな研修制度

令和4年7月に免許状の更新制が廃止されたのに伴い、令和5年度から新たに導入される研修制度では、文部科学省は、「①教師自らが、自身の学びを振り返りつつ、適切な目標設定と現状把握のもとで、主体的で個別最適な学びを実現する上でのベースになる研修等に関する記録を行う。②校長等の管理職が、教員のこれまでの研修歴を客観的に把握した上で、教員が今後どの分野において学びを深めるべきか、学校で果たすべき役割に応じてどのような学びが必要であるかといったことなど、効果的な指導助言を行う。③過去の研修履歴から、個々の教員の強みや専門性を把握したうえで、校務分掌の決定や校内研修の役割といったことなど、その個々の教員の強みや専門性を生かした学校運営を行うことに資する」としている。このように新たな研修制度では、「研修の記録」を作成するとともに、校長は研修の推進等に関して「指導助言」を行うこととなっ

た。また、このような制度の下に、教師に共通的に求められる資質の具体的な内容として、「教職に必要な素養」「学習指導」「生徒指導」「特別な配慮や支援を必要とする子供への対応」「ITCや情報・教育データの利活用」など5つの項目を示している。また、公立の小学校等の校長及び教員として資質の向上に関する指標の策定に関する指針・文部科学省（令和4年8月31日）によると、「教員等の資質の向上を図るに当たっては、校内研修や授業研究・保育研究などの「現場の経験」を重視した学びと研修実施や様々な主体が行う校外研修とが最適な組合せにより実施されることが重要である。とりわけ、校内研修等は、それぞれの学校の教育課題に対応した協働的な学びを学校組織全体で行い、その成果を教職員間で共有することにより、学校の組織力を高め、効果的な学校教育活動の実施にも資するものであり、校長のリーダーシップの下、より活性化させていくことが求められる」とし、さらに、「研修を実施する際には、受講そのものを目的化するのではなく、その成果がどのように職務に生かされるかという視点を常に持ちながら行わなければならない（一部省略）」としている。このようなことも踏まえて、学校内外の多様な研修機会を通して、一人一人の教員が、自らの専門性を高めていく営みであることを自覚して、主体的に研修に取り組むことが求められる。なお、新たな研修に関して、校長に求められる資質の向上については、別途示されている。

回答例

1 これまでの免許状は、10年間の有効期限が定められ、有効期間を更新するには免許状の更新講習を30時間以上受講することが必要な「更新制」でしたが、今回の教育職員免許法の改正により「終身制」になったというところです。

2 今回の改正ポイントは、免許状の「更新制」の廃止です。これに伴って10年に一度受講することになっていた研修もなくなり、教師の負担がなくなって教師の仕事量が軽減されたことは大きいと思います。教師の働き方の改善が求められている今日、とても前向きな改革だと考えます。

講評

1 「更新制」から「終身制」という法改正のポイントは理解しているようだが、その背景などについても触れられるとよかった。

2 免許状の「更新制」が廃止されたことで、「教師の負担がなくなりました」などとありますが、研修がなくなったわけではない。「令和の日本型学校教育」を担う教師の指導力の向上を目指した新たな研修の必要性に触れる必要がある。

関連質問

・令和5年度から実施される新たな研修制度のポイントはどこか。

学校評価は何をめざして、どう進めるのか

ここを押さえろ！
- 学校評価の考え方
- 学校評価の必要性
- 学校評価の進め方

学校評価は、学校教育法の改正に基づき、従来努力目標であったものが**義務化された**。そういう意味でも学校評価は着目されている。面接で聞かれても、対応できるようにしておこう。

 ## 改定された学校教育法を踏まえて学校評価の必要性を述べる

平成19年6月に学校教育法が、10月に学校教育法施行規則が改正され、**学校評価に関する新たな規定が設けられた。**

学校教育法第42条では、「小学校は、文部科学大臣の定めるところにより当該小学校の教育活動その他の学校運営の状況について評価を行い、その結果に基づき学校運営の改善を図るため必要な措置を講ずることにより、その教育水準の向上に努めなければならない」と規定している。また、改正された学校教育法施行規則では、次のように規定している（一部省略）。

第66条　小学校は、当該小学校の教育活動その他の学校運営の状況について、自ら評価を行い、その結果を公表するものとする。

第67条　小学校は、前項第一項の規定による評価の結果を踏まえた当該小学校の児童の保護者その他の当該小学校の関係者（当該小学校の職員を除く）による評価を行い、その結果を公表するよう努めるものとする。

第68条　小学校は、第66条第一項の規定による評価の結果及び前条の規定により評価を行った場合はその結果を、当該小学校の設置者に報告するものとする。

なお、これらの規定は、幼稚園、中学校、義務教育学校、高等学校、中等教育学校、特別支援学校等にも準用される。

このような法律の改正により、下記のことが求められるようになった。

・各学校は、教職員による自己評価を行い、その結果を公表すること
・保護者などの学校関係者評価を行い、その結果の公表に努めること
・自己評価の結果や学校関係者評価の結果を設置者に報告すること

学校評価の目的

学校評価には、下記の目的がある。

・各学校が、自らの教育活動その他の学校運営について、めざすべき目標を設定し、その達成状況や達成に向けた取組の適切さ等について評価することにより、学校として組織的・継続的な改善を図る。
・各学校が、適切に説明責任を果たし、保護者、地域住民等から理解と参画を得て、学校・家庭・地域の連携協力による学校づくりを進める。
・学校の設置者が、結果に応じて、学校に対する支援や条件整備等の改善措置を講じて一定水準の教育の質を保証し、向上を図る。

このことを踏まえ、学校評価の目的についても述べることができるようにしておくとよいだろう。

学校評価の実施方法

学校評価には、各学校の教職員が行う**自己評価**、保護者や地域住民などの学校関係者の行う**学校関係者評価**、学校と直接関係を有していない専門家等による**第三者評価**などがある。ここでは、自己評価の流れを示す。

(1) 具体的で明確な教育目標の設定
(2) 目標を精査し、当面の目標と中長期的目標に区分け目標の重点化
(3) 学校教育目標を受けて、組織目標や個人目標などの設定
(4) 組織目標などを達成するための具体的方策の明確化
(5) 目標の数値化など、評価項目の設定
(6) 教育活動や学校運営等に関する情報や資料の整理
(7) 全教職員による組織的な自己評価の実施
(8) 評価結果の整理と改善方策の検討と整理
(9) 自己評価の結果と今後の課題への改善方策の公表
(10) 学校設置者（公立学校は教育委員会）に結果の報告

面接において、学校評価を実施する場合にどのような点に留意が必要かといったことが問われることも考えられる。その際、次のようなことを踏まえて対応することが必要である。

・学校評価を実施する趣旨や目的を全教職員が共通理解しておくこと。
・学校評価を実施するには、P（Plan）→D（Do）→C（Check）→A（Action）といったマネジメントサイクルの考え方に立つことが必要である。
・学校評価を実施するには、P（計画の目標）が明確にされていないと、C（評価）が実

施できない。そのため、学校の教育目標などを明確にしておき、その目標に対する評価を行うことが必要である。

・学校の教育目標などは、できるだけ具体的に、数値目標化できるものは数値化しておくことが必要である。そうすると学校評価を客観的に行うことができる。

東京都では、平成15年度よりすべての都立学校においてP・D・C・Aに基づいたマネジメントサイクルの考え方が導入され、下記のような項目についての「学校経営計画」の策定が行われ、年度末にはこれらについての評価が実施され、「経営報告書」が作成され、ともに公開されている。

学校経営計画書	学校経営報告書
1．目指す学校 2．中期的目標と方策 3．今年度の取組み目標と方策 　(1)　教育活動の目標と方策 　(2)　重点目標と方策	1．今年度の取組みと自己評価 　(1)　教育活動への取組みと自己評価 　(2)　重点目標への取組みと自己評価 2．次年度以降の課題と対応策

回 答 例

1 学校評価は、教育活動など全般についての反省で、年度末に職員会議で行われます。指導が困難な学校では、よい評価は期待できません。だから学校評価を実施する意義がみられない学校もあります。このような学校では、結果の公開は教育的にみて問題だと思います。

2 教員は、原因を児童生徒のせいにしてしまいがちなので、学校評価によって謙虚になって反省する機会を持つべきだと思います。私は、毎時間授業に対する感想を書いてもらい、よい授業に役立てます。

講 評

1 後半の意見は、学校評価を正しくとらえていない。すべての教育活動や結果を、学校目標に照らして評価を行う。よい結果ばかりを公表するのではない。残された課題や新たに生じた課題について具体的な方策を示すことになる。

2 学校評価は教育活動や運営等に関する評価活動。個人目標の成果や課題を検証するだけのものではない。学校評価に対する考え方を把握しておこう。

関連質問

・改定された学校教育法と学校評価の関連性は何か
・学校評価はどのように実施されるか

特別支援教育はどのように進めることが必要か

ここを押さえろ！

- 特殊教育から特別支援教育への転換
- 特別支援教育の内容
- 特別支援教育を行うために必要な体制
- 特別支援学校での教育

平成19年度から学校教育法の改正に伴い、これまでの「特殊教育」は、「特別支援教育」に転換した。最近の新たな変化でもあり、このことに関しては、面接での質問も大いに予想されるので、次に記した内容を中心に整理し、質問に正対できるようにしておこう。

「特殊教育」から「特別支援教育」への転換のポイント

特別支援教育は、障害のあるすべての幼児児童生徒の一層の教育の充実を図ることを目的として行われている。

平成19年度から学校教育法の改正に伴い、障害の程度等に応じて特別な場で行う「特殊教育」から、障害のある幼児児童生徒一人ひとりの教育ニーズに応じて、適切な教育支援を行う「特別支援教育」への転換が図られた。

そのため、従来の障害の種別ごとに教育活動を行っていた盲学校・聾学校・養護学校に代わった**特別支援学校**、通常の学校に設置された**特別支援学級**（法改正以前は特殊教育学級）、通常の学級に在籍しながら多くの授業を通常の学級で受けながら障害に応じた特別指導を受ける**通級**などにより、特別支援教育が行われるようになった。

※特別支援学校（学校教育法　第72条）

特別支援学校は、視覚障害者、聴覚障害者、知的障害者、肢体不自由者又は病弱者（身体虚弱者を含む）に対して、幼稚園、小学校、中学校又は高等学校に準ずる教育を施すとともに、障害による学習又は生活上の困難を克服し自立を図るために必要な知識技能を授けることを目的とする。

※特別支援学級（学校教育法　第81条）

・幼稚園、小学校、中学校、義務教育学校、高等学校及び中等教育学校においては、次項各号のいずれかに該当する幼児、児童及び生徒その他教育上特別の支援を必要とする幼児、児童及び生徒に対し、文部科学大臣の定めるところにより、障害による学習上又は生活上の困難を克服するための教育を行うものとする。

・小学校、中学校、義務教育学校、高等学校及び中等教育学校には、次の各号のいずれかに該当する児童及び生徒のために、特別支援学級を置くことができる。

一　知的障害者　二　肢体不自由者　三　身体虚弱者

四　弱視者　　　五　難聴者

六　その他障害のある者で、特別支援学級において教育を行うことが適当なもの。

※**通級**（通級による指導：大部分の授業を在籍する通常の学級で受けながら、一部の時間で障害に応じた特別な指導を実施：**学校教育法施行規則　第140条**）

　小学校、中学校、義務教育学校、高等学校又は中等教育学校において、次の各号のいずれかに該当する児童又は生徒（特別支援学級の児童及び生徒を除く）のうち当該障害に応じた特別の指導を行う必要があるものを教育する場合には、文部科学大臣が別に定めるところにより、〈中略〉特別の教育課程によることができる。

一　言語障害者　二　自閉症者　三　情緒障害者

四　弱視者　　　五　難聴者

六　学習障害者　七　注意欠陥多動性障害者

八　その他障害のある者で、この条の規定により特別の教育課程による教育を行うことが適当なもの。

高等学校における通級による指導

　高等学校における特別支援教育の推進に関する調査研究協力者会議において、「高等学校における通級による指導の制度化及び充実方策について（報告）」がまとめられた（平成28年3月）。これを受けて、平成28年12月に学校教育法施行規則が一部改正され（施行は平成30年4月）、高等学校における通級による指導が制度化された。

　通級による指導の導入は、障害のある生徒を特別な場に追いやるものであってはならない。障害のある生徒の自立や社会参加に向けた主体的な取り組みを支援するという視点に立ち、一人一人の教育的ニーズを把握し、その持てる力を高め、障害による学習上または、克服するための適切な指導及び必要な支援を行うという特別支援教育の理念をしっかりと押さえておく必要がある。

特別支援教育とはどのような教育か

　特別支援教育の理念について、「特別支援教育の推進について（通知）」（文部科学省）で、次のように述べられている。

・特別支援教育は、障害のある幼児児童生徒の自立や社会参加に向けた主体的な取組を支援するという視点に立ち、幼児児童生徒一人一人の教育的ニーズを把握し、そのもてる

力を高め、生活や学習上の困難を改善又は克服するため、適切な指導及び必要な支援を行うものである。

・特別支援教育は、これまでの特殊教育の対象の障害だけでなく、知的な遅れのない発達障害も含めて、特別な支援を必要とする幼児児童生徒が在籍するすべての学校において実施されるものである。

・特別支援教育は、障害のある幼児児童生徒への教育にとどまらず、障害の有無やその他の個々の違いを認識しつつ様々な人々が生き生きと活躍できる共生社会の基礎となるものであり、我が国の現在及び将来の社会にとって重要な意味を持っている。

これらの内容を踏まえて、「特別支援教育」について述べることができるようにしておくことが必要である。

 ## 特別支援教育を推進するために必要な体制

特別支援教育を実施するために、各学校において下記のような取り組みを行い、特別支援教育の体制を作り上げることが必要である。

(1) 特別支援教育に関する「校内委員会」を設置する

「校内委員会」では、発達障害を含む障害のある幼児児童生徒の実態を把握し、支援の方策の検討を行う。この委員会は、校長・教頭（副校長）・特別支援教育コーディネーター・教務主任・生徒指導主任・通級指導教室担当教員・特別支援学級教員・養護教諭・対象の幼児児童生徒の学級担任・学年主任・その他必要と思われる者などで構成する。

(2) 実態の把握

各学校においては、幼児児童生徒の実態を把握し、特別な支援を必要とする幼児児童生徒の存在や状態を確かめる。特別な支援が必要と考えられる場合は、その保護者に理解が得られるように慎重に説明し、学校や家庭で必要な支援や配慮について、保護者と連携して検討を進める。

(3) 特別支援教育コーディネーターの指名

各学校の校長は、特別支援教育のコーディネーター的な役割を担う教員を「特別支援教育コーディネーター」として指名し、校務分掌に明確に位置づける。

(4) 「個別の教育支援計画」の策定と活用

特別支援学校においては、長期的な視点に立ち、乳幼児期から学校卒業まで一貫した教育的支援を行うため、医療、福祉、労働等の様々な側面からの取組を含めた「個別の教育支援計画」を活用した効果的な支援を進める。小・中学校においても、必要に応じて「個別の教育支援計画」を策定し、効果的な支援を進める。

(5) 「個別の指導計画」の作成

特別支援学校においては、幼児児童生徒の障害の重度・重複化・多様化等に対応した教育を一層進めるため、「個別の指導計画」を活用した一層の指導の充実を図る。

(6) 教員の専門性の向上
　　各学校では、校内での研修会を実施したり、教員を校外での研修に参加させたりすることにより専門性の向上に努める。

出典：「特別支援教育の推進について（通知）」（文部科学省）

　これらの内容を踏まえて、「特別支援教育」を推進するために必要な体制についても述べることができるようにしておくことが必要である

回答例

1 特別支援教育は、学習の遅れがちな児童生徒や不登校などで学校に来ることができず、学力などが十分身についていない児童生徒に対して行われる教育で、主としてカウンセラーが大きな役割を有しています。しかしカウンセラーだけに任せておくことではないと思いますので、担任やその他の教員が協力して進めることが大切だと思います。

2 特別支援教育は、学校教育法が改正され現在は特別支援学校といいますが、かつての盲学校・聾学校・養護学校で行われていた教育のことをいいます。これからは、障害の程度等に応じて特別な場で教育を行うのではなく、障害のある幼児児童生徒一人ひとりの教育ニーズに応じて、適切な教育支援を行うことが必要だと考えます。

講　評

1 特別支援教育を学習の遅れがちな児童生徒に対する個別指導と取り違えている。特別支援教育は、学校教育法などの法改正によって新たに規定された制度ある。このことを踏まえて考えをまとめておこう。

2 特別支援教育の理解を、特別支援学校のことだけであるととらえている。特別支援教育は、特別支援学校のほかにも、特別支援学級や通級などでも行われている。また、その対象も、これまでの障害のほかに、発達障害も含めて特別な支援を必要とする幼児児童生徒が在籍するすべての学校において、障害のある幼児児童生徒一人ひとりの教育ニーズに応じて、適切な教育支援を行うのが特別支援教育である。

関連質問

・「特殊教育」は法律の改正によってどのように変化したのか
・特別支援教育を推進するためにどのような体制が必要か

LD、ADHD、高機能自閉症 [発達障害] とは

　学校教育法などの改正に伴い実施されている**特別支援教育の対象となった発達障害に**ついては、まず**正しく理解しよう。**面接おいては、特別支援教育に関するテーマで取り上げた内容を次に記した内容とともに整理し、3つの障害についても述べられるようにしておくことが必要である。

LD、ADHD、高機能自閉症とは

　学校教育法の改正による特別支援教育は、これまでの特殊教育の対象の障害だけでなく、知的な遅れのない発達障害も含めて、特別な支援を必要とする幼児児童生徒が在籍するすべての学校において実施されるようになった。

　ここで示された発達障害には、LD、ADHD、高機能自閉症が含まれる。LD、ADHD、高機能自閉症の子どもは、障害があるために、**特定の能力が十分に発揮できなかったり、多動や衝動的な行動となったり、人とうまくかかわることができなかったりする。**このような子どもたちの正しい理解と適切な対応が必要である。なお、各障害の定義については、文部科学省の「学習障害児に対する指導について（報告）」による。また、以下のそれぞれの子ども対する指導は、「東京都公立学校の新しい教員のみなさんへ」より作成した。

学習障害（LD）とは

　LDは、Learning Disabilities の頭文字であり、一般的に学習障害といわれている。この学習障害は、下記のように定義されている。

> 　学習障害とは、基本的には全般的な知的な発達に遅れはないが、聞く、話す、読む、書く、計算する又は推論する能力のうち、特定のものの習得と使用に著しい困難を示す様々な状態を指す。学習障害は、その原因として、中枢神経に何らかの機能障害があると推定されているが、視覚障害、聴覚障害、知的障害、情緒障害などの障害や、環境的な要因が直接の原因となるものではない。

●LDの子どもに対する指導

　LDの子どもは、決して学習に対して意欲がなく怠けたりしているわけではない。障

害があるために、特定の能力が十分に発揮できないのである。このことを正しく理解し適切な指導を行うことが求められる。基本的には、特定の能力の困難に起因する教科学習の遅れを補う指導が必要である。しかし、一口にLDといっても、発揮できない特定の能力は人によって異なることもあり、一般化された共通的な指導法があるわけではないが、効果的な指導法として次のようなことがある。

・子どもの実態に合った教材の作成

・学習目標に対して低い階段を何段も設けたスモールステップ学習

・達成感や成就感を味わうことのできる学習

・ほめる、認めるといったことを重視した学習

注意欠陥／多動性障害（ADHD）とは

ADHDは、Attention-Deficit/Hyperactivity Disorder の頭文字であり、一般的に注意欠陥／多動性障害といわれている。この注意欠陥／多動性障害は、下記のように定義されている。

> ADHDとは、年齢あるいは発達に不釣り合いな注意力、及び／又は衝動性、多動性を特徴とする行動の障害で、行動の障害で、社会的な活動や学業の機能に支障をきたすようなレベルの「不注意」「多動性」「衝動性」が確認される。概ね、児童期以前に特徴が現れ、その状態が継続する。中枢神経系に何らかの原因があると推定される。

● ADHDの子どもに対する指導

・一人ひとりの実態把握を様々な観点から行う

・低年齢の段階から適切に指導する

・対人関係など生活技能を身につけさせる指導を重視する

・自己管理能力を育成する

・自信をもたせ自尊心を高める

・医療との連携を進める

高機能自閉症（High-Functioning Autism）とは

高機能自閉症は、基本的には自閉症と同様な障害を有しており、幼児期には見過ごされてしまうことが多いが、集団行動をする時期になると顕在化する。この高機能自閉症は、下記のように定義されている。

> 高機能自閉症とは、３歳位までに現われ、①他人との社会的関係の形成の困難さ、②言葉の発達の遅れ、③興味や関心が狭く特定のものにこだわることを特徴とする行動の障害である自閉症のうち、知的発達の遅れを伴わないものをいう。また、中枢神経系に何らかの要因による機能不全があると推定される。

● 高機能自閉症の子どもに対する指導

・一人ひとりの教育的ニーズは多様であり、**実態把握を様々な観点から行い**適切に指導する。

・**優れた面に着目し、それを活用した指導を行う。**

・**多様な表現方法**をとることへの理解と対応が必要である。

・問題を全体的に理解することが不得意であることや、過去の不快な体験を思い出してパニック状態になることがあることなどへの配慮を行い、適切な対応を行う。

　自閉スペクトラム症（ASD）の表記もみられるが、基本的には自閉症やアスペルガー症候群などの概念を含む発達障害で、自閉症スペクトラムともいう。集団行動をする時期になると顕在化する。自閉スペクトラム症（ASD）は、臨機応変な友達関係や人間関係を保つことや、相手の感情や表情を読み取ることなどが苦手で、特定の事柄などにこだわる傾向が見られる。中枢神経系に何らかの要因による機能不全があると推定されている。

回答例	講　評
1 LD、ADHD、高機能自閉症は、何らかの障害が原因で現れるものであり、それに合った教育を行うことが必要です。しかし、このような障害のある児童生徒の指導や対応の在り方について、情報が提供されていないような気がします。今後はその指導事例などについてももっと学校や教員に提供する必要があると思います。	**1** 学校教育法の改正に伴い、平成19年度から実施されたこともあり、特別支援教育に関する指導事例などの情報が少ないこともあるが、そのことを指摘するのではなく、自らそのことに関してこれからも一層勉強していきたいといった意欲を示すべきである。
2 LD、ADHD、高機能自閉症などの発達障害については、特別支援教育の対象として特別な指導をすることが必要ですが、その指導は極めて専門性が高いので、教員が担当するのではなく専門家に任せて正しい方法で教育していくことが必要だと思います。	**2** 医療や福祉や関係機関との連携や協力関係を構築していくことは必要であるが、特別支援教育は、学校教育に位置づけて行う必要があり、学校・教員が責任をもって、児童生徒等や保護者などの多様なニーズや期待に応えていく責任と役割がある。

関連質問

・学習障害（LD）とはどのようなことをさすのか

・ADHD（注意欠陥／多動性障害）の子どもに対する指導として必要なことは何か

質問 40 学習指導要領の改訂のポイントはどこか

ここを押さえろ！
- 学習指導要領（平成29年度告示）の改訂のポイント
- 新学習指導要領の基本的な考え方と主な改善事項
- 新学習指導要領の特色

学習指導要領改訂のポイント、基本的な考え方と主な改善事項、新学習指導要領の特色などについてしっかりと押さえておこう。

学習指導要領（平成29年告示）の改訂のポイント

新学習指導要領では、よりよい学校教育を通じて、よりよい社会を創るという目標を学校と社会が共有し、社会と連携・協働しながら、新しい時代に求められる資質・能力を育む「社会に開かれた教育課程」の実現を図っている。その上で、「生きる力」を育むために、主体的・対話的で深い学びの視点からの授業改善やカリキュラム・マネジメントの充実を通して、これからの時代に求められる資質・能力を一層確実に育むことを目指している（令和元年度『文部科学白書』などによる）。

新学習指導要領の基本的な考え方

1「社会に開かれた教育課程」の実現

子供たちが未来社会を切り拓くための資質・能力を一層確実に育成するためには、学校が社会と接点を持ちつつ、多様な人々とつながりを保ちながら学ぶことのできる、開かれた環境となることが必要である。そして、学校が社会や地域とのつながりを意識し、社会の中の学校であるためには、学校教育の中核となる教育課程もまた社会とのつながりを大切にすることが必要である。

2「何ができるようになるか」を明確化

「生きる力」を確実に育むため、育成を目指す資質・能力を、「知識及び技能」、「思考力、判断力、表現力等」、「学びに向かう力、人間性等」の三つの柱として示し、「何ができるようになるか」を明確にしている。すべての教科・科目等の目標及び内容も、この資質・能力の三つの柱で再整理されている。

3「主体的・対話的で深い学び」の視点からの授業改善

学びの質を高めていくための授業改善の視点として示されているのが、「主体的・対話的で深い学び」である。以下のような視点に立って、「アクティブ・ラーニング」等の導入による、授業改善が必要であるとされている。

［主体的な学びの視点］　学ぶことへの興味や関心を持ち、自己のキャリア形成の方向性と関連付けながら、見通しを持って粘り強く取り組み、自己の学習活動を振り返って次につなげる学習の実現

［対話的な学びの視点］　子供同士の協働、教職員や地域の人との対話、先哲の考え方を手掛かりに考えること等を通じ、自己の考えを広げ深める学習の実現

［深い学びの視点］　習得・活用・探究という学びの過程の中で、各教科等の特質に応じた「見方・考え方」を働かせながら、知識を相互に関連付けてより深く理解したり、情報を精査して考えを形成したり、問題を見いだして解決策を考えたり、思いや考えを基に創造したりする学習の実現

④ カリキュラム・マネジメントの推進

　学校教育の改善・充実の好循環を生み出すカリキュラム・マネジメントの充実を図る必要がある。教育の目的や目標の実現に必要な教育の内容を教科等横断的な視点で組み立て、教育課程の実施状況を評価してその改善を図り、教育課程の実施に必要な人的・物的な体制を確保するとともにその改善を図ることなどを通して、教育活動の質の向上を図り、学習の効果の最大化を図ることが必要である。

新学習指導要領の教育内容の主な改善事項

① 言語能力の確実な育成

　言語能力を支える語彙の段階的習得・発達段階に応じた言語能力の育成・国語科を要とし組織的・計画的な取組み

② 理数教育の充実

　算数・数学、理科で育成を目指す資質・能力の明確化・観察や実験などの充実により更なる学習の質の向上

③ 伝統や文化に関する教育の充実

　言語文化、主な文化財や年中行事の理解・我が国や郷土の伝統や文化についての理解を深める学習の充実

④ 道徳教育の充実

　「特別の教科　道徳」の全面実施・道徳教育推進教師を中心とした道徳教育の展開・公民科の「公共」「倫理」や特別活動が人間としての在り方生き方に関する中枢的な指導の場面であることの明記

⑤ 体験活動の充実

　生命の有限性や自然の大切さなどを実感するための体験活動の充実・集団体験活動、職場体験を重視

⑥ 外国語教育の充実

　教科としての外国語の設置（小）・小・中・高校を通じ5領域別の目標の設定・外国

語の授業を英語で実施（中）

7 情報活用能力の育成

「情報活用能力」を「学習の基盤となる資質・能力」として位置付け・ICT環境を整備し学習活動の充実

新学習指導要領の特色

文部科学大臣は、学習指導要領の改訂を行うため、中央教育審議会に「初等中等教育における教育課程の基準等の在り方について」諮問した（平成26年11月）。平成28年12月にこの答申が行われ、これを踏まえて、新たな学習指導要領が告示（平成29年3月・高等学校は平成30年3月）された。新たな学習指導要領では、小学校では5・6年に教科としての「外国語」が設けられ、これまでの「外国語活動」は3・4年で行うことになった。中学校の「外国語」の英語の授業では、実際のコミュニケーションの場面とするため、英語で行うことを基本としている。高校では、公民科に必修の科目として「公共」が新設され、これまでの「現代社会」はなくなった。地理歴史科では、「地理総合」「歴史総合」が設けられた。また、「探究」の名称がついた「古典探究」「地理探究」「日本史探究」「世界史探究」「総合的な探究の時間」などが設けられた。これらのほかにも各教科で新たな科目が設けられるなど、各教科の科目構成も改訂された。

回答例

1 学力低下問題のため学習指導要領の改訂が急がれていました。平成29年告示の学習指導要領では、「ゆとり教育」と「生きる力の育成」が学力低下の要因とされて大幅に見直されました。学校週5日制が見直され、学校週6日制への復帰が行われたことは大きな変化だと思います。

2 学習指導要領は、戦後からほぼ10年ごとに改訂されてきました。前の学習指導要領もほぼ10年を経過していて、ちょうど改訂期にあったので改訂されました。新学習指導要領は、これから10年のわが国の教育の在り方を決めるものであり、とても重要なことだと考えます。

講　評

1 学習指導要領の改訂のポイントやその基本的な考え方があるる。また、「生きる力の育成が学力低下の要因」「学校週6日制への復帰」などは誤った認識である。

2 「戦後からほぼ10年ごとに改訂されてきた」は間違いではないが、形式的なことだけでなく、改訂の背景や新たな教育の方向などについて具体的な内容や考え方などを述べるべきである。

関連質問

・新学習指導要領改訂のポイントは何か
・現行の学習指導要領では、「生きる力」の位置づけはどのようになっているか

生徒による授業評価をどうとらえるか

● 生徒による授業評価の実施
● 授業評価の目的
● 授業評価の生かし方

　最近は、生徒による授業評価を取り入れている学校が増えてきている。授業評価のねらいや方法、結果の生かし方などについて把握しておこう。次に記した内容を参考にして、生徒による授業評価についての考え方をしっかりと述べることができるようにしておきたい。

「生徒に授業評価ができるのか」といった指摘にも対応できるように

　「生徒に授業の感想文などを書かせると結構身勝手なことを書く」とか、「専門的な授業のことをいわば授業についてはまったくの素人である生徒に評価されてはたまらない」というような声もよく聞くが、生徒による授業評価は、授業の進め方などについて、教員が生徒の声を聞くことによって、授業を生徒にとってよりよいものとするための取り組みであることは押さえておきたい。

　授業は、学校の教育目標や学校の経営計画などを踏まえ、年間指導計画に基づいて行われるものである。その授業の内容や方法をはじめ、授業の全体構成や教材や教具などの活用を含め、教員が担当した授業について、授業の主体である生徒の声を直接聞くのである。「生徒に授業評価ができるのか」といった指摘に対しては、生徒に厳密で正確な評価や正当な評価が求められているわけではなく、実際に授業を受けていた側の様々な意見を知ることによって、授業に改善点を見いだし、よりよいものへとブラッシュアップしていくきっかけとすることが重要なのだという点を強調しておきたい。

授業は教員のプロフェッショナルを支えるものである

　学校における教育活動の根幹はいうまでもなく授業であるし、生徒も毎日の学校生活で最も長い時間を過ごすのが授業である。また、教員にとっても、「教員は授業で勝負する」ともいわれるように、授業は、教職のプロフェッショナルを支える主要な部分でもある。

　これまでは、教員はその専門性ゆえに、生徒や保護者などの声にあまり耳を傾けなかった傾向がある。もし、授業がわからないということがあったとしても、それは生徒が一生懸命に先生の話を聞いていなかったり、予習や復習あるいは宿題などの課題を

やってこなかったためだとし、その責任を生徒に求めがちであった。

　しかし、これは間違った一方的な考え方である。極めて独善的だったともいえる。授業がわからないということは、指導する教員の指導内容や方法が実態に合っていなかったのではないかとか、指導方法が適切ではなかったのではないかとか、評価の方法はこれでよかったのかといったことを、改めて見直すことが必要であり、このことを進めるうえでも、授業を受ける当事者である生徒による授業評価が必要なのである。

　このことを踏まえて、「生徒による授業評価」について対応できるようにしておきたい。

 ## 生徒による授業評価の生かし方

　授業評価は、教員が自らの授業を客観的に評価する一つの手段であり、よりよい授業をめざした授業改善や指導力の向上を図ることを目的として行われなければならない。生徒による授業評価は、決して評価することが目的ではない。**教員は生徒による授業評価を真摯に受け止め、組織的にどのようにして授業改善につなげていくかという視点が重要である。**そのためには、校内に授業改善委員会などを設置して、授業改善をめざした教科や学年などを単位とした校内での研修会を実施するようにしたい。

　このことを踏まえて、「生徒による授業評価の生かし方」についても対応できるようにしておくことが必要である。

回答例

1 生徒に授業評価などをさせると、厳しく指導する先生には決していい評価をしません。また、適当に生徒に迎合してしまう先生に対してはいい評価すると思うので、正しい評価や信用できる評価は期待できないと思います。授業評価はむしろ、教育の専門家によって行われるべきだと思います。

2 私も教育実習で授業が終わった後、生徒に感想文を書いてもらいましたが、たとえば黒板に書く字が小さすぎるので改めてもらいたいという意見がある一方で、大変読みやすくわかりやすいというように、同じことに対して反対の意見があるのですから、中学生や高校生に授業評価を行わせるのは無理だと思いますし、生徒には授業を評価する能力は基本的にないと思います。

3 私「教員は授業で勝負する」ということを聞いたことがありますが、授業は教員にとって最も大切なものです。もちろんその授業は、授業を受けている生徒にとってよかったかどうかが問題です。多様な生徒のニーズにその授業が適切に応えていたかどうかということが重要な課題だと考えます。そのため、直接授業を受けている生徒からの声に耳を傾け、その声を真摯に受け止め、改善すべきところを改善してよりよい授業を行っていくことが必要です。そのように、よい授業を実施するうえで、生徒による授業評価は欠かせないものだと考えます。

講 評

1 授業評価は全体的なことを聞くのではなく、板書の仕方はどうだったか、声はよく聞こえたかなど授業の内容や方法などについて具体的な事項ごとに聞くので、懸念されているようなことは少ないはずである。なお、生徒による評価とは別に授業を他の教員に公開し、専門的に改善をめざした研修会などを実施することは大切である。

2 確かに指摘されているようなことはあると思うが、だからといって評価能力がないとはいえない。生徒のニーズは多様であり、そのような反対の意見が出される背景についても個別的に検討する必要がある。生徒の声を否定するのではなく、改善に結びつけるように読み取ることが大切である。

3 授業の位置づけや生徒による授業の評価について、よく理解されている回答になっている。生徒の多様なニーズに応えてよりよい授業を行っていく必要性に着目している点はよい。自らの教え方や授業内容や教材や評価などを見直し、授業を改善していくという営みは常に求められることである。このことをしっかりと押さえておこう。

関連質問

・生徒に授業評価ができると考えるか
・授業評価を生かすにはどのようなことが必要か

小学校高学年における外国語の教科化をどう考えるか

● 教科としての外国語の必修化の経緯
● 小学校で外国語の必要性
●「外国語」の内容

平成29年3月告示の小学校学習指導要領では、5・6年に必修としての外国語が新設された。このことに関して、面接でも受験の校種にかかわらず質問されることが予測される。下記の内容をもとに新設の背景や具体的な教育内容などを中心に把握しておこう。

小学校5・6年に必修化された「外国語」の内容やねらい

グローバル化の急速な進展が社会のあらゆる分野に影響する現在や、これからの社会の在り方を考えると、外国語、特に国際共通語としての英語によるコミュニケーション能力は、これまでのように一部の業種や職種だけでなく、子どもたちがどのような職業に就くとしても、生涯にわたる様々な場面で必要とされることが想定され、今まで以上にその能力の向上が求められる。

このようなことなどを踏まえ、小学校5・6年に必修としての「外国語」が設けられ、学習指導要領には次のような目標が示されている。

学習指導要領の外国語の目標では、「外国語によるコミュニケーションにおける見方・考え方を働かせ、外国語による聞くこと、読むこと、話すこと、書くことの言語活動を通して、コミュニケーションを図る基礎となる資質・能力を次のとおり育成することを目指す」としている（一部省略）。
・実際のコミュニケーションにおいて活用できる基礎的な技能を身に付けるようにする
・自分の考えや気持ちなどを伝え合うことができる基礎的な力を養う
・主体的に外国語を用いてコミュニケーションを図ろうとする態度を養う

なお、外国語活動は、3・4年で各学年年間35単位時間、外国語は5・6年で各学年年間70単位時間実施する。

「外国語」の必修化の背景について述べる

「幼稚園、小学校、中学校、高等学校及び特別支援学校の学習指導要領等の改善及び必要な方策等について（答申）」（平成28年12月・中央教育審議会）では、小学校の外国語教育における改善・充実について、次のようなことを述べている（一部省略）。

[小学校の外国語教育における改善・充実]

　小学校段階においては、高学年の外国語活動の充実により、児童の高い学習意欲、中学生の外国語教育に対する積極性の向上といった変容などの成果が認められる。一方で、①音声中心で学んだことが、中学校段階で音声から文字への学習に円滑に接続されていない、②国語と英語の音声の違いや英語の発音と綴りの関係、文構造の学習において課題がある、③高学年は、児童の抽象的な思考力が高まる段階であり、より体系的な学習が求められることなどが課題として指摘されている。

　こうした成果と課題を踏まえ、次期改訂においては、中学年から「聞くこと」「話すこと」を中心とした外国語活動を通じて外国語に慣れ親しみ外国語学習への動機付けを高めた上で、高学年から発達の段階に応じて段階的に文字を「読むこと」及び「書くこと」を加えて総合的・系統的に扱う教科学習を行うことが求められる。

[教科として位置付ける際の重要点]

　教科としての外国語教育のうち基礎的なものとして、中学年から高学年及び中学校への学びの連続性を持たせながら、これまでの「聞くこと」「話すこと」を中心とする体験的な活動に加え、「読むこと」「書くこと」の領域を扱う言語活動を通じて、より系統性を持たせた指導（教科型）を行う。その際、外国語の基本的な表現について「聞くこと」や「話すこと」などのコミュニケーション能力の基礎を養う体系的な指導を行う教科として位置付ける。

　教科として位置付ける際、単に中学校で学ぶ内容を小学校高学年に前倒しするのではなく、身近なことに関する基本的な表現によって各領域の豊かな言語活動を行うため、発達の段階に応じた「読むこと」「書くこと」に慣れ親しみ、積極的に英語を読もうとしたり書こうとしたりする態度を育成することを含めた初歩的な運用能力を養うこととする。

　外国語嫌いにならないようにするため、教科として評価する際、外国語を読んだり、書いたりすることなどを通して、言葉の仕組みの面白さなどに気付きながら活用しようとする態度をより適切に評価できるようにすることが重要である。

 ## 学習の5つの領域の目標・内容

　学習指導要領での教育課程における外国語の位置づけは、下記のようになっている。

・外国語を教科の一つとして位置づけ、授業時数は、第5学年及び第6学年においてそれぞれ年間70単位時間とした。なお、1単位時間は、45分である。

・外国語科においては、英語を履修させることを原則とした。

　学習指導要領では、英語学習の特質を踏まえ、聞くこと、読むこと、話すこと（やり取り）、話すこと（発表）、書くことの5つの領域別に設定する目標の実現を目指した指導を通して、「実際のコミュニケーションにおいて活用できる基礎的な技術」「自分の考えや気持ちなどを伝え合うことができる基礎的な力」を一体的に育成するとともに、その過程を通して「主体的に外国語を用いてコミュニケーションを図ろうとする態度」を育成するとしている。

[第5学年及び第6学年の学習内容]
(1) 英語の特徴や決まりに関する事項
(2) 情報を整理しながら考えなどを形成し、英語で表現したり、伝え合ったりすることに関する事項
(3) 言語活動及び言語の働きに関する事項
　・言語活動に関する事項
　・言語の働きに関する事項
なお、外国語科においては、英語を履修させることを原則としている。

[第3・4学年で実施される外国語活動の目標]
・外国語を通して、言語や文化について体験的に理解を深め、日本語と外国語との音声の違い等に気付くとともに、外国語の音声や基本的な表現に慣れ親しむようにする。
・身近で簡単な事柄について、外国語で聞いたり話したりして自分の考えや気持ちなどを伝え合う力の素地を養う。
・外国語を通して、言語やその背景にある文化に対する理解を深め、相手に配慮しながら、主体的に外国語を用いてコミュニケーションを図ろうとする態度を養う。

　文部科学省は2022年度から1人の教員が特定の教科を担当し複数の学級で指導する「教科担任制」を、全国の公立小学校の高学年で、教育の質的向上や働き方改革などを目指して導入することとした。すでに音楽や理科などの実技や実験を伴う教科を中心に「教科担任制」が導入されているが、2022年度からは外国語・算数・理科・体育などの教科で本格的に「教科担任制」を進めている。

回答例

1 小学校における外国語は必要なのかもしれませんが、まずは日本語によるコミュニケーションの能力をしっかりと養うことが必要だと思います。教科としての外国語は中学からで十分だと思います。

2 国際理解を深めたり、英語によるコミュニケーションの能力を育むことを早い段階から行うことは必要です。中学校の文法を小学校段階から前倒しで始めておけば中学校での英語学習にスムーズに移行できると思います。

講　評

1 学習指導要領に示された内容を否定的にとらえてはいけない。必要性や重要性を指摘して導入についての課題を述べたい。個人の意見を発表する場ではないのだ。

2 後半の部分は外国語のねらいや内容を正しくとらえていない。本項目で取り上げた解説の内容をしっかりと身につけておこう。

関連質問

・外国語活動と英語の学習との違いはどこにあるのか
・外国語活動の必修化の背景にはどのようなことがあるのか

「食育」は、なぜ最近重視されるのか

**ここを
押さえろ！**

- 学校における食育の推進の背景
- 学校における食育の推進の重要性
- 栄養教諭の制度の創設
- 教育の一環としての学校給食

　食という字は「人」に「良」と書く。食育は、「人」を「良くする」ことを「育む」のである。この食育に関して、最近は面接においても取り上げられることが少なくない。食育については、次に示したそれぞれの要点を把握し、食育が重視されてきた背景、学校における食育の在り方、食に関する指導目標、その要としての役割を担う栄養教諭の職責及び食育基本法について把握して要点を理解し、それぞれについて述べられるようにしておくことが必要である。

 ## 児童生徒の食生活の実態と課題

　活力ある社会を持続しさらに発展させていくうえで、人々が生涯にわたって心身ともに健康に過ごすことは極めて重要である。この心身ともに健康な生活を支えることの基本は望ましい生活習慣の確立であり、それを大きく支えているのが食生活である。

　この食生活の在り方は、成長期である子どもの健全育成に欠かせない要素である。また、食生活は、子どもの頃の習慣が成長してからの食生活にも大きな影響力を有している。そのため、子どもの頃から、望ましい食生活の在り方を身につけることが重要である。

　しかし近年は、次に示したことなどがみられ、子どもの食生活や健康に関して様々な課題があり、学校や家庭などにおいて、食に関する教育（食育）やその指導の充実が求められるようになったのである。このような児童生徒の食生活の実態と「食育」との関連性を踏まえて述べることが必要である。

●児童生徒の食生活を取り巻く状況

　「食に関する指導の手引」（文部科学省）によると、「近年、偏った栄養摂取、朝食欠食など、食生活の乱れや肥満・痩身傾向など、子どもたちの健康を取り巻く問題が深刻化」しているという。

> **朝食欠食**　2022年版『食育白書』によると、「朝食を毎日食べていますか」という質問に対して、「あまりしていない」及び「全くしていない」と回答した小学生（6年生）の割合は5.6％、中学生（3年生）の割合は8.1％（いずれも2022年度）で、小・中学生の朝食欠食率は、一時期は減少傾向がみられたものの、近

年は横ばい傾向となっている。

肥満傾向　学校保健統計調査によると、令和3年度の肥満傾向児の出現率は、男女ともに小学校高学年が最も高く、特に男子は9歳以降1割を超えている。中学生・高校生においても1割を超えている。肥満傾向児の割合は、年齢層によりばらつきが見られ、単純な比較はできないがこの10年間ではおおむね増加傾向にある。

痩身傾向　学校保健統計調査によると、令和3年度の痩身傾向児の出現率は、男女とも10歳以降約2〜3％台となっている。中学生・高校生においても2〜3％台となっている。痩身傾向児の割合は、肥満傾向児の割合と同様に年齢層によりばらつきが見られ、小・中学校・高校と年齢が高まるにつれておおむね増加傾向にある。

　こうした状況を踏まえ、平成17年に**食育基本法**が制定され、学校において積極的に食育に取り組むことがこれまで以上に求められるようになった。

食育基本法の制定にも言及する

　食育を推進するうえでの法的な裏づけについても言及したい。

　食育基本法の前文には、「子どもたちが豊かな人間性をはぐくみ、生きる力を身に付けていくためには、何よりも『食』が重要である。今、改めて、食育を、生きる上での基本であって、知育、徳育及び体育の基礎となるべきものと位置付けるとともに、様々な経験を通じて『食』に関する知識と『食』を選択する力を習得し、健全な食生活を実践することができる人間を育てる食育を推進することが求められている」と記され、子どもに対する食育の重要性や必要性が述べられていることを見落とさないようにすることが必要である。

家庭教育とのかかわりについても触れよう

　子どもの食生活については、家庭が大きな役割を有していることはいうまでもないことである。子どもの朝食の欠食、偏った栄養摂取、不定期な食事時間、夜遅くなってからの間食や夜食など家庭における食生活の在り方にも大きな課題がある。

　食育基本法においても、その第5条で「食育は、父母その他の保護者にあっては、家庭が食育において重要な役割を有していることを認識するとともに、子どもの教育、保育等を行うものにあっては、教育、保育等における食育の重要性を十分自覚し、積極的に子どもの食育の推進に関する活動に取り組むこととなるよう、行われなければならない」としている。

　面接においては、このようなことを踏まえ、**食育の推進に当たっては、家庭との連携が不可欠であることもしっかり述べる必要がある。**

重要な栄養教諭の役割

食育に関連して新たに設けられた栄養教諭の業務や役割について問われることも予想される。そのため、**栄養教諭の役割等についても述べられるようにしておくことが必要**である。

栄養教諭は、平成17年度に制度が設けられ、各学校における食育の指導の中心的役割を果たし、それを推進するうえで重要な職責を有している。食に関する指導は、個別指導以外に、給食の時間や学級活動（ホームルーム活動）などの特別活動、教科指導、総合的な学習の時間など、学校教育全体の中で行われるべきである。その中で、栄養教諭は、その専門性を生かし、食に関する指導と給食の管理を一体のものとし、積極的に指導することが期待されている。

なお、個別指導では、児童生徒の食生活の実態を踏まえ、生活習慣病の予防や食物アレルギーへの対応など、個別の事情に応じた相談指導を行うことが重要であるとされている。

学校給食は食育の生きた教材

学校給食の位置づけについても述べることができるようにしておくことが必要である。

学校給食は、子どもの望ましい食生活や食料の生産地や食料の需給関係など食に関する理解などを図るうえで生きた学習の場といえる。また給食の時間は、食事の準備に始まって後片付けを行うまでの間、食事のルールやマナーなどを学ぶ場でもある。

栄養教諭は、学校給食の管理を担う立場にあり、学級担任をはじめ家庭科、家庭・技術、体育科、保健体育科等の担当教員とも連携を図り、**学校給食を最大限に活用した指導を行うことが必要**である。

このような食育と学校給食との関連性を述べられるようにしておくことが必要である。

※ 参考
[食に関する指導目標]
　食に関する指導を行うに当たっては、次のようなことを目標として実施することが大切である。
・食事の重要性、食事の喜び、楽しさを理解させる
・心身の成長や健康の保持増進の上で望ましい栄養や食事のとり方を理解し、自ら管理していく能力を身に付けさせる
・正しい知識・情報に基づいて、食物の品質及び安全性等について自ら判断できる能力を身に付けさせる
・食物を大事にし、食物の生産等にかかわる人々へ感謝する心をもたせる
・食事のマナーや食事を通じた人間関係形成能力を身に付けさせる

・各地域の産物、食文化や食にかかわる歴史等を理解させ、尊重する心をもたせる

出典：「食に関する指導の手引」（文部科学省）より作成

回答例

1 最近のわが国の食料自給率の低下に伴い、食料の海外依存が高まってきています。そのため、食料の安全保障ともいうべく、安全な食料の確保などについて、児童生徒は一層理解を深めることが求められるようになりました。このこととも関連し、食育が重要となり、最近「食育基本法」が定められました。

2 最近児童生徒の肥満や運動能力の低下など、健康問題がクローズアップしてきました。この問題を解決するうえで、食生活の在り方が大きく取り上げられるようになったのです。これまで食生活など食に関する教育はまったく扱われてきませんでしたが、今後はそれを、教育課程にきちんと位置づけて行うことが必要となったのです。

講　評

1 食育に関する知識がないようである。指摘されていることも食育と無関係ではないが、全体的な把握に欠けている。ここのテーマで取り上げられている内容については、しっかりと身につけておくことが必要である。

2 後半の部分に「これまで食生活など食に関する教育はまったく扱われてきませんでした」とあるが、これまでも食に関する教育はなされてこなかったわけではなく、例えば、学校給食を通して行われてきた。また、「今後は教育課程にきちんと位置づけて」とあるが、ここではこのことについて具体的に述べるべきである。

関連質問

・食育における栄養教諭の役割にはどのようなことがあるか
・子どもたちの食生活の実態や課題について述べよ

「新型コロナウイルス感染症」への対応で大切なことは何か？

ここを押さえろ！
- 新型コロナウイルス感染症の理解とその指導
- 新型コロナウイルス感染症の５類移行後の学校教育活動
- 学校における感染症対策と児童生徒への心のケア

5類感染症への移行後の学校教育活動については、感染リスクがゼロになったわけではないことを踏まえつつ、「単にコロナ禍以前の状態に戻るのではなく、多様な教育実践工夫などを取り入れ、新しい学びの在り方」へと進化を図っていくことが重要である。

５類感染症への移行後の学校教育活動

新しい学びの在り方への進化の実現を図る上で、「新型コロナウイルス感染症の５類感染症への移行後の学校教育活動の在り方について」（文部科学省）では、下記に示したこと（一部省略）に関して留意することが重要であるとしている。

1　一人一台末端をはじめとするデジタル技術を一層活用した個別最適な学びと協働的な学びの実現

・各学校において蓄積された多様な教育実践の工夫を活かしつつ、上記の優れた取組を取り入れながら、さらなる進化を図っていくことが必要であって、そうした中で、児童生徒一人一人の学習の進度や興味・関心等に応じたきめ細かな学習や、多様な意見を共有しながら考えを深める学習といった「個別最適な学び」と「協働的な学び」を一体的に充実していくことが重要である。

2　児童生徒が多様な他者と交流する豊かな体験活動の充実

・学校教育は、学校ならではの児童生徒同士の関わり合いや教師と児童生徒との関わり合い等を基盤として実施されるものであり、児童生徒が多様な他者と交わる活動や多様な体験活動を通じて、人間関係の形成や社会性を涵養し、全人的な成長の機会を確保することが必要であり、こうした機会の充実を図っていくことが重要である。また、学校教育活動の展開に当たっては、家庭や地域と連携協力を図っていくことが重要である。

・学校内における授業や学校行事等については、これまで制限されてきた学校における様々な教育活動の再開を検討することが必要である。その再開に当たっては、コロナ禍に行われた活動の工夫や見直しの内容、令和４年の文部科学省通知における学校行事の精選や見直し等についての趣旨も踏まえ、単にコロナ禍以前の姿に戻るのではなく、児童生徒の資質・能力の育成に真に必要な活動を中心にその在り方を検討していくことが求められる。また、家庭や地域の協力を得つつ、多様な体験活動を取り入れ、児童生徒の成長の機会を確保することも重要である。

・学校外における地域と連携した多様な教育活動については、地域における団体等とも連

携しながら、体験学習を推進し、地域の方々を始め多様な他者と協働しながら教育活動を行うことが重要である。

3 留意点

・新型コロナウイルス感染症の感染拡大を防止するため、児童生徒の健康観察や、換気の確保や手指衛生といった日常的な対応については、継続して実施することが有効である。また、基礎疾患を有する児童生徒への十分な配慮や、児童生徒が感染の有無やマスクの着用の有無によって差別・偏見・いじめ・誹謗中傷などの対象にならぬよう、引き続き十分な配慮・注意が必要である。

普段から求められる新型コロナウイルス感染症対策

5類感染症への移行後も、感染拡大を防止するため、学校教育活動に支障を生じさせることなく、両立が可能な対策については、継続して実施することが有効であるとし、「学校における新型コロナウイルス感染症に関する衛生管理マニュアル」（文部科学省）では、下記のような内容（一部省略）が述べられている。

1　学校生活においては、休み時間や登下校時など教職員の目が届かない所での児童生徒等の行動が感染リスクとなり得るため、まずは、児童生徒等が感染症を正しく理解し、感染リスクを自ら判断した上で、これを避ける行動をとることができるよう、感染症対策に関する指導を行うことが重要である。感染症対策のための持ち物として、清潔なハンカチ・ティッシュや必要に応じてマスクやマスクケース等が必要となる。

2　学校内での感染拡大を防止するためには、健康観察を通じて、児童生徒等の健康状態の異変やその兆候等を把握し当該児童生徒等の自身の健康は勿論、他者への感染リスクを減らすことが重要となる。

3　新型コロナウイルス感染症の感染経路は、接触感染のほか、せき、くしゃみ、会話等のときに排出される飛沫やエアロゾルの吸入等とされており、換気の確保は、引き続き、有効な感染症対策となる。

4　接触感染の仕組みについて児童生徒等に理解させ、手指で目、鼻、口をできるだけ触らないようにするとともに、接触感染を避ける方法として、手洗いを指導する。

5　他者に飛沫を飛ばさないよう、児童生徒等に対して適切に咳エチケットを行うように指導する。

6　学校教育活動においては、児童生徒及び教職員に対して、マスクの着用を求めないことが基本となる。ただし、社会一般においてマスクの着用が推奨される場面では、マスクを着用することが推奨される。

7　一時的な消毒の効果を期待するよりも、清掃により清潔な空間を保ち、手洗いを徹底することの方が重要である。

8　身体の抵抗力を高めるため、「十分な睡眠」「適度な運動」及び「バランスの取れた食事」を心がけるよう指導する。また、ワクチン接種も新型コロナウイルス感染症の発症や重症化の予防等の効果が期待されている。

第3章 回答のポイントはここだ！

停止の措置を講じるほか、感染している疑いがある場合や、感染するおそれがある場合にも、校長の判断で出席停止の措置を講じることができる。また、学校の設置者は、児童生徒等や教職員の感染が確認された場合、感染の拡大のおそれ等を勘案したうえで、学校保健安全法第20条に基づき学校の全部または一部の臨時休業の要否を判断する。

 ## 登校できない児童生徒に対する学習指導

「学校における新型コロナウイルス感染症に関する衛生管理マニュアル」では、「臨時休業や出席停止等により児童生徒がやむを得ず学校に登校できない場合であっても、児童生徒の学習の機会を確保できるよう、平時から非常時を想定し備えておくことが重要である。その上で、やむを得ず学校に登校できない児童生徒に対しては、学習に著しい遅れが生じることのないようにするとともに規則正しい生活習慣を維持し、学校と児童生徒との関係を継続することが重要である。一定の期間、児童生徒がやむを得ず学校に登校できない場合などには、ICT末端を自宅等に持ち帰ったりするなど、登校できなくても学校と自宅等をつなぐ手段を確保し、児童生徒の住んでいる地域によって差が生じることがないよう、児童生徒とコミュニケーションを絶やさず学びを止めないようにする取組を行うことが重要である」としている（一部省略）。

 ## 学校の臨時休業の学習の補充と心のケア

児童生徒が登校できるようになった時点で、臨時休業等の間の学習内容の定着を確認したうえで、児童生徒の状況を踏まえ、可能な限り補充のための授業や補習を実施する。登校再開後は、例えば、1コマを40分や45分に短くしたうえでの1日当たりの授業コマ数の増加等の時間割編成の工夫や、長期休業期間の短縮、土曜日の活用、学校行事の重点化や準備時間の縮減等の様々な工夫により、学校における指導を充実させることが考えられる。いずれの場合も、児童生徒や教職員の負担にも十分に配慮する必要がある。また、家庭学習を適切に課す等の措置を講じることも必要である。

学校が再開された際は、児童生徒の多様な不安や悩みなど対する「心のケア」を行うとともに児童生徒の生活のリズムの立て直しが必要である。学級担任や養護教諭等を中心としたきめ細かな健康観察等から児童生徒の状況を的確に把握し、健康相談等の実施やスクールカウンセラー・スクールソーシャルワーカー等による心理面・福祉面からの組織的で継続的な「支援と伴走」を行う必要がある。さらに、感染者、濃厚接触者とその家族、感染症の対策や治療に当たる医療従事者や社会機能の維持に当たる方とその家族等に対する偏見や差別につながるような行為は断じて許されない。そのため、新型コロナウイルス感染症に関する正しい知識を基に、発達段階に応じた指導を行うことなどを通じて、偏見や差別が生じないように、十分配慮する必要がある。

回答例

1 新型コロナウイルス感染症は全世界に急速な勢いで拡大しましたが、現在は新規感染者数が減少したこともあって、５類感染症へ移行しました。でも新型コロナウイルスの脅威がなくなったわけではなく、いまだに感染の拡大と収束を繰り返しており、現在でも休校や学年封鎖・学級閉鎖が見られます。そのためにこの感染症を防止するには、マスクの着用をはじめ、こまめな手洗いやアルコールなどによる消毒と共に、「密閉・密集・密接」の３つの密を避けることを、きちんと繰り返し指導することが必要だと考えています。このことを家庭とも連携して徹底していきたいと思います。

2 これまでのコロナ禍の影響で、授業時数の減少や学校行事など、子どもたちの触れ合いを基盤とした学校ならではの集団的な活動や体験的な活動などが制限されてきたので、コロナ禍以前の学校教育活動に戻すことが必要です。例えば学校行事などを増やすなど教育活動を活発にしたり、１日の学習時間を増やしたり家庭学習を課すなどして、低下した学力を回復し学習の遅れを取り戻さなければならないと思います。

3 普段から求められる感染症対策としては、学級活動やホームルーム活動の時間を利用して、新型コロナウイルス感染症についての適切な知識などを基に、感染防止のための話を繰り返し行うことが大切だと思います。そして、児童生徒が感染症を正しく理解し、感染リスクを自ら判断した上で、これを避ける行動をとることができるよう、健康観察、換気の確保、手洗いの指導、咳エチケット、清潔な空間を保つための清掃活動などの感染症対策に関する指導を行うことが重要です。また、特に学校が臨時休業をした場合には、学習の補充を行うとともに、児童生徒の多様な不安や悩みなどにきめ細かに一人ひとりの児童生徒に対する「心のケア」を行うことも必要です。

講　評

1 従来の感染防止策を一律に講じるのではなく、感染状況が落ち着いている平時には、換気や手洗いといった日常的な対応を継続することが基本になることを押さえたい。「学校における新型コロナウイルス感染症に関する衛生管理マニュアル」（文科省）を参照するとよいだろう。

2 ５類感染症への移行後の学校教育活動については、単にコロナ禍以前の状態に戻すのではなく「新しい学びの在り方」へと進化を図っていくことの必要性を述べたい。また、述べられている内容については、児童生徒や教職員の負担にも配慮する必要がある。学習の遅れを取り戻すために授業が詰め込みすぎとなる心配もある。児童生徒の生活のリズムを立て直すことなどの必要性にも触れるとよい。

3 普段から求められる感染症対策としてねらいや方法などが多方面からよく記述されていたが「心のケア」の具体的な方法などについても加えるとよかった。さらに、基礎疾患を有する児童生徒への配慮や、児童生徒が感染の有無やマスクの着用の有無などによって差別・偏見・いじめ・誹謗中傷などの対象にならないようにすることへの配慮や注意が必要であることについても述べておきたい。

第**3**章　回答のポイントはここだ！

関連質問

・学校で感染者が発生し感染が広がった場合、対応として必要なことは何か。
・臨時休業や出席停止等により登校できない児童生徒に対する指導で大切なことは何か。

携帯電話やインターネットの利用についてどのような指導が必要か

- ●携帯電話（スマホ）やインターネットの利用で生じている問題
- ●情報化社会の中でのモラルやマナーについての指導
- ●家庭との一層の連携の必要性
- ●業者等への協力要請と取締りの強化

　最近、インターネットや携帯電話・スマートフォンなどが子どもたちの間にも急速に普及している。授業中にメールなどを見たり送ったりして学習に集中しない生徒もいるため、携帯電話を学校にもってくることを禁止したり、学校での使用を厳しく規制しているところもある。また、インターネットや携帯電話にかかわった事件が起こったり、児童生徒の健全育成を阻害する様々な課題も生じており、児童生徒の指導上の大きな課題になっている。

　このようなこともあり、面接においても、携帯電話やインターネットの利用などについて問われる可能性は大きい。次の各項目の内容を参考にして、自分の考えなどを述べることができるようにしておく必要がある。

子どもたちの間でどのような課題や問題が広がっているのか

　インターネットや携帯電話には利便性があると同時に使い方によっては危険性もたくさんある。

　最近のニュースなどでも取り上げられたことであるが、インターネットからの情報をもとに爆発物を作ったり、「学校裏サイト」と呼ばれる掲示板に他の生徒を中傷する内容を書き込んだり、中傷メールを特定の生徒に送り続けたりなど**ネットいじめ**の行為をしたり、**出会い系サイト**で知り合った人に学校名や氏名や住所を知らせて事件に巻き込まれたり、**チェーンメール**などに加わってしまったり、**有害サイト**にアクセスして不当料金を請求されたり、不用意に個人情報を書き込んでしまったものをネット上で拡散されてしまったりする危険性もあり、現実に子どもたちがこれらのトラブルに巻き込まれた事例も多発している。最近では、子どもたちが被害者になるだけではなく、子どもが加害者になるといったことも多くなっている。

　面接においては、学校は、このような課題や問題などから、子どもたちの安全を守る必要があり、家庭や関係機関などとも連携し、その対策を早急に講じる必要があることを述べることが大切である。

モラルやマナーについての指導の必要性について述べる

　情報化の時代にあって、特にインターネットや携帯電話が子どもたちの間にも普及している実態を踏まえると、児童生徒に情報社会に主体的に対応できる情報活用能力が身につくよう指導することが必要である。

　特に、インターネットや携帯電話の正しい利用の仕方や情報社会の中でのモラルやマナーについて学校や家庭においても指導すると同時に、インターネットや携帯電話の危険性についても指摘することが必要である。

　その際は、「知らない人には会わない」「個人情報は絶対に提供しない」「迷ったら親や先生に相談しよう」といったように、具体的な事例を挙げて指導することが重要である。また、このようなことをもとに、学校や各家庭では、インターネットや携帯電話の利用の約束ごとを決めたり、PTAの協力を得て、インターネットのフィルタリングサービスの活用や普及を図ることなどもその方策の一つである。

　このように、面接においては、モラルやマナーについての指導の必要性を具体的に例を挙げて述べることができるようにしておくことが重要である。

 ## 事業者等に対する協力要請についても触れる

　インターネットや携帯電話などの関連事業者へ、インターネットや携帯電話などを利用した犯罪や事件などから、児童生徒の安全を守るための具体的な方策を講じてもらうよう、その協力を要請することも重要である。

　また、「出会い系サイト」などによる児童買春等の犯罪から子どもたちを保護するために、取締りや法的規制の強化などの協力要請することも必要である。なお、すでに「出会い系サイト規制法」が施行されており、ここには、事業者、保護者、国及び地方公共団体の責務や児童に係る誘引の規制などが規定されている。このようなことを踏まえ、面接においては事業者等に対する協力要請についても触れることが重要である。

 ## 新たな動きにも着目しておこう

　このような状況の中で、子どもたちが安全に安心してインターネットを利用できるように、「青少年が安全に安心してインターネットを利用できる環境の整備等に関する法律」（青少年インターネット環境整備法）が成立し、平成21年4月に施行されたが、スマートフォンやアプリ・公衆無線LAN経由のインターネット接続が普及し、フィルタリング利用率が低迷している状況に対応するため、フィルタリングの利用の促進を図るために平成30年2月に改正された。

　この法律では、下記のことを基本とし、家庭、インターネット関係業者、インター

ネット利用者みんなで、子どもたちを有害情報から守り、子ども自身が適切にインターネットを利用できるようにする取り組みを求めている。

　また、これまで中学校では携帯電話等の持ち込みを原則禁止としていたが、学校における携帯電話の取扱い等に関する有識者会議の審議を踏まえ、**文部科学省では必要な措置が整備できれば持ち込みを認める（2020年）**こととした。持ち込みを認める条件として、「保護者が緊急連絡手段として携帯電話の持ち込みを求める場合」「学校での携帯電話の管理方法や紛失などのトラブル発生時の責任の所在を明確化している」「保護者がフィルタリングを適切に設定している」「携帯の正しい使い方や危険性について学校や家庭で適切に指導している」ことなどがある。

　・青少年にインターネットを適切に活用する能力を習得させる
　・フィルタリングの普及促進などにより、青少年の有害情報の閲覧機会を最少化する
　・民間の関係者の自主的・主体的な取り組みを政府が支援する

回答例

1 最近は、子どもたちの間でのスマホや携帯電話などの利用はとても盛んになったと思います。私が行った中学の教育実習校でも、多くの生徒がスマホや携帯電話をもっていました。授業中にSNSを見ていたりメッセージを送ったりしている生徒がおり、何度も注意をしました。私は、中学生には携帯電話は必要ないと思います。学校も保護者も携帯電話を「もたない、もたせない」指導を徹底すべきだと思います。

2 最近、インターネットや携帯電話などを利用した犯罪や事件が多く発生しています。「出会い系サイト」や「学校裏サイト」などはその例です。しかし、もはや、生徒にインターネットや携帯電話の利用を禁止することもできないと思います。むしろ、インターネットや携帯電話の正しい利用の仕方などをきちんと指導することが重要だと考えます。

講　評

1 携帯電話を学校にもってくることを禁止しているところもある。しかし生徒全員に、スマホや携帯電話を「もたない、もたせない」ようにするには多くの課題が存在する。その課題をどのように解決して、どのようにするのかといった考えや意見を述べることが必要である。

2 生徒の実態を踏まえたまとまりのある意見を述べている。最後の部分に、「インターネットや携帯電話の正しい利用の仕方などをきちんと指導する」とあるが、この正しい利用の仕方の内容や学校での指導の場面や家庭との連携の在り方などについての意見等があればもっとよい回答になった。

関連質問

・子どもたちの間で携帯電話やインターネットが普及しているが、どのような課題があるか
・子どもたちの間で携帯電話やインターネットが普及し様々な問題が生じているが、問題を解決するための具体的な方策にはどのようなことがあるか

第4章

面接試験の必勝法

面接試験の目的を押さえる

まず考えたいのは、面接試験がなぜ行われているのかということだ。

面接試験の目的は、ペーパーテストではわからない人物そのものを評価することにある。面接試験は、その人が子どもの教育を本当に託すことのできる教員としてふさわしい人物かどうかを見定めるため、教員としての適性があるか、教員としての資質や能力を備えているかを、総合的に判断する場なのだ。

 ## 教育委員会が求めている教員としての資質や能力

東京都公立学校教員採候補者選考案内には、**東京都の教育に求められる教師像**として次のことが示されている。東京都では、以下の「教師像」にあるような資質や能力をもつ教員を求めており、逆にこれに当てはまらないような人物は求めていないことを、はっきりと明示している。

●東京都の教育に求められる教師像

1 **教育に対する熱意と使命感を持つ教師**
   ・子供に対する深い愛情
   ・教育者としての責任感と誇り
   ・高い倫理観と社会的常識
2 **豊かな人間性と思いやりのある教師**
   ・温かい心、柔軟な発想や思考
   ・幅広いコミュニケーション能力
3 **子供の良さや可能性を引き出し伸ばすことができる教師**
   ・一人一人の良さや可能性を見抜く力
   ・教科等に関する高い指導力
   ・自己研さんに励む力
4 **組織人としての責任感、協調性を有し、互いに高め合う教師**
   ・より高い目標にチャレンジする意欲
   ・若手教員を育てる力
   ・経営参加への意欲

このことを踏まえると、社会的なルールや礼儀作法に欠け人間関係に疎い教師や自己の欲望や感情に流れやすく自立心や自制心に乏しい教師やマニュアルに依存し自己啓発

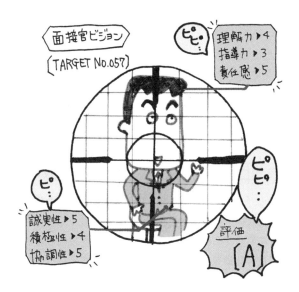

のできない教師などは求められていないことになる。

　横浜市公立学校教員採用候補者選考試験受験案内には、横浜の求める教師像として、次のことが示されている。

○教育への使命感や情熱を持ち、学び続ける教師
○「チーム学校」の一員として、ともに教育を創造する教師
○子どもによりそい、豊かな成長を支える教師

　また、教育職員養成審議会答申（平成9年）では、教員にいつの時代にも求められる資質能力として、**教育者としての使命感、人間の成長・発達についての深い理解、幼児・児童・生徒に対する教育的愛情、教科に関する専門的知識、広く豊かな教養、実践的な指導力**などを挙げている。さらに、今後特に教員に求められる資質能力として、地球的視野に立って行動するための資質能力、変化の時代を生きる社会人に求められる資質能力、教員の職務から必然的に求められる資質能力が示されている（64ページ参照）。

　面接官はこのことを踏まえて受験者を見て評価を行うのである。なお、232ページから「教育委員会が求める教員像」として各県市が公表している内容をまとめているので、ぜひ参考にしてほしい。

評価基準の段階

　面接官は限られた時間内に多様な評価の観点について評定をする必要がある。

　そのため、評価基準は例えば5段階と定めておき、該当する評定値に丸をつけたり、該当する数値を記入することが多い。合格するには少なくとも4の評定が必要である。

例えば、下記のような基準が設けられている。

5→ぜひ採用したい（大変優れている）
4→採用したい（優れている）
3→採用してもよい（普通）
2→採用しないほうがよい（やや劣る）
1→採用しない（劣る）

入口から出口まで、一挙手一投足が評価の対象

　面接官は、面接者の「入口から出口まで」の一部始終の行動や発言に強い関心をもっている。そのため、面接試験の際に何を語ったかだけではなく、受験者の外見や礼儀作法などにおいても面接官に対していい印象を与えることが求められる。**行動や発言など全体を通して面接官に好印象を与え、自分の好感度を高めることができると、すべての評価項目の評定を高めることができる。**逆に、面接官にマイナスイメージを与えてしまうと、面接でうまく答えることができても、全体としての評定は低くなる。

　まさに、**あなたという人間全体で勝負しなければならないのが面接試験なのだ。**面接会場（建物を含む）に入ったら、会場を出るまでは、決して気を抜かないようにしよう。

評価の観点　1　[教員としての基本的な資質]
・礼儀や作法
・服装や身だしなみ
・受け答え方
・明朗性や快活性

評価の観点　2　[教員としての基本的な資質や能力]
・規範意識や社会的常識など含めた社会性
・自己研鑽能力や向上心
・自律心や自制心と協調性や協働性
・豊かな教養や人間性と情緒の安定性
・人間尊重・人権尊重精神や思いやりの心やボランティア精神
・創造力や応用力
・論理的思考力と自己表現能力
・コミュニケーション能力や人間関係形成能力
・多様な価値を尊重する態度と国際社会に貢献する態度
・自国や地域の歴史・文化を理解し尊重する態度

評価の観点　3　[教員としての専門的な資質や能力]
・教育に対する情熱や誇りと使命感や責任感
・幼児・児童・生徒に対する理解力や教育的愛情
・実践的な指導力や教育の課題に対する対応能力
・教科に関する専門的な知識と技術
・カウンセリングマインド
・ネットワーキング能力やコンピュータ活用能力
・地域や家庭との円滑な関係を構築できる能力

評価の観点　4　[人物評価の観点や基準の例]
　人物評価を中心とした評価の観点やその基準として次のような項目が想定される。

[能力に関する観点とその基準]

観　　点	大変優れている	優れている	普　通	やや劣る	劣　る
理 解 力					
発 表 力					
企 画 力					
実 行 力					
指 導 力					
統 率 力					
判 断 力					
表 現 力					

[性質に関する観点とその基準]

観　　点	大変優れている	優れている	普　通	やや劣る	劣　る
責 任 感					
向 上 心					
積 極 性					
誠 実 性					
協 調 性					
自 主 性					
道 義 性					
明 朗 性					

2 提出書類の書き方が面接を左右する

いきなり書類に書き込んだりしない

　提出書類といっても、受験申込書・自己申告書・自己推薦書など様々なものがある。152ページから159ページに、実際に使われていた書類の例を掲載してあるので、参考にしてほしい。

　書類を手に入れたら、まずはその書類を十分に読み込み、関係する資料の原本を収集することから始めよう。

　絶対に慌てて記入してはいけない。提出書類を作成するときは緊張してしまうものだ。ただでさえミスを犯しがちだから慎重に取り組もう。いきなり本番の用紙に記入してしまうと、後から直したくなっても直すことができない。**必ず提出する書類のコピーを取って、コピーした用紙に下書きしてみることをくれぐれも忘れないでほしい。**

面接試験の主導権を握るための戦略

　特に志望理由や自己PRを記入するタイプの書類では、実際に下書きをする前に記入欄に何を書き込むかをじっくり考えておく必要がある。記入したことは「必ず問われる」ということを予測しつつ、自分が面接の場で「質問してもらいたいこと」に力を入れることが大切だ。

　実際の面接では何を問われるかわからないからと、漠然とただ何となく書類を書いてしまうのは、戦略不足といわざるをえない。こういうタイプの書類は内容にまとまりがないので、アピールポイントも弱く、面接官としても何を質問したらいいのかわからなくて困ってしまうのだ。そんな状況では、本番の面接の時間も有意義になるとは思えない。当然、高評価を得るのは難しくなるだろう。

　一方、自分が面接で聞いてもらいたいことを伏線として書類に記入してアピールしておけば、面接官はその部分に興味をひきつけられやすくなる。気になることはもっと詳しく知りたくなるものなので、面接官も自然にその部分についての質問をしたくなるのだ。また、その質問は、当然「自分が聞いてもらいたいこと」なのだから、あらかじめ質問に対する答えを用意しておくことができるわけだ。

　受動的ではなく能動的に、積極的に面接を展開する「戦略」は、ぜひとも事前に練っておこう。

T県の志願書の例

　152・153ページに例示したT県の志願書では、インターシップの経験、ボランティア活動の経験、参加した部活動やコンクール等の活動の記録、指導可能な部活動又は指導実績、研究事項や卒論等、教育に生かせる民間企業の勤務経験等、趣味・特技や海外留学経験等、志願の理由などを記入することになっている。

　どの項目もそれらの経験や実績が問われており、該当することがないということにはならないほうがよいのは当然であり、少しでもかかわることがあれば、遠慮せずに記入したい。また、記入に当たり、単なる事項ではなく、「いつ」「どの程度」「どのようなことに」「どのように」かかわったのか、また、それを通して「どのようなことを学んだのか」も簡潔に記述しておこう。以下、実際の欄ごとに考えてみよう。

●ボランティア活動経験の記入欄

　例えば、「○○老人ホームでのボランティア活動」とするのではなく、「この1年間、月に2～3回○○老人ホームで、食事や入浴などの介護の手伝いをしました。この体験を通して相手の立場に立つことの大切さを学びました」とする。

●参加した部活動・コンクール等の活動の記録の記入欄

　単に「剣道部」と書くのではなく、「高校1年～3年の1学期まで、剣道部で活動を行った。2年生のときには部長となり、秋季大会では団体戦で準優勝、個人戦では3位に入賞しました。この活動を通じて剣道の技術だけではなく、部全体をまとめていくというリーダーとしての貴重な体験ができました」などとする。

●教育に生かせる民間企業の勤務経験等の記入欄

　社会人として民間企業に勤務した経験のない場合は、アルバイトなどで民間企業に勤務したことの関連事項を記入するとよい。例えば、「大学2年生から、○○学習塾で週2回4時間ほど社会科の講師をしています。塾の教師という職業を通して、現在の生徒は多様化していることを実感しました。その多様化に対応した授業を進めることの必要性や重要性を学び、それは実際の授業でも生かせると思います」などと書ける。

●趣味・特技・海外留学経験等の記入欄

　単に読書、旅行、音楽、映画などと書くのでは不十分だ。どこの、どのような内容に、楽しみや味わいや趣などを感じるのか具体的に記述しよう。また、子どもとのかかわりで、どう生かすことができると考えているかを述べるとインパクトは強くなる。海外留学の経験は、学校教育の国際化が進展する中で、貴重である。記載に当たり、訪問国や訪問地域、留学の期間、留学の目的、実際に留学した学校名や学習の内容を具体的に書こう。その期間が短期であっても遠慮することはない。また、その成果は学校教育にも生かされるということを強調しよう。

第4章　面接試験の必勝法

● T県の志願書

<table>
<tr><td rowspan="2">志願書
（　）
年度</td><td>①受験区分</td><td colspan="2">[A受験区分コード表]から転記する</td><td>②希望校種</td><td colspan="2">中高共通のみ</td><td>③受験会場
の希望（小
学校のみ）</td><td colspan="2">（記載不要）</td><td rowspan="2">受
験
・
番
号</td></tr>
<tr><td>コード</td><td colspan="2">受験区分名</td><td>コード</td><td colspan="2">希望校種名</td><td>1　2</td><td colspan="2"></td></tr>
</table>

④ふりがな		
氏　名		Ⅱ 年4月1日現在
生年月日　　　年　月　日生　（　　　　）歳		⑤性別

写真貼付欄

1 写真は受験票・志願書とも同一のものを貼付すること。
2 写真の裏に氏名を記入すること。
3 出願前6か月以内に撮影したもの。
4 上半身、正面向き、脱帽。
5 縦5cm×横4cm

⑥現住所	都道 府県
〒　　－　　　　（電話　－　　－　　）（携帯　－　　－　　）	
⑦採用事務 連絡先	都道 府県
〒　　－　　　　（電話　　　－　　　－　　）	

⑧学歴	学　校　名		所在地 都道府県国	在　学　期　間	卒業・修了 見込　等
高等学校から現在まで記入する。 国立、○○県立、○○立、私立のように、設置者を記載する。 所在地の欄は学校所在地の都道府県又は国名を記入する。	（高校等）　　　　　　　　立	（全・定・通）（科）		年　月～　年　月	
	（大学等）　　　　　　　　立	（学部・学科等）		年　月～　年　月	
	（通信等）				

⑨職歴	勤　務　先	在　職　期　間	正規 臨採	職　名　等 職名・担当教科・級・職務内容・その他	在職年月数 例：4年3月
現　職		～　現在			
前　職					
前職を新しい順にできるだけ枠内に記載し、やむを得ない場合は別紙に記載し貼付する。 【在職年月数】は、1日でも勤務がある場合、その月を月数に加えてよい。					

⑩　　年度からの本県公立学校での講師経験	発令日(任用初日)の年度の発令期間を記入			過去3年間の通算月数
臨時的任用講師の経験	年度（　月）	年度（　月）	年度（　月）	臨任講師（　月）
週12時間以上の○○県または○○市教育委員会の非常勤講師の経験	年度（　月）	年度（　月）	年度（　月）	12H以上非常勤（　月）
週12時間以上の○○県内市町村教育委員会等の非常勤講師の経験	年度（　月）	年度（　月）	年度（　月）	12H以上非常勤（　月）

⑪教育職員 免許状	取得(見込)年月日	種　類	教　科	記号・番号 (見込者は「見込」と記入)	授与権者 (見込者は申請先教育委員会)
臨時免許を除き受験区分に関係する順に6つまで記載する 同一校種・教科の複数の免許状を有する場合は、上位免許だけ記載する	年　月　日				
	年　月　日				
	年　月　日				
	年　月　日				
	年　月　日				
	年　月　日				

⑫資格	取得年月日	資格等の名称	記号・番号	授与権者
コード一覧Ⅰ資格等コード表にみる資格を記載する、特別選考・志願者の特例の要件となる資格は必ず記載する	年　月　日			
	年　月　日			
	年　月　日			
	年　月　日			

⑬過去の○○県 教員採用候補者名簿登載	年　度	不採用又は辞退の別	⑭○○県 受験回数 (今回を含む)	区分	小学校	中学校	高校	中高	特別支援	養護教諭
	校種・教科	不採用　辞退	回数							
	登載番号	（　）（　）								
⑮講師としての採用希望		有　　無								

⑯ 教職インターンシップ（○○県・○○市）の経験	有	⑳ 1次選考における配慮希望の有無と具体的内容	有

⑯ 教職インターンシップ（○○県・○○市）の経験　有
期（　）年度　学校名（　　　　　　　　　）

⑰ ボランティア活動経験

⑳ 1次選考における配慮希望の有無と具体的内容　有
身体の障害・疾病，その他の理由で第1次選考における配慮希望がある場合は『有』を○で囲み，配慮を要する理由と希望する配慮の内容を具体的に記載する。

㉑ 現在の健康状況

⑱ 参加した部活動・コンクール等の活動の記録

㉒ 研究事項・卒論等

㉓ 教育に生かせる民間企業の勤務経験等

⑲ 指導可能な部活動又は指導実績

㉔ 趣味・特技・海外留学経験等

㉕ 要件（下の※を参照）を満たし，志願区分以外の校種（小学校）を併願する場合は，『小併願』を○で囲む。　小併願

〈ア～ウのいずれかに該当すること。該当するものの記号を○で囲む。（複数可）
　ア　小学校教諭普通免許状を取得しているか，取得見込みである。　イ　小学校で臨時的任用講師の経験がある。
　ウ　○○県・○○市教職インターンシップの経験がある。

㉖ 志願区分以外の校種（特別支援学校）への採用を可とする場合は，『可』を○で囲む。　可

㉗ 志願の理由

私は，○○県・○○市の実施する平成　年度公立学校教員採用候補者選考に，本志願書に記載のとおり志願します。

なお，私は選考実施要項に掲げられた受験資格をすべて満たしており，本志願書記載事項に間違いはありません。

　　　　　年　　月　　日　　氏　名
　　　　　　　　　　　　　（自署）＿＿＿＿＿＿＿＿＿＿＿＿

第2次選考自己申告票

年　月　日記載

<table>
<tr><td rowspan="2">8月11日（　）までに
返送・必着のこと
折曲厳禁</td><td>注1　本人自筆、ペン書きのこと、訂正は2本線により、訂正印を押すこと。
2　※印の項目は該当箇所に〇を付ける
3　志願書の記載と変更があった部分は、既に連絡済であっても赤字で記入すること。
4　2次選考に際して、面接や控校等で配慮を希望する場合は項目4に赤字で「有」と記入
　　し、項目9に配慮希望の具体的な内容を記入する。実施案内の7(6)も参照すること。
5　該当しない項目（空欄）は斜線を引くこと。</td></tr>
</table>

1 受験区分名	受験番号	ふりがな 氏　名		3 性別	4 配慮希望
		※			
		年　月　日生（　　年4月1日現在　　歳）			

5 採用事務 連　絡　先	〒　　－ （確実に連絡の取れる場所等に記載する。）	電話（携帯電話可）

6 採用希望校種の順位 （養護教諭の志願者のみ記載する） 希望する順に1〜4の数字を（　） に入れる。	小　学　校（　） 中　学　校（　） 高 等 学 校（　） 特別支援学校（　）	（第1希望の校種を選んだ理由を記す。）

7 採用希望地区名 別添の地図を参照	① 第 1 希 望	② 第 2 希 望	（①、②以外の地域に赴任できない場合は、その理由を記す。）

8　志願の状況		志願先（〇〇県・〇〇市も含む）	選考結果通知日（時期）	合格・不合格・未定の別	希望順位
①不合格の場合も 記載する。	教 員	〇〇県・〇〇市教員採用選考	10月中旬	1次合格・2次未定	
②希望順位は不合 格も含め、当初 の予定を希望す る順に1からの 算用数字で記載 する。		教・講・任			

9 2次選考におけ る配慮希望の具 体的内容	

10 あなたが教員に向いていると思うのはどういう点ですか。

11 教員となり、子どもたちの前に立つために、あなたが改善したいことは何ですか。

12 学歴・職歴等	大学名又は勤務先名	所　　在　　地	期　　　　間
年4月 1日以降及び現在 の職業等			

13 教 育 実 習 （未実施の場合は 予定を記入する。）	（ 実施校名 ）	（ 学年・教科 ）	（ 実施年月及び期間 ）

14 履歴（高等学校以後の履歴を空白期間がないよう全て記載する。予備校等を含む。）　＊在学時のアルバイトを除く

通学・勤務先	在学・在職期間	正規・臨採	職　名　等	在学・在職年月数
(例)　○○立○○高校	8/4　～　11/3			3年
(例)　○○予備校	11/4　～　12/3			1年
(例)　○立○○大学	12/4　～　16/3			4年
(例)　(株)○○	16/4　～　18/10	正規	○○課（製品開発）	2年7月
(例)　在家庭	18/11　～　20/3			1年5月
(例)　○立○○学校	20/4　～　現在	臨採	非常勤講師（国語指導、週15時間）	5月

15 休暇等の状況 （90日以上の病気(休暇)について記載する）		期　　　　間		病　　　名
		～		
		～		

16 賞　　罰 （休職を含む）	年　月　日	賞　罰　事　項		賞罰期間
	〃			

第 **4** 章

面接試験の必勝法

● Ｓ県の志願者調書

志 願 者 調 書

。記入上の注意（裏面）に従って記入し、2部提出すること

志願種別（○で囲む）	教科（科目）	受 験 番 号
・小　・中　・中体特　・中障特　・高　・高英特　・高体特　・高音特　・高障特　・特別支援　・特障特		＊

氏名	（男・女） ・現職教諭 ・養教　・現職養教	校種別希望（養教のみ順位を記入する） ・小 中 ・高　・特支 （　）（　）（　）	氏名

氏名
年　月　日生
（　年4月1日現在　歳）

現住所
本人　　　　　　　　　　TEL〈　　　〉－（　　　）－
〒　－　　携帯〈　　　〉－（　　　）－
家族　　　　　　　　　　〒　－　　TEL〈　　　〉－（　　　）－

出身学校（学部・学科）

立	小学校	年　月卒業	
立	中学校	年　月卒業	写 真 貼 付 （タテ45mm×ヨコ35mm） ・上半身脱帽 　3か月以内に 　撮影したもの ・受験票と同じ写真を貼ること ・写真裏面に志願種別、氏名を記入しておく
立　　高等学校（全・定・通）　科	年　月卒業		
	年　月入学		
	年　月 卒業 卒業見込		
	年　月 卒業 卒業見込		

部活動の状況

	在学時代　所属した部名	部内での役割（レギュラー・コーチ等）	主な実績（戦績、記録、成績など）
中学校			
高等学校			
大学			

教育実習

立　　　　　学校	実習ずみ・予定　年	未定　月より
立　　　　　学校	実習ずみ・予定　年	未定　月より
立　　　　　学校	実習ずみ・予定　年	未定　月より

所有教員免許状
（例：小1種、中2種（英語））
（取得見込みは朱書）

特技等

特技・趣味を生かして指導できるクラブ、部活動名	
教員免許以外に所有している免許、資格 例　・普通自動車免許 　　・国際剣道3段 　　・実用英語検定1級　等 　　・博物館学芸員	

青年海外協力隊への参加及び活動の経験※	期間　　　年　月～　　年　月	居住国・地域	
	活動内容		

ボランティア活動への参加及び指導の経験	
スポーツ分野等において国際経験または全国大会に出場し、顕著な成績を残した場合は、その成果を具体的に記入すること。	
音楽分野において、国際レベルもしくは全国的な規模のピアノコンクールで優秀な成績を収めた場合は、その成果を具体的に記入する	

※青年海外協力隊への参加経験がある者は、独立行政法人国際協力機構の発行する証明書を提出すること。

・小・中・高・特別支援学校教諭としての職務歴（但し、臨時的任用の講師は除く。）の有無（有・無）

・出願時現在の就職状況

職　名	勤　務　先

・過去の学校での勤務歴（勤務形態は〇で囲むこと、上段より新しい勤務歴を記入すること）　新↑

期　間	学　校　名	勤務形態
年　月～　年　月		本務・常勤・非常勤
年　月～　年　月		本務・常勤・非常勤
年　月～　年　月		本務・常勤・非常勤
年　月～　年　月		本務・常勤・非常勤

・卒業論文（卒業論文のない場合は、主な専攻事項）

　主　題 ＿＿＿＿＿＿＿＿＿＿＿
　内容の概略

・教員、特に本県の教員を志願した理由

・本県の教員以外に志願している職

・特別支援学校への赴任を内示された場合（高等学校教諭志願者のみ該当する方に〇をつける）
　　（ 赴任する ・ 赴任しない ）

〔記入上の注意〕
1．黒インクまたは黒ボールペンで、自筆のこと。
2．（ ）内は、該当事項に〇をうつか必要事項を記入すること。
3．現住所は、連絡先として利用するため、詳細に記入のこと。
4．年齢はすべて　年4月1日現在で記入すること。
5．＊欄は記入しないこと。

※備考欄〔ここには記入しないこと〕

● G県の志願書

年度　　公立学校教員採用選考試験志願書

様式1

志願種別（○で囲む）	現職教諭欄	教　科（科目）	受　験　番　号
小 中 中 中 高 高 高 高 特 養 体 障 英 体 音 障 別 教 特 特 特 特 特 特 特 支 特	現職のみ○で囲む 現職教諭	中・高・中高特別選考のみ記入	※

ふりがな		性　別	男　・　女　（○で囲む）
氏　名		生年月日	年　　月　　日 生 （　年4月1日現在）　　歳

現 住 所	本　人 　　郵便番号　　－	電話（自宅・呼）〈　　〉〈　　〉－ 　　　（携　帯）〈　　〉〈　　〉－
	家　族 　　郵便番号　　－	電話（自宅・呼）〈　　〉（　　）－

出身高等学校	（国・県・市・私）	高等学校	（　　）年3月卒
出身大学	（国・公・私）	大学　　学部　　学科（専攻）（　　）年3月（卒・見込）
出身大学院	（国・公・私）	大学大学院　　科　　課程（　　）年3月（卒・見込）

高校での部活動		大学での部活動	

青年海外協力隊への参加及び活動の経験	期間　　　年　月～　　　年　　月	居住国・地域	
	活動内容		

ボランティア活動への参加及び指導の経験	
スポーツ分野等において国際経験または全国大会に出場し、顕著な成績を残した場合は、その成果を具体的に記入すること。	
音楽分野において、国際レベルもしくは全国的な規模のピアノコンクールで優秀な成績を収めた場合は、その成果を具体的に記入する	

職歴　・職歴のある場合は必ず記入すること。（自営業も含む）・学校に在職中の人は、国公私立の別を明記し、勤務形態に○を打つこと。
　　　・職歴が3つ以上ある時は、最終2つの職歴を記入すること。（　年5月現在）

	勤　務　先	所　在　地	期　間	勤　務　内　容	勤　務　形　態
新 ↑			年　月～　年　月		本務・常勤・非常勤
↓			年　月～　年　月		本務・常勤・非常勤

取得又は取得見込教員免許状　・（　）には教科名・領域名を記入し、該当する免許に○を打つこと。図書館司書教諭の資格は「その他」の欄に記入すること。

小学校	専修・一種・二種	特別支援 学　校	（　　）専修・一種・二種 （　　）専修・一種・二種 （　　）専修・一種・二種	幼稚園	専修・一種・二種
中学校	（　）専修・一種・二種			養護教諭	専修・一種・二種
高校	（　）専修・一種	（注）従来の免許は以下の領域名に相当する。 養護学校免許→知的障害、肢体不自由、病弱 盲学校免許→視覚障害　聾学校免許→聴覚障害		その他	

受験上配慮すべき身体上の障がいがあれば記入すること。	障がい者特別選考の身体障害者手帳		
	交付機関	都道府県	交付番号　第　　号
	障がい級　　　　級	障がい名	

選考結果の情報提供希望の有無（希望しない場合のみ無を記入）	

（注）出力し記入した後、裏表を貼り合わせて提出すること　　※印は記入しないこと　　| 裏面も必ず記入のこと。 |

該当するものを〇で囲む。

(1) 成年被後見人または被保佐人（準禁治産者を含む）で……………………………ある・ない

(2) 禁錮以上の刑に処せられたことが……………………………………………………ある・ない

(3) 教員免許状の取上げ処分を受けたことが……………………………………………ある・ない

(4) 懲戒免職処分を受けたことが…………………………………………………………ある・ない

(5) 日本国憲法又はその下に成立した政府を暴力で破壊することを主張する政党や

団体を結成したこと、又はこれに加入したことが……………………………………ある・ない

この志願書の記載事項は事実であり、正確であることを誓います。

　　　　年　　月　　日

　　　　　　　　　　　　　氏名

(注)記載事項が事実と相違する場合は、教育公務員として採用される資格を失うことがある。

（高等学校教諭特別選考（英語）志願者のみ記入のこと。）

自	至	期　間	海外居住歴 （居住国名・地域等も記入して下さい。）
年　月	年　月		
年　月	年　月		
年　月	年　月		

自	至	期　間	海外での活動歴 （できるだけ具体的に記入下さい。）
年　月	年　月		
年　月	年　月		
年　月	年　月		

検 定 試 験 名	成　　績	取 得 年 月 日
文部(科学)省認定実用英語検定	級取得	年　　月　　日
TOEFL　得点	点取得	年　　月　　日
CBT　　得点	点取得	年　　月　　日
TOEIC　得点	点取得	年　　月　　日

3 面接時の服装で 好感度アップをねらえ

 ## 面接全体を支配する重要な要素

限られた時間で人物評価を行う面接では、服装やしぐさや動作から面接官が受ける第一印象は極めて重要だ。服装やマナーなどは面接の本質とはかかわりないと考えるのではなく、むしろ面接の全体を支配する重要な要素を含んでいると思ったほうがよい。

大切なのは、服装やマナーなどを通して、「清潔感」「明朗性」「安定性」「安心性」「誠実性」「信頼性」「沈着性」などに優れているという印象を与えることだ。次のことはあくまで一つの見方や考え方を示しているので、これらを参考にしてファーストインプレッションを高めよう。

●スーツ

「清潔」な印象を与えるものを選びたい。一般に「リクルート・スーツ」と呼ばれるものが無難でよいだろう。もちろん体型にフィットしたものを着用すべきで、特に大きすぎるとだらしない印象を与えてしまうので注意する。

男性のスーツの上着のボタンは二つまたは三つのものが多いが、ボタンはきちんととめておく必要がある。ボタンを外したままだとだらしない印象を与えてしまう。逆にきちんととめておくと、誠実な印象を与える。

ズボンは丈の長すぎるものは調整しておこう。また、特に細すぎてピッタリしすぎるものは避けよう。かっこよさなどのファッション性は必要ないのだ。おしゃれでベルトをしないこともあるが、面接ではきちんと着用すること。

スカートについても、着席することを考慮に入れて丈の長さを配慮しよう。

上着とズボンあるいはスカートとで全体的なバランスをとれたものとし、「清潔感」「安定感」や「誠実性」「沈着性」などを醸し出す服装が大切だ。

●ワイシャツ・ブラウス

柄ものや色ものを避け、白の無地のものを選ぼう。もちろんきちんとアイロンがけしたものを着用すること。ボタンは、特に袖口に注意を払っておく。外れている場合もあり、ボタンが取れてしまっていることもある。入念にチェックしておこう。

●ネクタイ

派手なものでなく、落ち着きのある色のものを選ぶ。特にワイシャツの襟もとで緩むことなくしっかりととめられているか、ネクタイの先がベルトのバックルを隠す程度の長さになっているか、当日は直前にも点検する必要がある。ネクタイが曲がっていない

服装チェックポイント①

襟が折れていないか
脱いでもっていた上着を
着た直後が危ない。
自分には見えないが、
ものすごくカッコ悪い。

**肩パッドが
ずれていないか**
体に合わないスーツを
買ってしまった人に起こりがち。
鏡でチェックしよう。

袖からのぞくシャツは1cm
まっすぐ立って、手を自然に
垂らした状態で計ること。
シャツの首周りとソデの
ベストサイズを、お店で
測ってもらっておこう。

短すぎる　長すぎる

靴の甲でワンクッション
ズボンのすそは、靴の甲にちょっと
かかるくらいがいい。短すぎると、
座ったときにすねがニョキっと
飛び出してみっともない。

靴は磨いたか
面接官から見ると靴の汚れは
案外目立つ。事前にしっかり
磨いて、面接の前にも
チェックしておこう。

鼻毛、ヒゲの
そりのこし
CHECK!

Vゾーンのセンスは?
ホワイトシャツに、色数の少ない
レジメンタルのネクタイが基本。

一番下のボタンははずす
この状態でシルエットが
美しくなるように作られ
ている。2つボタンでも
3つボタンでも同じ。

ズボンの折り目はついているか
清潔感を感じさせるポイント。
この際、ズボンプレッサーを
買ってしまうのも手。

ズボンの
折り目は
キチンと
つけよう!

かのチェックも必要だ。

●靴下

スーツの色と同系統の色のものを選択する。紺系統や黒系統のものが無難だ。**派手な原色や白色は絶対に避けたい。**多少の模様はあってもよいが、大胆なものは避ける。

●靴

黒の皮靴・パンプスが無難。デザインも流行の最先端といったものは避け、**いたってシンプルなものでよい。**女性の場合は、歩きやすさや安全性などの観点からもローヒールにしたほうがよいだろう。**靴の汚れは意外に目につくので、事前にきちんと磨いておくこと。**面接会場に入る前にも汚れていないかどうかを確認し、念のためにティッシュなどで軽く拭いておくとよい。

●化粧

明るく、健康的な表情が何よりなので、メイクはできるだけ自然に近いものとし、派手な化粧は避けるべきだ。マニキュアなども特に必要ないが、する場合は透明色のものが無難である。

●髪型

明るく、さわやかで、清潔な感じのものがよい。奇抜な髪型は避ける。ロングヘアーの場合は、乱れないようにきちんと束ねておくこと。答えるときにいちいち髪が垂れてきたりして気になるようではいけない。髪のカラーリングは程度にもよるが、あまり明るい色は避けたほうがよい。

●かばんなどの持ち物

持ち物は多くならないようにする。面接当日はたくさんの書類や本などは持参しないこと。必要な書類等がきちんと準備され、かばんの中に入っているかどうか確認しておこう。また、入れ方に工夫をし、必要なものはすぐに出せるようにしておく。時々、面接会場で提出物が見つからず、かばんの中身を全部出して慌てて探すといった光景も見られるので、注意しよう。大きなバッグを持参する人もいるが、B4やA4の用紙が入る程度のものでよい。**特別なアクセサリーは必要ない。**ハンカチや筆記用具は必需品であり、忘れないようにしておく。

●携帯電話・スマートフォン等

ほとんどの人が面接会場にも持参することになるが、面接会場で呼び出し音やアラームなどが鳴らないようにしておく。面接中に鳴っては特に大変だ。とにかく、**音の出るものの電源は必ずOFFにしておこう。**

服装チェックポイント②

髪は乱れていないか
お辞儀をして、髪がバサバサと
落ちないような髪型に。

化粧はドギツくないか
ピンク系の口紅で
ナチュラルメイクが基本。
顔色よく、健康そうに
見せたい。

Vゾーンはキマっているか
襟元のVゾーンが顔映りを
左右する。白の面積が多い
ほうが明るく見える。

**ストッキングは
伝線していないか**
替えのストッキングを
持ち歩くとよい。
スーツに合った色を選びたい。

スカート丈は短すぎないか
ひざがちょっと出るくらいが無難。
いすに座ったときに面接官の視線が
気になるようでは、面接に集中でき
ない。

靴はシンプルなものを
オーソドックスな黒の
パンプスが一番。ヒールも
3〜5cmくらいのあまり高くない
ものを選ぼう。

4 マナーと入退室のポイント

マナーが身についていると好印象をもたれる

　最近は、「若者のマナーが欠けている」「基本的なマナーが身についていない」などとの指摘も少なくない。そのような指摘がある中で、好感度の得られるマナーを身につけておくと、逆に第一印象はよくなるはずだ。

　会場の建物に到着してから終了して帰るまで、「入口」から「出口」まで、気の抜けない時間が続く。次のことを参考にして普段以上にマナーや立ち居振る舞いには気を遣おう。

●あいさつ

　面接官にだけあいさつをすればよいのではない。会場の建物に入り職員などに会ったら、きちんと声に出してあいさつする。当然受付などでも、あいさつしてから氏名を名乗る。何の目的で来たかを告げ、会場を聞く。指示されたら、「ありがとうございました」とはっきりと告げて、会場に向かう。面接会場に行く途中に人に会うこともあるが、「こんにちは」などと声を出して軽く会釈をしよう。

　あいさつは、特別なことではなく、社会的には極めて一般的な常識だ。いけないのは、照れくさくて、はっきりとあいさつができず、相手にそのことが伝わらないことだ。中途半端なあいさつはしないようにしよう。

　面接会場でも面接官に対して、相手の顔を見ながら、はっきりと聞こえるように明るく元気に、なおかつさわやかにあいさつしよう。

　あいさつは、コミュニケーションの第一歩だ。**面接は、「礼」（あいさつ）に始まって、「礼」（あいさつ）に終わる**ことを覚えておこう。

●お辞儀

　背筋を伸ばすのが基本だ。左右のひざとかかとをきちんとつけて、つま先はＶ字型に軽く開く。両手はズボンやスカートの脇にそわせ、相手に正対する。相手の顔を軽く笑みを浮かべながら見て、上体を腰から前に傾けるようにする。このとき手を前に軽く重ねるか、真横で指をのばしてしっかりと止める。お辞儀をしたところでいったん動きを止める。そしてゆっくりと上体を戻す。この動作をリズミカルに行う（1で下げ、2で止めて、3で戻す）。

　上体をどの程度前に傾けるか、時と場合によって異なるが、**面接の場合は次の図のように最もていねいなお辞儀をする**。

　お辞儀をするときの言葉は、あいさつの言葉を言いながらお辞儀をする場合と、まずあいさつの言葉を言ってから頭を下げる場合とがあるが、「しっかりとあいさつの言葉を発してから頭を下げる」ほうが正式でていねいである。

お辞儀の種類

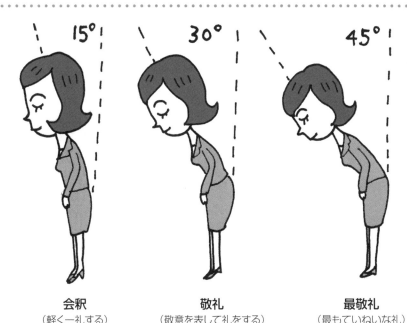

会釈
（軽く一礼する）

敬礼
（敬意を表して礼をする）

最敬礼
（最もていねいな礼）

控え室での過ごし方

　面接者は、時間差を設けて集合がかけられているのが一般的である。そのため、面接控え室などに面接者全員が集合しているわけではない。それでも実際に面接を行う部屋はいくつもあるため、かなりの数の面接者が一緒になっているはずだ。

　そこでは、お互いが競争相手であるが、**ていねいにあいさつを交わして、自らもリラックスするよう努めよう**。とはいえ大声を出したり、大きな声で笑ったりするなど目立った行動は禁物だ。**控え室での態度もチェックされていると思って気を抜かない**ようにしたい。

　控え室では、受験票や面接票の再確認をするとともに、携帯電話などの電源が確実にOFFになっているかどうかも見ておこう。持参の飲料水でのどを潤すこともよいが、飲みすぎないこと。また、必要であれば、トイレも済ませておく。

　ここまで来たら、こまごましたことに気を取られず、大きなポイントだけを再確認する。あれこれ考えるより、深呼吸をして肩の力を抜き、リラックスしよう。

 入室から退室まで

　名前が呼ばれ、いよいよ面接会場へと入るときが来た。緊張の一瞬である。このときも慌てず、「はい」と返事をして、まず一呼吸入れて、落ち着いてから第一歩を踏み出すこと。

● **入室時のマナー**

　入口の前では、ドアを2回ノックする。

　すぐにはドアを開けず、中から「どうぞ」「どうぞお入りください」などと声がかかってから、ドアを開けるようにしよう。

　「失礼します」と、はっきりと言い、ていねいにお辞儀をして**慌てないでゆっくり入室**する。

　ドアは最後までドアノブをもって、静かに閉めよう。決して後ろ手で閉めないこと。

●着席時のマナー

　面接官の指示に従い、面接官の前に準備された椅子の横に進み、そこで再びていねいにお辞儀をして、はっきりとした声で名前を伝え、「よろしくお願いいたします」と言おう。

　「どうぞ」「どうぞお座りください」などの指示があってから椅子に腰かけること。荷物があるときは、椅子の横や所定の場所に置く。

　椅子に腰かけるときは、深々と座ることなく、こぶし一つぐらいはあける。また、背もたれにもたれかかるようなことは避け、背筋をきちんと伸ばして座ろう。

　座ったら、膝と膝の間はこぶし一つぐらいあけ、手は膝の上で軽く握る。もしくは、膝はきちんと左右つけ、軽く手を組み、膝またはももの上に置くとよい。

　次ページに「ダメな座り方・正しい座り方」を図示してあるので、参考にしてほしい。

山本花子です

よろしくお願いします

●面接中のマナー

　面接中は、面接官の顔や目の方向に目を向ける。面接中は、アイコンタクトを忘れずに、質問されている面接官のほうを見る（実際には目を見るのが不自然であったら、面

視線の位置は面接官の襟元に。うつむいたりキョロキョロしたりしないようにしよう。

面接官のほうをしっかりと向いて話そう。話すときははっきりと、ていねいに。

ダメな座り方・正しい座り方

背もたれにもたれかかると、
ふんぞり返って見えたり、
だらしなく見える。

猫背になると顔が下を向いて
しまって印象が悪い。

足を広げすぎている人が
よくいるが、横柄に見える。

ファッションモデルのように椅子に
ナナメに座ったり、足を横に流している
人がいるが、これも避けたほうがよい。

膝と膝の間を
こぶし一つくらいあけて、
手は膝の上で軽く握る。

膝と膝はきちんとくっつけ、
手は軽く組んで膝またはももの
上に置く。

深々と腰掛けず、背もたれと
お尻の間はこぶし一つくらいあける。
背筋はきちんと伸ばして座る。

接官のネクタイの結び目あたりを見るようにするとよい)。

　それぞれの質問に対しては、「はい。そのことについては、……………と考えます」などと、堂々とした態度で、自信を持って、はっきりと考えを述べるようにしよう。

　特に語尾をはっきり話すように心がけたい。

● 退室のマナー

　面接官から「面接はこれで終了です。ご苦労様でした」などと終了を告げられたら、椅子の横に立ち、「ありがとうございました。よろしくおねがいします」などとお礼の言葉を述べててていねいにお辞儀をする。

　荷物などの忘れ物がないように注意して、ドアに向かって歩き、ドアのところで再び面接官のほうに向きを変えて「ありがとうございました」と述べ、再びていねいにお辞儀をして退室する。

　これで面接は終了と思って気を抜かないように。面接会場のある建物の中では緊張の糸を切ってはいけない。ほっとして、「終わったぁ」などと大きな声を発したところで別の会場の面接官に出会ったというケースもないわけではない。「油断は禁物」だ。

第4章　面接試験の必勝法

175

言葉遣いに注意しよう

 ## 友達言葉や若者言葉などは禁物

　面接で、面接官から「緊張せずに、いつものように」などといわれたからといって、「○○にあるじゃないですかぁ」「○○っていうかぁ」「このときはチョーむかつきました」「それってぇ、マジですかぁ」「僕的には○○だと思います」などといった普段友達どうしで話し合っている友達言葉や若者言葉などで対応してはいけない。「言葉は、人なり」とも、いわれるので、十分配慮した話し方が必要である。

● **面接官が気になっている言葉遣い集**

「○○じゃないですか」

「○○っていうか」

「チョー」「めっちゃ」

「マジ」

「○○とか」

「うん」

「ヤバい」

「ウザい」

「ムカつく」

「ビミョー」

「みたいな」「○○的な」

「僕的」「わたし的」

「オレら」「うちら」

「えっとぉ〜」

「チャリ」「パンキョー」←俗語・略語

「○○でぇ〜」「○○だしぃ〜」「○○け
どぉ〜」←語尾上げ

「○○って感じで……」←言い切らない

敬語は正しく使おう

　敬語には、「尊敬語」「丁寧語」「謙譲語」の３種類がある。この３つの特徴を知っておけば、「敬語の使い方」といってもそんなに難しいわけではない。

● **尊敬語**

　相手や話題の中の人物や動作・状態などに敬意を表して、相手を高めて言い表す言葉

● **丁寧語**

　相手や話題の中の人物や動作・状態などに敬意を表したり改まった気持ちで、ていねいに言い表す言葉

● **謙譲語**

　相手や話題の中の人物や動作・状態などに敬意を表し、自分や自分の動作などをへりくだって言い表す言葉

	尊敬語	丁寧語	謙譲語
行く	いらっしゃる	行きます	うかがう・参る
思う	お思いになる	思います	存じます
する	なさる・される	します	いたします・させていただきます
いる	いらっしゃる	います	おる・おります
言う	おっしゃる	言います	申し上げる・申し上げます
見る	ご覧になる	見ます	拝見する
聞く	聞かれる　お聞きになる	聞きます	伺う・承る
待つ	お待ちになる	待ちます	待たせていただきます

 ## やりすぎは逆効果

　ただ、いくら面接だからといって話し言葉がていねいすぎるのも不自然だ。敬語を使わなければ！ていねいに話さなければ！と思うあまり、「おっしゃられておられました」などと二重敬語になっている受験生も多い。なかには緊張のあまり「先生」にまで「お」をつけて「お先生は……」と言ってしまった受験生もいる。

　「敬語」を正しく使うことができることに越したことはないが、ニュース番組でアナウンサーが話している程度の、**失礼のない言葉遣いができればいい**と考えておいてほしい。

〈個人面接会場のレイアウト例〉

※部屋を移して複数回行われるパターン

 個人面接はすべての面接の基本

　面接にも様々な形態があるが、個人面接はすべての面接の基本であるといえる。というのは、すべての県市の教員採用試験（一次試験・二次試験等）で個人面接が実施されており、個人面接がきちんとクリアできなければ、集団面接や集団討論などの面接を乗り越えることも困難である。個人面接への対応がすべての鍵を握っているといってもいい。

　この個人面接で大切なことは、個人面接が何を目的として行われるかということをしっかりと認識しておくことだ。

　面接では、子どもの教育を託すことのできる人物かどうかを、その個人に対して面接官の直接の目を通して判定されるわけである。面接では、人物そのものを評価し評定するわけだから、目に見える外面的なことから内面的なことまで、多面的に多角的に総合的に判定が下されるわけである。個人面接は、面接官に質問されたことについて自分の考えを述べればいいだけだなどと甘く考えていてはとても太刀打ちできない。

　といっても何もせずにただ大変だと思っていても何も解決しないし前進もしない。個人面接には個人面接に対応するための「戦略」が必要である。丸腰で戦場に赴くわけに

はいかない。

　この第4章では、個人面接を攻略するための重要なポイントが記されている。ここで述べられているポイントを把握するだけではなく、それを実践することができるようにトレーニングすることも必要である。わかっている、知っているだけでは高い評価にはつながらない。

　また、この章には、実際の面接の場面を再現した「実況中継」が収録されている。この実況中継から当日の面接の状況を想定してもらいたい。そして、ここに示された質問に対して、自分ならどう回答するかといったことを考え、実際に声を出して回答する練習をすることも重要である。

　この第4章に示されたことを自分のものとし、自信をもって個人面接に臨んでもらいたい。

 ## 第一印象をよくする秘訣

　第一印象は、前に述べた服装やマナーや入室の際の動作がよければすぐによくなるというわけではない。第一印象をよくするためにはこれだけでは不十分なのだ。追加して求められることは、明るくさわやかな雰囲気づくりだ。

　明るくさわやかで生き生きとした雰囲気を醸し出せれば、かなりプラスに働く。逆に暗くて重苦しい深刻な表情では、面接官も決してよい印象をもたないものだ。この雰囲気づくりに欠かせないのは表情、それも笑顔である。「顔で笑う」だけではく、「心で笑う」「目で笑う」ということもある。日本人はとかく「無愛想」であると指摘される。特に面接などでは緊張のあまり笑顔を忘れがちなので、注意しよう。

 ## 一本調子でなく、テンポよく話す

　面接の場面では、緊張のあまり話し言葉が一本調子になりがちだ。**一本調子にならないようにするためには、抑揚を意識するとよい。**

　「最近の子どもはとても発言力があります」と話す場合では、たとえば「とても」に高まりをつけて話すとよい。相手への伝わり方は一本調子で話す場合とではかなり違ってくる。

〈一本調子の言い方〉	〈抑揚のある言い方〉
———————————	⌒
最近の子どもはとても発言力があります	最近の子どもはとても発言力があります

また、話には**テンポが必要**だ。早口も、しどろもどろもダメ。問われた内容を整理して、手順よく話したい。たとえば、「その特徴は、三つあると思います。第一は、…………………………であり、第二には、…………であり、第三の特色は、……………………です」のように簡潔に整理して話すのだ。もちろん三つの内容の順序などにも配慮しよう。

 ## 具体的事例を入れて話す

面接官を納得させるうえで必要なのは、話の内容が抽象的でなく、具体的であることだ。

話の内容を具体的にするには、自分が経験、体験した具体的な事例やエピソードを取り入れるとよい。例えば、「最近の子どものマナーは低下していると思います」とだけ話すより、「私は児童館で子どものお世話をするボランティア活動をしています。『こんにちは』『おはようございます』のあいさつもきちんとできない子どもたちをみていると、最近の子どものマナーは低下していると思います」と話したほうが具体的で印象も強い。

具体的に話すことによって、面接官はその人の活動（ここではボランティア活動をしていること）についても理解を深めることができる。そのため、評価のポイントは高くなるのだ。

 ## 質問の内容を自分の土俵に引き寄せる

個人面接は、志願票など事前に提出した書類に基づいて進行される場合が多い。**事前に提出した書類に記載した内容については、具体的にしっかりと話せるようにしておくこと。**特に学生時代に行っていた部活動やサークル活動、特技やこれまでに経験したボランティア活動は質問されることが十分予想される。少しでもそのような質問があれば、話題の中心をその方向にもっていく。そして提出書類に記載されている内容以上のことについても話す。自分が経験したことだから、自信をもってポイントを押さえて話せるはずだ。いわば、「質問の内容を自分の土俵に引き寄せる」のだ。

● 個人面接の実況中継

 **学山花子** さんの場合

23歳・女性

受験番号：123

受験教科：中学校社会

　自分の出身県を受験している学山さん。面接に備えて事前にキッチリ準備をして、自分なりの答え方ができるように練習も積んでいる。

 ：では、次は受験番号123番の学山さんです。面接会場に案内します。

 ：はい。よろしくお願いいたします。

（荷物を持って移動する）

> 面接会場でかばんの中から探すということのないように、受験票などは手に持って移動しよう。

 ：ここが会場です。では、どうぞ。

 ：はい。ありがとうございました。

　　「トントン」

> 案内者に軽く頭を下げてお礼の言葉を述べよう。

 ：どうぞお入り下さい。

（ドアを開けて会場に入り直ちにドアを閉める）

（一歩入ったところで、面接官に正対する）

 ：失礼します。

> 元気よく言い、お辞儀をしよう。

 ：荷物はそこの机の上に置いて、どうぞこちらにおいでください。

 ：はい。

（指定された場所に移動し、椅子の左側に立って再び
お辞儀をする）

指示された位置にスムーズに移動
しよう。

：受験番号123番の学山花子です。よろし
くお願いいたします。

：どうぞ、お座りください。

：失礼します。

（着席する）

：では、これから個人面接を始めます。
少し緊張されているようですが、どうぞ肩の力を抜いて、お答えください。

：ありがとうございます。

話してくださった面接官に向かっ
て、少し笑顔を浮かべながら言おう。

：最初に、**受験番号・氏名・受験教科等**を
どうぞ。

：受験番号123番の学山花子です。受験教科は中学校社会です。

：では、学山さんの**自己紹介を簡潔に**どうぞ。

：はい。私は本県出身で、将来はぜひ教員になりたいと思い、△△大学の教育学部に
進学し、来年3月に卒業の予定です。大学では「日本の戦後の教育史」についてゼミ
で研究してきました。また、高校以来剣道をしています。大学でも剣道部で剣道を続
けてきました。教員になることができましたら、**中学校での部活動でもぜひ剣道部の
顧問として生徒に剣道の楽しみを伝えていきたい**と願っています。私は、「継続は力な
り」という言葉を大切にし、それを実践できる人になりたいと思っています。そのこ
とは、剣道部の活動を通じても学びました。

　私は、子どもたちと一緒に過ごすことがとても楽しみで、大学では1年生のときから
児童館でボランティア活動もさせていただきましたし、3年生になってからは△△市の
**××中学校の教育ボランティアに入れてい
ただき、部活動のお手伝いをしています。**
この活動をさせてもらっている中でも、教
員になりたいという気持ちはますます高ま
りました。

「簡潔に」と指示されているので1
～2分で終わるようにして、ここで
は長々と話さないことが大切。

182

：学山さん、**本県の教員採用試験を受けられた理由**は何ですか。

：はい。私が生まれ育ったのはこの県ですし、高等学校も本県の△△高校を卒業しました。この間、多くのすばらしい先生方と出会いました。私の育った故郷でもある本県で、教員として頑張っていきたいと思って、教員採用試験を受けました。また、本県で、**子どもたち一人ひとりを大切にする教育改革や学校教育を推進**されていることにとても感銘したからです。

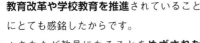
ここでは、なぜ他県ではなく本県でなくてはいけないのかというところを強調したい。

：あなたが教員になることを**めざされたきっかけ**は、何かあったのですか。

：はい。私は中学校2年生の頃から将来は教員になりたいと思うようになりました。と言いますのは、その頃の私は、気の弱い自信のもてないおとなしい生徒でしたが、担任の先生は気にかけてくださいまして、特に夏休みの課題で作った模型地図をとてもほめてくださいました。

　それ以来、学習をはじめ学級会などでも積極的に活動できるようになりました。このような**先生との出会いの中**で、将来は私もあの先生のようになりたいと思うようになり、それ以降もその気持ちがだんだんと強まりました。

　大学も、将来教員になることをめざし、△△大学の教育学部に進学しました。**教育実習**にも6月に行ってまいりましたが、その思いは一段と高まり、現在は教員にぜひなりたいと思っています。

つい長くなってしまう傾向があるので注意が必要。また、ここでは「きっかけ」を問われているので、教員を志望する一般的な理由などを述べてはいけない。

：あなたの志願書には、大学時代剣道部に所属されていたとありますが、**どのような活動**をされておられましたか。

：はい。剣道は高校以来続けており、大学でも週4日は活動日でした。3年生のときには部長になり、**部活動の計画や全体のまとめ役などのマネジメント**も行うようになり、よく周りの人から「大変だね」と言われたりもしました。しかし、剣道はもちろんですが、全体をまとめて一丸となって試合に臨むことの楽しみや喜びのほうが大きかったので、私自身は苦痛ではありませんでした。むしろこの経験やそこから得られた楽しみや喜びを、教員になって生徒たちにも伝えていきたいと思っております。

どんな活動をしていたかということだけを述べがちになってしまうが、そのことが教員になったら学校でどう生かせるのか、あるいは生かしたいのかについても簡潔に触れよう。

第**4**章

面接試験の必勝法

：あなたが教員になられたら、最も大切にしていきたいことにはどんなことがありますか。

：はい。私は現在の児童・生徒は極めて多様だと思っております。その一人ひとりの児童・生徒の特性をしっかりと把握し、理解して指導や支援に当たりたいです。

：現在の学校では、**いじめや不登校問題**が大きな課題になっていますが、このことについて、あなたはどう思っておられますか。

：はい。いじめ問題や不登校問題の背景には様々なことがありますが、私は、最も大切なことは、いじめや不登校を出さないための指導だと考えています。この二つの課題に共通していることは、ともに児童・生徒どうし、あるいは、**児童・生徒と教員の人間関係の在り方**とかかわっていることです。

　　そのため、私は学級づくりやグループ活動などにおいて、**温かな思いやりのある人間関係を育むことを最も重視**していきたいと考えています。また、いじめに関して、被害者の立場に立ち、絶対あってはいけないことであることを学級活動などでも指導していきます。そして、いじめや不登校問題ではそのサインが必ずあるので、普段から児童・生徒理解を深め、サインを見落とさないようにします。そして児童・生徒に、**カウンセリングマインド**で対応することが必要だと思います。

：**人間関係づくり**が大切と話されましたが、どのようにしてそのような**人間関係を形成**していくことができると考えますか。

：はい。私は学級づくりやグループ活動などにおいて、温かな思いやりのある人間関係を育むことを最も重視していきたいと考えています。このことを実現していくうえで必要なのは、児童・生徒が互いに協力してかかわるといった場面を意図的・計画的・継続的に教育活動の中で実施することです。

　　そのためには、お互いが協力・協調して「人と人とがかかわる」場面を重視した体験学習や体験活動を積極的に取り入れていくことが必要だと考えます。これらの活動を通して、一人ひとりの個性を理解し、一緒に行うことの大切さや必要性を学ばせていきたいと思います。またこのことを実施していくうえでは、諸先生方のご意見やご指導も受けたいと考えております。

：「**カウンセリングマインド**」と話されましたが、あなたは，この「カウンセリングマインド」をどのように理解されていますか。

：はい。「カウンセリングマインド」とは、児童や生徒に対応するとき、まずは、児童や生徒の声に耳を傾けることです。まず聴くということを重視します。とかく大人は

子どもに対して、指示したり命令したりする傾向が
ありますが、子どもの意見や考えなどをしっかりと
受け止めることが大切です。それには、児童や生徒
の立場に立って共感することや、児童や生徒の現実
や実態を否定せずに受容することも必要です。この
ことを念頭に置いて児童や生徒に対応することが、
カウンセリングマインドであると思います。そし
て、**最終的には、児童や生徒自らが自立していくサ
ポートをしていくべき**だと考えます。

：あなた中学校の社会科の教員をめざされています
が、中学校の社会科の授業で課題になっていること
は何ですか。ひとつだけ取り上げて課題解決策も含めて説明してください。

：はい。社会科は、とかく暗記中心の科目などといわれ、地名や人名や年号などを丸
暗記させる授業が多くを占めていることがあります。しかし、私の中学校の社会科の
先生の授業はそのようなものではありませんでした。私の中学校の社会科では、もち
ろん基礎的な部分はしっかりと覚える時間がありましたが、調べ学習や発表学習をグ
ループ単位で取り組んだ授業が行われていました。授業はとても楽しく、生徒の活動
も活発でした。みんなの前で、模造紙にいろいろ工夫してまとめて発表する機会もあ
りました。単なる**知識注入型の授業**ではこのような体験はできなかったと思います。

　私が社会科の教員になれたら、中学校時
代の社会科の先生が行われていたような、
**生徒の主体性や自主性などを伸ばし、みん
なで考え合えるような授業**をさらに工夫し
て取り入れていきたいと思っています。

> 専門教科・科目の学習や指導上の
> 課題については整理しておくこと
> が必要である。専門教科・科目だ
> けに、かなり高度な専門的なこと
> を含めて説明できるようにしてお
> くことが大切である。

：最近の学校では、**生徒による授業評価**が実施されていますが、あなたはこのことに
ついて、どのように考えていますか。

：はい。児童や生徒による授業評価は必要だと考えます。というのは、**「授業は教員の
命」「教員は授業で勝負する」**などといわれるように、授業は教員にとって最も重要な
業務だと考えるからです。ですからその授業が、児童や生徒にとって本当にわかる授
業、楽しい授業、学習意欲の高まる授業であるかどうかはとても重要なことです。こ
のことを判定するのは、授業を行った教員だけでは不十分で、**実際その授業を受けた
児童・生徒の声に耳を傾けるべき**だと思います。自分では気づかなかったことが、児

童や生徒から指摘されることが少なくないと思います。

　私は塾で講師のアルバイトをしていますが、その塾の方針で必ず単元ごとに授業評価を取り入れています。この体験からも授業評価の重要性を実感しています。そして、授業評価をもとに、次の授業改善につなげていくことが必要だと思います。

体験談などを加えて回答しているので説得力がある。このような回答のテクニックも心がけよう。

：話は少し変わりますが、平成19年度から、これまでの**特殊教育から特別支援教育へと転換**が図られました。何がどのように変化したとあなたは思っていますか。

：はい。学校教育法などの法改正に伴い、これまでの特殊教育から特別支援教育に変わりました。この**特別支援教育**では、障害のあるすべての子ども一人ひとりの教育ニーズに応じて、適切な教育支援が行われます。そして、障害のある子どもたちの自立や社会参加に向けた主体的な取り組みを支援するようになりました。

また、今回の法改正に伴い、これまでの特殊教育の対象の障害だけでなく、発達障害などの特別な支援を必要とする子どもたちが在籍するすべての学校において特別支援教育が実施されるようになりました。そのため、従来の障害の種別ごとに教育活動を行ってきた盲学校・聾学校・養護学校に代わって**特別支援学校**が設置されるようになりました。

　通常の学校に置かれていた特殊教育学級は**特別支援学級**になりました。また、通常の学級で授業を受けながら障害に応じて特別な指導を受ける**通級**などにより、特別支援教育が行われるようにもなりました。これらのことを通して、きめ細かな教育的対応ができるようになったと思います。

新たに改善や改革がされた内容については、よく整理し説明できるようにしておこう。今回の事例では、特別支援教育が取り上げられたが、準備がなされていたらしくていねいな説明がされている。

：では、これで個人面接を終了します。お疲れ様でした。

（起立して、面接官にきちんと向かって礼をして）

：ありがとうございました。

（向きを変えて出口に落ち着いて向かう）

（入室の際置いた荷物をもち、再度面接官に正対して）

明るく元気よく、ていねいにお辞儀をすること。

：失礼いたします。

元気よく言い、再度ていねいにお辞儀をしよう。

（会場から一歩出たところで向きを変えてドアを静かに閉める）

※控え室や廊下にいる係の方にも「ありがとうございました」と伝えて指示を待とう。

多くの場合このまま終了となるが、係官の指示をきちんと聞いてから行動すること。

育田太郎 くんの場合

21歳・男性

受験番号：154

受験教科：高校地理歴史科

「面接は、聞かれたことにていねいに答えればいい」と思って、特に何も準備をせずに面接に臨んでいる。

 ：では、次は受験番号154番の育田さんです。育田さんいらっしゃいますか？

（育田くん、慌てて走ってくる）

第4章 面接試験の必勝法

：すみませーん、僕です！……ちょっと迷ってしまって、遅れてしまいました。

：よかったですね。ギリギリ間に合いましたので、だいじょうぶですよ。では、もう順番ですので、面接会場にご案内します。

：はい。

：こちらが会場です。どうぞお入りください。

案内の方は「だいじょうぶですよ」と言ってくれているが、集合時間はとっくに過ぎているので、確実にチェックされている。事前に交通機関の時間や徒歩の道順などは確認しておき、時間に余裕をもって行動しよう。

：あ、ありがとうございます。

「トントン」

：どうぞ。

（ドアを開けて会場に入り直ちにドアを閉める）
（一歩入ったところで、面接官に正対する）

：失礼いたします。

：どうぞお座りください。

：こちらでよろしいですか？

：はい。お座りください。

：では失礼いたします。

（着席する）

「こちらでよろしいですか」などと確認する必要はない。本人はていねいに確認したつもりだろうが、いちいち細かいところまで指示されなければ行動できない人物だと最初からマイナス評価をされてしまう。ていねいさも過剰になるとマイナスとなる。

：これから、個人面接を始めます。受験番号と氏名それに受験教科等をどうぞ

：はい。受験番号154番の育田太郎です。どうかよろしくお願いいたします。

：受験教科は何ですか。

：あぁいけない、はいはい、えー受験教科は高校の、あ、高等学校の地理歴史科になります。

：少し緊張していますね。どうぞ落ち着いて答えてくださいね。

：あ、はい。どうもすみません……。

> 「あぁいけない」「はいはい」「えー」「あ、はい」では、落ち着きのない適切な対応ができない人物と評価されてしまう。答え忘れた事項を指摘された場合でも、「失礼しました」「受験教科は、高校の地理歴史科です」と慌てずに回答すればよい。

：あなたの**強みや長所**は何ですか。

：えー私は、実は小学校から少年野球クラブに属し、中学校・高校・大学も野球部に所属しておりました。中学校のときも高校のときも県大会や地方のブロック大会などに出場させていただきました。ベスト記録は県大会での準優勝ですが、そのときの感動は今も忘れられません。ポジションはキャッチャーでした。特にピッチャーの状態を的確に判断して球種を選定していくことなどにとても苦労しました。今振り返ってみると、正直18年近くもよくやれたなぁーと思っています。

> 質問は、「あなたの強みや長所は何ですか」だ。野球に打ち込んできたことはよくわかるが、それがどうしたのかと面接官に思われてしまう。この経験を自分の強みや長所として述べたいのであれば、もっと簡潔に野球をやってきたことの体験を述べ、例えば「教職に就いたときに、ここから得た○○の体験を△△として生かしていくことができることが私の最大の長所や強みです」などとする必要がある。

：わかりました。では次に、あなたはどのような教員になりたいと考えていますか。

：はい。私は、**生徒から慕われる先生**になりたいと思っております。生徒から「先生！先生！」と慕われる先生になりたいです。そのためには、若さを生かし生徒から慕われるように努力することが必要だと思います。

：生徒から慕われる教員になることはとても大切なことですが、慕われる先生とは具体的にどのような教員だと考えていますか。また、そのような教員になるためには

> めざす教員像を問われて「生徒から慕われる先生」と回答している。それ自体は間違っていないが、「生徒から慕われる」という言葉にこだわりすぎている。「生徒から慕われる先生」とはどのような教師なのか、また、そのような教師になるためには具体的にどのようなことが必要なのかといったことへの分析がされていないようである。面接官から追加質問をされているのもこのようなことがあるためである。

具体的にどのような努力をすることが必要だと考えていますか。

：えーと、そうですね。慕われる先生とは、わたし的には、生徒が何でも相談してくれる先生だと考えています。そのような先生になるためには、できるだけ生徒と共に過ごす時間を増やすようにすることが必要だと考えております。

> 「えーと」「わたし的には」という用語は不適切である。

：**「教員は授業で勝負する」**といわれますが、あなたはこのことをどのように受け止めますか。

：はい。教員にとって授業は最も大切なものです。授業は思いつきや場当たりで行うものではなく、**指導計画に基づいて、計画的に実施することが必要**です。

> 「教員にとって授業は最も大切なものです」の部分はいいが、後半の回答が質問に正対していない。全体的にも説明不足であり、もっと自分の考えを述べる必要がある。

：令和4年5月に教育職員免許法が一部改正されましたが、この**改正教育職員免許法の最も大きな改正点**はどこにあると思いますか。そのことに関して、特に改正前までの制度や内容などに言及して述べてください。

：はい。これまでは教員の免許状に10年間の有効期限が設けられていて、更新するための研修を受講しないと、確か免許状が無効になってしまったと記憶しています。今回一部改正された教育職員免許法では、**免許状の有効期限が廃止され、免許状の更新のための研修も廃止**されました。このように今回の改正で、教員の免許状が以前の「終身制」に戻ったことが大きな改正点だと思います。またこの改正では、これまでの教員の免許状は、国が、あっ、文部科学省が直接公布していましたが、改正の結果、各都道府県教育委員会から交付されるようになりました。我々もこの法律の改正に伴い、私の在籍している大学は東京都にありますので、東京都教育委員会から教員免許状をいただくことになります。このようなことも今回の教員免許法改正の大きな改正点です。

：この改正教育職員免許法について、あなた自身はどのように受け止めておられますか。

：10年間の有効期限が廃止され、また免許状の更新のための手続きや研修も廃止されましたので、特に教員は研修の負担から解放され、よく言われている教員の負担や過剰労働も緩和されたのでとても楽になっ

> 研修が廃止されたからといって、教員の労働環境を「とても楽になった」と表現するのは適切ではない。また、免許状は改正以前から、各都道府県教育委員会から交付されている。

たと思います。また、各都道府県教育委員会から免許状が交付されるようになりましたが、これは「中央から地方へ」「中央集権から地方分権へ」という一つの時代の流れですよね？　といいますのは、学校教育は、全国画一的に行われているわけではないので、免許状も地域の特色や実態などを踏まえて、交付されればいいと私は思います。

：令和４年５月に教育職員免許法が改正され、これに伴い**新たな教員研修の指針**が示されていますが、その中で、「特別な配慮や支援を必要とする子供への対応」についても述べられています。この**「特別な配慮や支援を必要とする子供への対応」**として、どのようなことがありますか。

：はい。今学校には、障害のある児童生徒や不登校児童生徒などの、特別な配慮や支援を必要とする児童生徒も多く在籍しています。これらの児童生徒に対応するに当たっては、一人一人によく目をかけて、一人一人の児童生徒を大切に扱う必要があると思います。

「よく目をかけて、児童生徒を大切に扱う」と答えているが、このことは全ての児童生徒への対応として必要なことである。例えば、「特別な配慮や支援を必要とする子供の特性を理解し、組織的に対応するために必要となる知識や支援方法などを身に付けることや学習上や生活上の支援の工夫を行うことができるようにする」などと答えられるとよかった。

：はい、わかりました。では、これで個人面接を終了します。お疲れ様でした。

（以下省略）

個人面接実況中継の講評

　２人の個人面接実況中継を収録したが、例に挙げた学山さんと育田くんを比べると、育田くんにかなりの課題があることは、実況中継中のコメントなどを参照すればわかってもらえると思う。

　特に、育田くんは教職に関する専門的な知識が欠けているし、面接を受ける際の基本的な態度も十分身についていない。教職に対する甘い考えや、なんとかなるといった考えで面接に臨むと育田くんのような結果になりかねない。

　これら二つの個人面接実況中継を参考にして、個人面接の基礎・基本をしっかりと固めることが重要である。それには、本書に示された内容を確実に自分のものにしていくことが必要である。

〈集団面接会場のレイアウト例〉

幅広い分野からの出題に対応策が必要

　集団面接（グループ面接）は、2〜5人の面接官によって、5〜10人のグループ単位で実施されることが多い。ここでは、個人面接と同様に志望の動機やめざす教師像、児童生徒の実態や特色、今日の学校教育の課題、これからの学校や教育の在り方など**幅広い分野から問われる**。

　そのためには、幅広い分野について要点を整理しておくことが大切だ。そして、当日は、それらのポイントを端的に話そう。事実だけを整理しておくのではなく、そのことについてどう考えているのか、どう思っているのかということを含めて整理しておくべきだ。

得意になって話が長くならないこと

　質問の内容は、「皆さんはこのことについてどう考えますか」「どのように受け止めますか」などが多い。集団面接は基本的に受験者が順番に質問に答えていくことになるわけなので、質問の内容が自分の得意分野であっても、**長々と話してはいけない**。面接官からストップがかかるようでは最悪の状況だ。長過ぎるよりは、やや短めのほうがまだ

よい。

その受験者の話をもう少し聞きたいという場合は、面接官のほうで追加質問を出してくれる。その場合でも話は簡潔にまとめて、要点のみを伝えるようにすることを心がけたい。

他の受験生の発言にも注意を払おう

集団面接の個人面接との大きな違いは、他の人々とのかかわりの中でどのような言動をするかを評価することだ。他の受験生がどのような発言をするのかをしっかりと聴き取っておこう。というのは、「今のAさんの発言に対して、Bさん、あなたはどう考えますか」という問いが発せられることもあるからだ。

ここで注意してほしいのは、他の受験生に対して競争意識をもたないことだ。他の受験生をけ落としたりうち負かしたりする姿や、とにかく自分だけ目立とうとする姿は、面接官にあまりいい印象を与えない。

他の受験生の発言に惑わされないことが大切

同一の質問の場合は、とかく他の受験生の発言（回答）が気になるものである。気になるだけではなく、自分のこれから発言しようとする内容が陳腐だったり、ひょっとしたら間違っているのではないかなどと思ってしまうことがある。これでは自信をなくし、発言もしどろもどろになってしまう。他の受験生の発言に惑わされることなく、準備してきた考えをきちんと述べることだ。

また、発言の順番が遅い場合は、自分の考えを言われてしまい、あせってしまうこともある。たとえ自分の考えを先に言われてしまっても落ち着いて、「私も先ほど発言されAさんと同様な考えをもっていますが」といった言葉を添えて、自分の言葉で回答すればよい。一字一句同じということはほとんどないから、安心して対応しよう。

8 集団討論（グループディスカッション）の攻略法

〈集団討論会場のレイアウト例〉

 ## 集団面接とはここが違う

　集団討論（グループディスカッション）も集団面接と同様に、面接官は2〜3人、受験生は6〜8人で行われることが多い。ここでは、志望の動機やめざす教師像、児童生徒の実態や特色、今日の学校教育の課題、これからの学校や教育の在り方など教育的なテーマだけでなく、人権についてや食の安全についてなど社会的なテーマまで幅広い分野から問われる。これに対応するためには、幅広い分野について要点を整理しておく必要がある。

　集団面接と根本的に異なるのは、**与えられた課題についてグループ内で討論する**点だ。そのため、求められるのは、様々な課題についてきちんとした自分の考え方を述べることができるかどうかだ。

　そのこと（与えられた課題等）についてただ単に知っているとか説明できるといったことではなく、問われるのは、そのことについての自分の考えやとらえ方だ。これに対応するために、**基礎的・基本的な内容をまずしっかりと認識し、教育的な視点に立った自分の考えを培って**おこう。

討論のプロセスが評価される

　集団討論は、面接官の司会進行で討論を行う場合と、司会進行を受験生に任せて討論を行う場合がある。受験生に司会進行を任せる場合は、自由に討論させる場合と希望者や指名された受験生が司会進行する場合がある。面接官はそのような形式よりも、**討論のときの各受験生の言動や討論のプロセスに着目している**と理解しておいてほしい。

　このときの評価のポイントの一つは、意見や考え方を積極的にきちんと表現でき、その内容が専門性を踏まえたものであり、論理的で体系的であるかということだ。もう一つのポイントは、他の受験生の意見や考え方をきちんととらえ、それを踏まえて自分の考えを述べることができているかということだ。**他との協調力や他の人の考え方などを尊重し受容することができるかという受容力**がみられる。また様々な考え方を一つの方向にまとめていく統率力や指導力があるかも評価の対象だ。

　自分の見方や考え方を述べるだけでなく、他の受験生の意見も踏まえ、まとめるという視点を忘れずに討論しよう。

 ## 多面的なとらえ方が必要

　出題される課題が何であれ、課題について**多面的にアプローチ**していこう。例えば、児童生徒の立場、保護者の立場、学校の実態や地域の特性などのうちの特定の立場（側面）からだけで述べないことが大切だ。

　また、学校教育に関する課題でも、**家庭との関係、地域や関連機関との関連**などについても言及する。そのような観点から意見を述べると、意見に新規性が感じられる。また、広い視野に立ったとらえ方をしているという高い評価が期待できる。

　発言する内容に**具体的な事例をつけ加える**ことも重要だ。具体的な事例は、説得力を高める役割を果たすうえで欠かせない。さらに、**課題が教育に直接関係ないような場合でも、教育という場面に置き換えて考えを述べよう。**

 ## 多く発言することが大切ではない

　「自由に発言してください」と言われると、他の受験生よりも優位に立ちたくて、発言の回数が多くなってしまう場合がある。「一人いい格好をすればいい場ではない」ことを肝に銘じておくこと。

　積極的な発言力も重要ではあるが、一方、**他の意見をよく聞こうという「傾聴力」**もまた問われている。そして、他の意見を踏まえ、議論を積み上げていくことが大切だ。多く発言するという量的側面ではなく、その質的側面が問われているのだ。このことも心して、集団討論に参加しよう。

あってはいけない他の意見への一方的な攻撃

　集団討論では時折、他の受験生の意見に対して攻撃的な反論になったり、言葉尻をとらえ相手をやりこめてしまうというケースがある。集団討論では、攻撃的になったり、自己中心的になったり、独善的になったりしてはいけない。何度も繰り返すことになるが、集団討論は黒白をつけたり、勝ち負けを決めたりすることが目的ではない。

　それでも、反論が必要なときには、「Aさんの意見に対しては、○○の点は同感です。ただ、××の点は私は△△のようにとらえていますが、皆さんはいかがでしょうか」、あるいは、「Aさんの意見の○○に関しては、とてもよい考え方だと思いますので、この点を生かしてまとめてみたらいかがでしょうか」のように、優れている意見の部分だけを取り上げる対応の仕方もある。このように、相手の立場を傷つけないよう十分配慮しよう。

　集団討論の終了の指示は面接官から出される。その際は、面接官だけでなく、討論に加わった他の受験生に対しても「ありがとうございました」と明るく元気なあいさつやお礼の言葉を忘れないようにしよう。

●集団討論（グループディスカッション）の実況中継

集団討論の参加者プロフィール

 A さん
22歳・男性

 B さん
23歳・男性

 C さん
24歳・女性

 D さん
22歳・女性

 E さん
23歳・女性

 F さん
24歳・男性

 G さん
27歳・男性

　：では、これから集団討論を開始しますが、それに先立って少し集団討論の進め方について、私のほうから説明いたします。

　　討論のテーマは **「いじめ問題への対応」** です。司会進行は、面接官のほうで行います。

　　時間は全体で45分を予定しています。発言はこちらから特に指名はしませんので、挙手

して自由に行ってください。メモなどを取る必要がある場合は、机上の用紙をお使いください。メモしたものは、終了後はどうぞお持ち帰りください。なお、受験者のお名前が必要なときは、**机上の記したアルファベットの記号**でお願いいたします。

では、司会進行を担当する面接官にバトンタッチいたします。

：それでは始めます。テーマは先ほどの説明にあったように、「いじめ問題への対応」です。本題に入る前に、皆さん**自己紹介**をそれぞれ、簡単に、そうですね、1分程度でお願いします。機械的にこちらの列に座っている人から順番に始めてください。

では、Aさんから、どうぞ。

：はい。Aです。よろしくお願いします。

受験の校種は中学校で、教科は社会科です。大学は、教育学部の社会専攻科で、来年の3月に卒業の予定です。大学では、サッカーを3年間やってきました。もし、教員に採用されたら、生徒にも、**授業以外では、サッカーの厳しさと楽しさの両方を指導していきたい**と思います。と言いますのは、実は、現在も私の住んでいる地元で○○少年サッカーチームの指導をボランティアで行っているからです。子どもたちが、一生懸命練習し、できなかったことができるようになったときには喜びの笑顔を浮かべますし、それがまた次の努力につながっていくのです。そんなこともあって、○○少年サッカーチームの子どもたちは、生き生きしています。多くの子どもたちにもそんな体験を味わってもらいたいのです。**今日は、よろしくお願いいたします。**

> これで約1分間。受験の校種や教科名だけでは10秒程度で終わってしまうので、ここでもしっかりと自分をアピールしたい。「戦い」はもう始まっているのだ。当然面接官はこの自己紹介もしっかりと観察している。短かすぎても長すぎてもいい評価は得られない。

（以下の自己紹介は省略する）

：ありがとうございました。では、まず皆さんは、**「いじめ問題」に関してどんな考えをもっているのか**簡潔に考えを述べてください。

：はい。

：では、Bさん。

：いじめ問題は、先日の新聞報道にもありましたように、子どもの**自殺につながる深刻かつ重大な問題**であり、今日の**大きな教育課題**だと思います。

：はい。

：はい、Dさん。

：私は、いじめというのは、Bさんも言われたように児童生徒の命にかかわる問題でもあり、**人が人をいじめるといったことは絶対に許されない**ことだと考えています。

：（無言で手を挙げる）

：あ、ではGさん。

：いじめ問題は、特別な児童生徒や、特別な学級や学校に起こる問題だととらえるのではなく、**どの子にも、どの学級に、どの学校にも起こる問題である**として対応していくことが必要だと思います。

：はい。

：はい。（二人同時に手を挙げる）

：では先に、Aさん、お願いします。

：これまでの発言の中にもありましたが、いじめは、**あってはならないこと**であり、**許すことのできない行為**だと私も思います。いじめには、いじめる側といじめられる側の問題があるわけですが、私はまずはいじめる側の**「なぜいじめるのか」といった要因を把握すべき**だと思っています。そしてその要因を徹底的に分析し、それをなくしていくことが必要だと考えます。

　もちろん、いじめられた生徒への対応も必要です。特に、私は、いじめられた生徒には、**「あなたにはいじめられる理由はまったくない」「悪いのはいじめた生徒だ」**と伝えることも必要だと思っています。それに、学校としては、**いじめられた生徒の安全の確保を保証**することも伝える必要があると思います。

：では、Cさん、お待たせしました。

 ：Gさんも指摘されていたように、いじめ問題は、どの子にも、どの学級にも、どの学校にも起こりうる問題であるととらえたほうがいいと思います。ですから、いじめ問題には、**個人の問題として対応するだけではなく、学校全体での取り組みが必要**になってくると思います。例えば、全教師が連携して、児童生徒からの**小さなサインや変化を見逃さないようにする**などしていく必要があると思います。このサインを見落とさないためには、生徒理解を日頃からしっかりとすること

が必要だと思います。この生徒理解が不十分だと、生徒の変化に気がつかないし見えてこないと思うんです。私は、高いアンテナを張って、家庭との連携もしつつ、このようなサインが見える教師になりたいと思っています。

 ：はい。

 ：Fさん、どうぞ。

 ：私もBさんの指摘にもあったように、「いじめ問題」は、命にかかわる問題ですから、いかなる理由があっても、いじめられる人の立場 に立って対応していくことが必要だと思います。私は、**いじめは人権問題**であると思います。どの人の人権も最大限に尊重されるべきなんだという、人権教育が前提として重要なのではないでしょうか。この人権教育は、たとえば教科の中学校の社会科や高校では公民科の現代社会や政治経済や倫理の科目などでも扱うと思うんです。しかし、それだけではなく、中学校での学級活動や高校のホームルーム活動の時間でも、人権にかかわる教育は可能ですし、やるべきだと思います。自分の人権の主張ばかりではなく、他人の人権を守るといったことも大切だという認識を深めさせることが大切だと思うんです。

 ：はい。

 ：はい、Eさん。

 ：私もいじめを容認するわけではありません。ただ、いじめをどう定義するかにもよりますが、いじめをまったくゼロにすることは困難なことではないかと思います。ま

た、いじめといっても軽度のいじめということになりますが、軽度のいじめまで大問**題として扱ってしまうのは逆に問題がある**のではないでしょうか。いじめに負けないでたくましく生きる力を育てることも必要だと考えます。というのは、最近は保護することとか、守ることとかが学校でも強調されすぎていると思うんです。もちろん、それを否定しているわけではありませんが、あまり強調されたり、そのことだけが前面に出てきてしまうと、どうも弱い人間とかひ弱な人間を育ててしまうのではないかと心配しているんです。「骨太」という言葉がよく使われますが、骨太にたくましく生きる力も必要です。

：よろしいですか？

：はいどうぞ、Ｆさん。

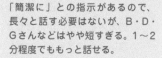
「簡潔に」との指示があるので、長々と話す必要はないが、Ｂ・Ｄ・Ｇさんなどはやや短すぎる。1〜2分程度でももっと話せる。

：Ｅさんの意見で、「軽度のいじめ」ということがありましたが、**いじめに軽いとか、重いとかはない**と思います。私はいじめは一切認めないという考え方が必要だと思います。また、「いじめに負けないたくましく生きる力を育てることも必要だ」との意見もありましたが、この考え方だと、結局はいじめを認めることにつながってしまうのではないかと思います。

：はい。

：Ａさん、どうぞ。

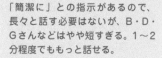
Ｅさんの意見に対して、Ｆ・Ａ・Ｂさんが意見を述べているが、討論の感じが出ている。

：私もＦさんの意見に同感です。先ほど申しましたが、いじめはあってはならない行為であり、許すことのできない行為です。Ｆさんが先ほど述べられたように、いじめは「人権問題」です。人権に軽いや重たいはないと思うんです。だから、いじめにも軽いいじめ、重たいいじめはないと思います。軽いいじめはいいとなれば、いじめは絶対になくなりませんし、むしろ増えていくと考えます。

：でも現実は、軽いひやかしやからかいなどは、普段よく見受けられるのではありませんか？

：私は、先ほど「いじめは子供の自殺につながる、大きな課題であると申し上げまましたが、すべてのいじめが自殺につながっていくわけでもありませんので、Ｅさんがいうように、いじめにも軽いいじめというのはあると思いますし、それを一緒くたにとらえるのはいかがなものかと思います。

：皆さん、どうもありがとうございました。少し討論になりかけたところで申し訳ありませんが、次の課題に移ります。

　では、次は、いじめが起こらない学校にしていくためには、**どのような取り組みや対応が必要**かを討論してください。特に指名はしませんので、自由に話し合ってみてください。

：先ほども述べましたが、私はいじめをゼロにすることは困難なことだと思います。いじめは人間関係の中で起こる問題ですから、私はまずは、**温かな、思いやりのある人間関係により成り立つクラスづくり**を担任としてやっていきます。

：Eさんが指摘されたように、よい人間関係づくりも大切ですが、私は、その前に、いじめには必ず原因や要因があるはずなので、その分析や把握をしないことには、いじめは解決していかないと考えます。要因は単純ではないと思いますが、私は担任として**よく生徒と面談して生徒理解**をして要因の把握に努め、それに基づいて具体的な対応策を考えていきます。

：私は先ほどのEさんの意見に近いのですが、いじめが起こってからの対応よりは、いじめが起こらないクラスづくりが最も大切なことだと思います。そのためには、**普段から相手の立場に立って物事を判断したり行動したりすることのできる生徒**を育てることが重要だと考えます。

> そのための、具体的な方策を述べるとインパクトの強い意見となる。

：先ほど新聞記事の話をしましたが、あの事件のあった学校の校長先生や担任の先生のコメントが出ていました。そこには「亡くなったX君のグループの友達関係はとてもよかった。いじめられていたとはまったく気がつかなかった」とありました。

　私はこの記事を読んで、いじめは見えにくいし、わかりにくい問題なのだなと改めて思いました。**見えにくいことを見えるようにするのは、本当に生徒一人ひとりの様子をしっかりと把握し理解することが必要**だと思いました。

　その一方で、教育評論家のコメントとして、「どうして学校や担任はあのような状態になるまで気がつかなかったのか」とありました。これを読んだときも、学校や担任がいじめに気がつくには、先ほども述べ

> 先ほどのBさんの発言は短かったが、この程度話すと主張したい内容も明確になってくる。ただこれ以上長くなってしまうと、「長すぎる」との評価を受けてしまうこともある。

た、生徒理解が不足していたのではないかと思いました。

：私は先ほど、学校全体の取り組みが必要だと言いましたが、学校全体で取り組むためには、**教員全体がこのいじめ問題に共通理解**をすることが必要だと思います。その

ためには、研修会で、いじめ問題を個人の問題として対応するのではなく、学校としてのいじめ問題への対応策をきちんと打ち出すことが必要だと考えます。

> 「いじめ問題」をテーマに取り上げた研修会の実施に関する提案は、具体的でよい。

：これまでの考え方や対応策はどれもが大切なことと考えますが、いじめは、**突然起こるものではなくて、段々にエスカレートしていくもの**です。ですからいじめの初期の段階で発見することが必要です。それには、いじめの**初期のサインを見落とさない**ことが必要だと思います。

：これまでに出されていない対応策として、私は、保護者や家庭との連携によって、家庭での生活の変化をとらえることが必要だと思います。学校では出されていない表情や言動などがあると思うんです。

> 一人ひとりの考えを述べているといった印象が強い。ここでは、D・F・Gさんの発言には、その要素が見られるが、前の人の意見を受けて発言すると討論になる。

：皆さん、どうもありがとうございました。
　では、次に、先ほどのEさんやFさんの意見で、いじめが起きないクラスづくりや人間関係づくりの必要性や重要性などの指摘がありましたが、それを**実現するための具体的な方策**にはどのようなことがあるのでしょうか。

：私は、温かな、思いやりのある人間関係づくりには、とにかく**みんなで一つのものに取り組む場面を意図的につくる**ことが必要だと思います。それを通して、みんなで協力して作り上げることの大切さや喜びなどを感じると思います。そんな人間関係が作り上げられると、いじめなどは起こらないと考えます。

：私も、Eさんと同じように、クラスづくりで協力関係を作り上げていくことは大切なことだと思いますが、その前提として**一人ひとりのよさをお互いが認め合う**ということが必要だと思います。それには、先生が生徒のよさを認め、ほめることが必要だと考えます。また、一人ひとりは違うんだということも教えていくことが大切です。そして、**お互いに認め合う人間関係**が大切だと考えます。

：EさんやFさんの意見に賛成ですが、それらの一番もとになるのは先ほど述べましたが、様々な生徒の特性をしっかりと把握する「**生徒理解**」だと思います。

：いじめが起きないクラスづくりや人間関係づくりを実現するためには、何でも言い合える雰囲気のクラスを作っていくことが必要だと考えます。「ああいうことは、やってはいけない」とか「そんなことは、言ってはいけない」とか、みんなの前でお互い

が自由に言い合えることが大切だと思います。

：私もEさんやFさんの意見と同じです。中学校の経験ですが、「**一人一役**」ということが行われていました。これは、クラスのだれもが何かの役に就くのです。そして、みんなでこのクラスが支えられているという実感を体験しました。私が担任になったらぜひこのことを再現させてクラスづくりをしていきたいと考えています。

：私は、たとえば**「思いやりのある温かなクラス」**といった**目標**を定め、それを実現させるためには、何が必要かを学級会で話し合わせたいと思います。先生が指示するのではなく、生徒自らに考えさせることが必要だと思います。みんなで考えたことは実行されやすいと思うんです。

：他にありますか？　Dさんはいかがですか？

：はい。皆さんと同じ意見になってしまいますが、クラス全体で何かに一緒に取り組むことをやるといいと思います。いい人間関係を作るには、苦楽を共にすることが必要だと思うんです。

：では、そろそろ時間が来たようです。今回は、「いじめ問題への対応」というテーマで討論していただきました。これで、集団討論を終わります。机上のメモはお持ち帰りくださって結構です。お忘れ物のないようにしてください。お疲れ様でした。

> 発言が後になると、自分の考えがすでに他の受験生に言われてしまうということがある。そのときは、最後のDさんの発言のように、「皆さんと同じ意見になってしまいますが」などの言葉を添えるとよい。しかし、今回のように、面接官から意見の催促を受けるようなことがあってはいけない。

集団討論実況中継の講評

　集団討論で大切なことは、課せられた課題（テーマ）についての自分の考えや意見をきちんと述べることだ。ただ「集団討論」なのだから、課題に関しての自分の考えを述べると同時に、他の意見に対しても自分の受け止め方を述べたり、反論などもしていき、議論を発展させていく必要がある。

　この実況中継の例では、面接官としては、最初に各自のいじめに対する意見を述べてもらい、それを受けて次の段階で本格的な討論をするように導いていたわけだが、ややもすると各個人の意見を述べるだけで終わっている傾向がみられる。たとえそれぞれがすばらしい意見を述べていたとしても、「集団討論」としては、少々物足りなく映ってしまう。

〈模擬授業会場のレイアウト例〉

授業の実践力が問われる

　一口に模擬授業といっても様々な形態がある。例えば、事前に指導計画案を作成し、当日そのコピーを5部持参しなさいというところもあれば、当日に課題が与えられ模擬授業を行うところもある。また、模擬授業は、教科・科目とは限らず、道徳や学級活動（HR活動）の場合もある。

　もちろん会場には児童や生徒はいない。面接官がその役を演じるのだ。面接官が「先生質問があります」と模擬授業中に手を挙げることもある。あるいは、面接官が立ち上がり、会場を歩きまわることもある。また、黒板などが準備されているところもある。当然、板書をすることも求められている。

　いずれにせよ、実際の授業を想定して行われるので、模擬授業者がどのような対応を取るのかといった実践力の評価が行われる。その意味では、準備してきた指導案の内容をきちんとやればいいというわけではない。**本番での授業の実践力が問われる。**

指導計画案は授業のシナリオ

　提出する指導計画案は、教育実習などで作成したものを参考にきちんと作成する必要

がある。少なくとも、○○指導計画案（大きな文字でタイトルとなる）・授業日・授業者の氏名・単元名・単元の指導目標・単元の時間配分・本時の目標・導入・展開・まとめ・評価などの記述は必要だ。

特に、導入・展開・まとめはA4用紙１枚程度に表として整理する。この表には、通常、指導内容・学習活動・指導上の留意点などを区別してまとめる。

面接官は、教育の経験豊かな専門家であり、指導計画案を一目見れば授業が見えてくる。**授業のシナリオである指導計画案を見ると授業がイメージされてしまう。**徹底的に検討された指導計画案を作成しよう。

また、指導計画案は提出するものだ。模擬授業を行うためには、このほかにいわば手もち資料としての授業展開の細案や板書事項の下書き・掲示用の教材などを準備しておく。なお、指導計画案の単元は、特に指定がなければ、**教育実習などでこれまでに授業を実際に行ったことのある得意分野から設定するとよい。**そうすると、全体の授業のイメージも具体的にもちつつ模擬授業を進めることが可能であり、授業もテンポよく円滑に進めることもできるはずだ。

「なり切る」ことが必要

模擬授業といえども、**本番の授業と思ってやることが必要だ。**在学生の場合は、身近な事例としては教育実習での体験や経験がある。そのときの雰囲気を思い出してもらいたい。その雰囲気をイメージしながら、模擬授業を実施するとよい。もちろん児童生徒がいないからそのような授業を再現するのは難しいが、具体的なイメージをまずもとう。イメージができたら、先生役になり切ることだ。

照れたり恥ずかしがったりしては、決して高い評価は得ることはできない。模擬授業を始める段階では、面接を受けているとか受験者といった立場は忘れて、**先生役に「なり切る」ようにする。**当然そのときは、面接官も「偉い面接官」という意識はもってはいけない。このとき、面接官は「児童生徒」なのである。

入り方には二通りある

模擬授業の開始に当たっては、面接官から具体的に指示があるので、その指示に従って始める。

一般に、模擬授業を開始には、二通りのケースがある。その一つは、例えば、「では、本時のことに関して簡単に説明してから、10分間程度○○の項目について模擬授業を開始してください」と言われるケースだ。この場合は、**本時の授業のテーマや本時の位置づけ**（例えば、「本時は、A単元の３時間目に当たります」など）、そして本時の目標やねらいなどを簡単に説明する。そして「では、指定された○○の項目について模擬授

業を始めさせていただきます」と言って模擬授業を開始する。

　二つ目は、面接官から、「他の説明は特に必要でないので、本時の学習展開の2番目にある、○○から10分程度模擬授業を開始してください」と言われるケースだ。この場合は、指示に従って余分なことは話さずに、「では、指定された○○の項目について模擬授業を始めさせていただきます」と言って模擬授業を開始する。

　特に、面接官から指示がなく、「では、模擬授業を始めてください」と言われた場合には、前記のように簡単に本時の授業のテーマや本時の位置づけ、本時の目標やねらいなどを簡単に説明する。そして「では、指定された○○の項目について模擬授業を始めさせていただきます」といって模擬授業を開始するほうがよい。

本番さながらに授業を行う

　模擬授業でも、本番の授業と思って、「先生になり切って」授業を行うことが必要であることは前述したが、面接官が児童生徒であるから、面接官に話しかけるようにして、模擬授業に入っていくようにしよう。そして、**授業はテンポよく、スムーズに流れるように展開させる**。例えば、以下のように模擬授業を展開する。

：さあー、今日は○○についての学習だよ。前回の授業では××についての学習だったね。だから今日の勉強は、前回とも、とても関係の深い内容なんだ。

　　　では、教科書は25ページだよ。開けたかな？

（ここで生徒（面接官）のほうをひととおり見て、教科書がきちんと開けているかどうかを確認する）

> 場合によっては、「皆さん、いいですか。教科書の25ページですよ」と言って、再確認をする。

：25ページの左上の写真だけど、これはどこかなぁー？

　　　だれか、発表できる人！

（ここで、生徒（面接官）の手が挙がる）

：おおっ！元気よく手が挙がったね！では、××さん。

：空から見た街の写真です。

：××さん、なかなかいい観点からの発表だけど、先生が聞きたいのは、写真に写っている場所、たとえば、横浜とか、大阪とかなんだけど。写真の中央に写っている高いタワーに注目すると、ここはどこかなぁー。

：あぁー、そうかぁー……、わかった！「東京」だ！

：××さん、よくできたね！　そぉー「東京」だよね。

 ## 児童生徒主体の授業を展開

　模擬授業でも、講義中心の「教え込む」といった印象を与える授業であってはいけない。児童生徒に考えさせる場面や発表させる場面、作業を行う場面などを与えることだ。

　「発表などを取り入れた児童生徒主体の授業」「要因や背景などを考えさせる授業」「みんなで協力し合う授業」など、変化に富んだ創意工夫ある模擬授業を行うとよいだろう。そして、「教え込む授業」から「引き出す授業」を心がけよう。

 ## 質問（発問）や板書なども行う

　模擬授業は、一般の授業を凝縮して行われるといった側面もあるので、展開の中で、質問（発問）や板書なども行う。質問（発問）の場合は、面接官に答えてもらうことまではしなくてよい。あたかも生徒から発言があったように受け止めるのだ。例えば、「そうだね、よく理解できていたね」のように展開する。

　板書事項は、あらかじめ、下書きをしておく。字のうまい下手はあるが、大事なことは、生徒にわかりやすく丁寧に書くことだ。多くのことについて、板書することはない。キーワードや内容のエッセンスなどをまとめて書くようにする。全体としてもまとまりのあるものとしよう。

 ## 制限時間は守って

　「はい、時間です」と言われて終了する場合と、自分で見当をつけて終了する場合とがあるが、時間によっては途中で終わらざるをえないこともある。そのこと自体はあまり気にしなくてもよい。ただ、制限時間は、オーバーしないようにしたい。

　また、面接官から終了が告げられた時は、途中であっても「これで終わらせていただきます。どうもありがとうございました」とあいさつをきちんとして終了させることだ。

10 場面指導（ロールプレイング）の攻略法

〈場面指導会場のレイアウト例〉

 ## 実践力が問われる場面指導

　場面指導を教員採用試験に取り入れている教育委員会が、最近は増えている。教育に関する知識を豊富にもっていても、実際の児童生徒の学習指導や生活指導に生かすことができないと、教員として必要な資質や能力に欠けることになってしまうため、今や最重要視されていると言っても過言ではない。

　教員には、学習指導や生活指導などの**実践的な指導力**が求められている。単に知識量が多いとか、論理的に話せるということだけでは不十分である。場面指導は、具体的な課題への対応を通じて、受験生の実践的指導力を評価しようとしているのである。そのため、場面指導の試験では、教員としての役割を、教育的な考え方をもとに十分に果たすことを心がけよう。

 ## 場面指導の二つの形式

　場面指導には二つの形式がある。一つは、上図の左側のような、**個人面接と同様の形**式で行われるもので、教育上の様々な場面において「あなたなら具体的にどう行動するか」という質問がなされるものである。

　もう一つは、上図の右側のような模擬授業と同様の形式で、与えられた指導に関する場面を教員として演じるもので、ロールプレイングとも呼ばれるものである。この練習のためには、生徒役や保護者あるいは地域の方々の役をしてくれる人が必要だ。相手役を教員や友人にやってもらい、実践的な練習をしよう。実際の試験では、面接官が児童や生徒役を、受験生が先生役を演じることが多い。

● 場面指導（ロールプレイング）の実況中継

：生徒Ｂが、「先生、今、体育館の脇で、Ａ君がＸ君やＹ君たちに取り囲まれて、けんかをしています」と言って駆け込んできました。そのときの場面指導を行ってください。Ａ君・Ｘ君・Ｙ君たちの役は面接官が行います。あなたは、先生役をお願いします。では、これから始めます。

● 場面Ⅰ（職員室での生徒Ｂへの対応）
（生徒が職員室で教材を作成中の先生〔受験生〕のところに駆け込んできた）

（生徒Ｂ役）：先生！　今、体育館の脇で、クラスのＡ君が隣のクラスのＸ君やＹ君たちに取り囲まれて、けんかしてます！

：えっ！　体育館の脇でＡ君がＸ君やＹ君たちに取り囲まれて、けんかをしているんだって！　**じゃあ、すぐ行くよ！**

> 生徒が息を切らして先生に知らせに来てくれたわけだから、先生はすぐ現場に行くことが必要。まさに、緊急対応をするのだ。なお、ここではそのような言動が見られなかったが、そのとき、周りにいる先生方に、状況を端的に伝えて行動することも必要である。

● 場面Ⅱ（体育館の脇に到着したときの場面）
（Ａ君をＸ君やＹ君たちが取り囲んで、責めている現場）

（生徒Ｘ役）：おまえは、何でおれたちの悪口を言ってるんだよ！

：こんなところで、何をしているんだ？

（生徒Ｙ役）：Ａ君がおれたちの悪口を言いふらしてるんです！　だから、今、そのわけを聞いてるんです。

：**よし、わかった。**ここではなんだから、会議室で**両方の言い分を聞くよ。**とにかくここから移動しよう。いいね？

（移動する途中で、隣のクラスのＣ担任に連絡し、会議室に来てもらうようにすることに）

：Ｃ先生、Ｘ君やＹ君たちからどのようなことがあったのか、事情を聴取してください。隣の第二会議室もあいているのでよろしくお願いします。

●場面Ⅲ（受験生の生徒Ａへの対応）

（第一会議室で）

 ：X君やY君たちはとても怒っていたようだけど、何かあったの？

 （生徒A役）：僕は、X君やY君たちの悪口なんか言っていません。

 ：そう。じゃあどうして、X君やY君たちは怒っているのかな？　**何か、思い当たることはないの？**

 ：そういえば、X君やY君は生意気に見えると言ったことはあるけど。でも、生意気だとは言っていないし、本心からそうだとは今も思っていません。

 ：そうか。じゃ、ていねいに話し合えば、その誤解はとれるよ、きっと。どうしたらいいと思う？

 ：じゃ、僕、**X君やY君たちに、このことをきちんと話そうと思います。**

 ：そうか。ていねいに説明すれば、**きっとX君やY君たちも、わかってくれるよ。**

　この場面指導では、三つの場面がある。

　第一の場面は生徒Bが職員室で教材の準備をしている先生（受験生）のところに緊急事態を知らせに来た場面である。この場面で大切なことは、**すぐに現場に駆けつけること**である。その際、報告に来た生徒Bには「連絡、ありがとう」と一言お礼を言いたい。また、行動を起こす際に、周りにいる先生へも「A君が取り囲まれているというので行ってきます」と連絡する必要がある。

　第二の場面は、先生が生徒Bとともに体育館わきに到着した場面である。ここでは、X君・Y君そしてA君へのかかわり方が問われる。この場で話し合うというケースも考えられるが、ここでは緊迫した状況があるので、先生（受験生）は、校舎内の会議室に移動させている。少し時間をかけてそれぞれの生徒の言い分を聞く必要があると判断したものと面接官は考える。先生（受験生）の状況判断としては間違っていない。

　第三の場面は、先生（受験生）と生徒A君との話し合いの場面である。ここでは、先生（受験生）は、叱ったり命令したり指示したりはしていない。A君にていねいに対応している。このような対応の仕方は、カウンセリングマインドといった視点からも必要なことである。

　ここでは、同じ場所で三つの場面での先生の対応ぶりを演じることになる。実際には、それぞれの場面を面接官に説明をして場面指導を行うことになる。

自ら正しく判断し行動できる力を育成することをめざして対応する

　児童・生徒指導を行う場合は、まず、「児童生徒の声に耳を傾ける」ことが必要である。特別なことを除いて、このような対応は、どのような事例でも応用できる。「傾聴」「受容」「共感」を基本とするカウンセリングマインドの立場に立っての指導方法を身につけておく。学習指導に関する課題への対応でも、このカウンセリングマインドの立場に立って指導する。

　これは、多様な児童生徒一人ひとりを大切にした指導であり、児童生徒自らが考え、判断し、正しく行動できる力（自律心や自立心）を培うことをねらいとしているのである。

 ## 学校内での連携の視点を見落とさないようにする

　場面指導では、具体的な対応策を即座に行動に移すことが求められる。忘れてはいけない視点の一つは、学内での協力や支援を求めるなど、組織で業務を推進することだ。例えば、上司への連絡や相談あるいは上司の指示を求めることや、教務部や生徒指導部あるいは進路指導部といった各分掌組織との連携や協力の依頼、同じ学年や他の学年の主任の先生や担任の先との連携や協力の依頼などがある。

　さまざまな課題をすべて一人でかかえ込んだり、一人で解決しなければならないと思い込まないことだ。学校は組織で業務を推進しているところだということをよく認識して、対応しよう。

 ## 保護者や関係機関との連携も視野に入れる

　場面指導では、自分（教員）だけで課題を解決するわけではないということも知っておく必要がある。特に、保護者への連絡や保護者との連携、地域や関係機関との連携なども必要なことがある。例えば、児童生徒が学校でけがをしたときのケースでは、保護者に必ず連絡する。どのような状態で、どのようなけがをしたのか、学校ではどのような処置をしたのか、病院には連れて行ったのか、今後家庭ではどのような処置が必要なのかというように、できるだけ詳しい内容を伝える。けがの状態にもよるが、本人を一人で自宅に帰すよりは、教員が同行したり保護者に学校に来てもらうほうがよい。

　事件等が起きた場合には、警察などの関係機関との連携が必要だ。このようなことを頭に入れて、対応するとよい評価が得られる。

　なお、場面指導については、姉妹編の『面接試験・場面指導の必修テーマ100』で詳しく解説しているので、そちらもぜひ参照してほしい。

11 集団活動（グループワーク）の攻略法

〈集団活動会場のレイアウト例〉

 ## 「競争」ではなく「協創」

　集団活動（グループワーク）は、文字どおり集団でモノ作りなどを行う活動だ。集団面接や集団討論と違って、受験生どうしが単に話し合ったり討論したりするだけではなく、目的はそれらを行いながら「作品などをみんなで協力し合って作り上げる」ところにある。

　ここで大切なのは、「競争」ではなく、「協創」であることだ。言い換えれば、他の受験生の優位に立つことをめざすのではなく、みんなで協力し合って一つの作品などを作り上げる（創造する）ことだ。面接官も、受験生が協力し合ってみんなと一緒になって取り組めるかどうかをみている。面接官は、受験生一人ひとりの言動や協力や協調という観点からチェックしている。

 ## 相手の意思や考え方を尊重しよう

　みんなで協力・協調して一つのものを作り上げるのであるから、最も大切になるのは、自分の意見をしっかりと述べるとともに、他人の意見や考え方などもそれと同様に尊重して対応することだ。たまたま出題された課題が得意分野でも、得意になって、一

人舞台の印象を与えてはいけない。「一人勝ち」は、集団活動の場合は、マイナス評価だ。

　常に相手を意識し、相手の意見や考え方も最大限尊重し受容していくという言動が大切だ。そこには、「相手の立場に立つ」「温かな思いやりややさしさ」という雰囲気が醸し出されていることが重要だ。

　とはいっても、自分の意見や考えを出さないわけではない。言うべきことはきちんと主張すべきだが、その言い方にも十分配慮しよう。

相手の意見をよく聴く「傾聴力」が大切

　集団活動で求められることのもう一つは、「まとめる力」すなわちリーダーシップを発揮するということだ。ただし、リーダーシップも前述のように、強引さや独善性などを相手に感じさせたりしてはいけない。

　よいリーダーは、自分の意見にいかに従わせるかを考えるのではなく、みんなの意見のよい点をいかに統合してさらに価値の高いものをいかに創造していくかを考えるのである。

　その意味では、まず、相手の意見をよく聴くということ、すなわち「傾聴力」が問われるといってもいい。「傾聴力」の「聴」は、うわさを聞くといったときの一般的な「聞」とは異なっている。「傾聴力」の「聴」には、心という文字がついているのだ。これは、相手の意見や考えを、「心を込めて聴く」こと、「きちんと聴く」ことが大切であることを示している。このような聴き方は、相手の意見や考え方を尊重することにもつながる。

あなたが描く「教師像」を具体的に話す

　最近、「コラボレーション」という語をよく耳にするようになったが、これは「協働」と訳される場合が多い。『現代用語の基礎知識』（自由国民社）には、コラボレーションとは、「共同作業、共同制作、合作。略して、コラボ」と記されている。いずれにしても、異なった立場や異なった業種にある人が協力して仕事をし、より価値の高いものを創造していこうとする営みだ。例えば、意見や考え方が異なっていた場合に、一方的に意見や考え方を押し通すとか、相手に妥協したり、譲歩したりするのではなく、協働してより価値の高いものを創造していくことが必要だ。

　他の受験生とコラボレーションすることによって、よりよいものを作り上げるのが目的なのだから、自分の個性を強力に出すのではなく、どうしたらそれぞれの個性を生かしてそれを融合させ、よりよいものへと変化させていけるかということを考えるようにしよう。このような考え方に立って、集団活動に参加することが重要だ。このようにと

らえると、集団面接や集団討論などよりは意外と楽しく参加していくことができるのではないだろうか。

グループワーク（集団活動）の実施方法

　では実際に、どのような形で集団活動が実施されるのか、その事例を一部紹介してみる。集団活動も、集団面接や集団討論同様、面接官は2～3人で、受験生は5～6人で実施されることが多い。課題は、面接官から当日与えられる。

　例えば、Y市では、面接官2人、受験者4～5人の構成である。まず課題が与えられ、それについて受験生全員で約4分間考え、その後約1分間で一緒になって協力して表現活動を行うといった形態で、集団活動が実施された。課題として与えられたのは、「海底探検隊になって海底を探検する」、「宇宙の様子を表現する」というものであった。

　また、I県では、面接官は4人で、受験生は3人で集団活動が実施された。そのときの課題は、「全校集会で先生を紹介するときの打ち合わせをする」というものであった。全国的にみて、集団活動が採用試験に取り入れられているところは、集団面接や集団討論よりもはるかに少ないが、集団討論に集団活動の要素が加わっている場合もあるので、この試験のポイントや方法については承知しておこう。

● 集団活動（グループワーク）の実況中継

　実際の事例をもとに、グループワーク（集団活動）がどのように実施されるのかをイメージしておこう。

　ここでは、次のことが前提として課題が設定してある。

・面接官は3人で、受験生は4人で実施される。
・受験生はすでに指定された席に着席している。
・作業の時間は5分間で、結果の発表は2分間である。
・課題は「学級だより」の作成である。
・提供されているものは、「学級だより」となるA3の用紙が1枚（実際には、印刷して、生徒に1枚づつ配布されるという前提である）、記事となる素材が5件（運動会・今週のクラスでの出来事①・今週のクラスでの出来事②・期末テストの時間割・ご家庭への連絡事項）がその内容とともに示されている用紙。このほか、ものさしや、筆記用具が準備されている。
・当日のグループワーク（集団活動）では、時間の関係で記事を書くのではなく、示された記事のレイアウトを決定すればよい。

：では、「学級だより」の作成を始めてください。

：記事となる素材が5件とその内容が示された用紙があるので、まずはどの記事をどの位置に記載するかを決めていきましょうか。

：そうですね。じゃあ、みんなで急いで5枚の用紙に目を通しましょう。

（しばらく時間が経過した後）

：そろそろ始めますか！

：僕は、迷ったんだけどやっぱりメインはこの運動会の記事だと思うので、ここは思い切って全体の3分の2くらい取って、ドーンと大きく取り扱ったらメリハリもできていいと思います。

：私も賛成です。というのはこのクラスは運動会でとても活躍したわけだし、その成果もあったようだから、これを一番大きく扱うべきだと思います。

：みなさんそれでいいですか？

：私も運動会の記事をトップにもってくるのは基本的に賛成ですが、3分の2は少しとりすぎだと思います。この「今週のクラスでの出来事」の①と②の記事も保護者の関心が高いと思うんですけど、どうですか？

：確かに、Bさんの意見にも一理あるかも。

：じゃあ、運動会の写真を少し小さくして、できるだけ記事を生かしてこのくらいで収めると、全体では2分の1から3分の1強程度になりますね。

：その程度の大きさだったらいいんじゃないかな？

：そうすると、この「今週のクラスでの出来事」の記事は、ここということになるでしょうか？

：どっちかというと、中央のここで、こうしたほうが、バランス的にいいと思うけど。

：確かにそうだね。

：今週のクラスの出来事①と②は、内容が異なるので扱うスペースは差をつけたほうがいいと思います。①のほうは、クラスの役員選挙とそれぞれの役員の豊富が記されているので、少し大きめにしてクラスの取り組みを理解してもらったらいいと思いま

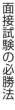

す。

：そうだね。②の記事は、席替えの様子だから、少し小さめにしてもいいと思います。そうすると他とのバランスもとれるんじゃないかしら。

：「学級だより」は、保護者の方々に読んでいただかないといけないものだから、5つの記事にも変化をつけたほうがいいと思います。そういう意味で、お二人の意見に賛成です。

：確かに、バランスは大切だけど、記事の見出しにももうひと工夫あっていいと思います。何か着目されるキーワードを工夫することが必要だと思うんです。例えば、①の記事では、「わがクラスを支える新しいリーダー」とか、②の記事では「席替えで気分も新たに」とか、キャッチフレーズが必要だと思うんです。

：なるほど、確かにそうですね。じゃあそうしましょうか。

：うん。時間もないからＡさんのフレーズをそのまま使おう。

：「期末テストの時間割」と「保護者の皆さんへ」は少し目立つように枠で囲んで、この辺に置いたらどうですか？

：うん、全体的にこんな感じでいいんじゃないでしょうか。

：そうですね。じゃあこれで完成ということにしますか。

：いゃー、協力してやると、いいものが速くできるね。

：最初は、どうなるのかと思ったけど、意外と素早くできたね。

全員 ：できあがりました。

：時間以内でできました。では、次に「学級だより」の記事の配置が、なぜこのような配置になったかを説明してください。

：はい。運動会は1年に1回しか行われない大きなイベントですし、記事を読むとクラスが一致団結して大きな成果があったと書いてありますし、生徒たちもとっても楽

※出来上がったレイアウト※

Ｔホーム　学級だより	
運動会で大活躍のＴホーム！	
わがクラスを支える 新しいリーダー	席替えで気分 も新たに
期末テスト 時間割	保護者の皆さんへ

しんだとありますから、ここに大きく取り扱いました。

：はい。「今週のクラスでの出来事」の①と②の記事は、保護者の方々の関心も高いと思いますので、キャッチーな見出しをつけて紙面の中央に持ってきました。

：はい。「期末テストの時間割」と「保護者の皆さんへ」は少し目立つように工夫して、ここに配置しました。

：時間があまりなかった割には、なかなかバランスのとれたレイアウトに仕上がったと思います。

：時間です。では、「学級だより」の記事の作成はこれで終了します。「学級だより」などの資料や用具類はそのままで結構です。どうぞ、退室してください。

全員：失礼いたします。

（全員、礼をして退室する）

第4章

面接試験の必勝法

集団活動実況中継の講評

　意見を述べる際にはその理由までしっかりと述べられており、教育的な配慮がなされている。集団活動では、ややもすると全体の意向に流されてしまいがちであるが、きちんと理由を述べたうえで、反論や修正意見が出されていたことは評価できる。また、最後に協力して作り上げることの大切さが実感されていることも、面接官に好印象を与える。

　出来上がると、面接官からこのような構成にした理由を問われる。ここでも、各自が分担してその理由を述べているところも大変よい。決して、特定の個人が独り占めをしてすべてを語ってしまうということは避けなければならない。

　今回の事例では、特に意見が対立してしまうことなく、相手の意見も尊重しつつ協調・協創の精神で集団活動が進められた。その背景には、そのように扱うことの理由が他の受験生を納得させるに十分であったということが挙げられるだろう。意見が異なる場合には、教育的な配慮のもとに、作成物の目的をしっかりと踏まえた意見（修正意見や反論など）を出し合うことが重要である。

12 パーソナルプレゼンテーションの攻略法

〈パーソナルプレゼンテーション会場のレイアウト例〉

 ## パーソナルプレゼンテーションのポイントは自己PR

　パーソナルプレゼンテーションのポイントは「自己PR」だ。志願書にも自分の長所や短所、得意分野やこれまで打ち込んできた部活動やサークル活動、これまでに体験した奉仕活動やボランティア活動を記入してすでに提出してある場合が多いが、自分の強みをここで改めてアピールできるチャンスともいえる。

　また、パーソナルプレゼンテーションでは、教員への志望動機やめざす教員像などについてのプレゼンテーションを求めることもある。これらのことについて、自らの言葉で、生き生きと具体的にプレゼンテーションすることが重要である。

　しかし、プレゼンテーションの時間は短い場合は1〜2分、長くても3〜5分と極めて限られている場合が多い。その限られた時間で自己を最大限にPRするわけだから、やはり十分な事前の準備（内容）とその練習が必要だ。

　当然のことながら、事前に提出した志願書などの書類の記載内容は、確実に把握しておきたい。というのは、面接官がそれをもとにプレゼンテーションの際に、その内容の確認や場合によっては追加の質問などをする場合もあるからだ。

面接官に強烈にアピールすることが必要

　パーソナルプレゼンテーションでは、自分の長所、得意分野やこれまで打ち込んできた部活動やサークル活動、これまでに体験した奉仕活動やボランティア活動などを話すだけでは、単なる自己紹介のレベルで終わってしまう。パーソナルプレゼンテーションは、自己紹介の場ではない。

　パーソナルプレゼンテーションは前記のように、面接官に対して自分自身をPRすることだ。したがって、面接官に強烈にアピールするようにしたい。それには、プレゼンテーションする内容に軽重をつけて、アピール度の強いストーリーを構築しておく必要がある。

　特に強調することは、これまでに最も自らが打ち込んできた学習分野や活動内容である。このことに関しては、自信をもって話せるはずである。そしてこのスピーチは、他のだれにもまねできない内容であるはずだ。

　しかし、注意しておかねばならないのは、自分が体験してきたことは、ついつい話が長くなってしまうということである。**それを防止するために、事前にキーワードで整理しておく。**そして、「あれもこれも」でなく、よく精選して「あれとこれ」によく絞り込んでおこう。優先順位をつけて話すことが大切だ。

短所は長所に、弱みも強みに変えて

　パーソナルプレゼンテーションでは、あえて短所や弱みが問われることもある。人間だれしも長所や強みがある一方で、短所や弱みがある。その観点からは、短所や弱みがあっても何ら問題ではないが、それが教職にとってどうかというと、問題となることもある。

　「短所は見方を変えれば長所である」「弱みを強みに変える」といった考え方が必要だ。例えば、「決断を求められると迷うことが多い」ことを短所や弱みに書いたとしたら、それは「慎重に判断する」タイプであるとも言えるのである。決して、短所を短所として、弱みを弱みとして受け止める必要はないのである。短所や弱みをどのように長所や強みに変えていくのかといったスピーチが大切なのだ。

必ず教職との関連性を踏まえてスピーチする

　教員採用試験におけるパーソナルプレゼンテーションでは、自分の長所や短所、得意分野やこれまで打ち込んできた部活動やサークル活動、奉仕活動やボランティア活動などについて、前述のようにアピールできたとしても、実はそれだけでは不十分だ。というのは、それは一般の企業などでのパーソナルプレゼンテーションと何ら変わらないか

らだ。

　あくまで教員をめざしてのパーソナルプレゼンテーションであることを忘れてはいけない。それには、パーソナルプレゼンテーションでの内容が、教職といかに関連（リンク）しているのか、教職でどのように生かせるのかを含めて、プレゼンテーションするようにしたい。実は、面接官はそこが最も知りたいことなのだ。

第5章

これから仲間となる
君たちへ

1 採用される人と採用されない人はここが違う

　ここまで、面接試験に関するノウハウ・対応の仕方などをみてきたわけだが、だいたいポイントはつかんでもらえただろうか。

　さて、第5章では、本書のまとめとして、採用される人・されない人はどこがどう違っているのかというところや、残念ながら不合格になった場合、どのあたりにポイントを置いて次をめざすべきなのかというところを記しておきたいと思う。

　まずは、採用される人に共通にみられる特徴からみてみたいと思う。

熱意と意欲のある人

　採用される人に共通的にみられることの一つは、子どもへの対応や教育に関して、熱意と意欲をもって一生懸命にかつ誠実に取り組む姿勢が感じられることである。誠実さに裏づけされた熱意と意欲ということができる。

　このような態度は、普段から培われるものであり、急ごしらえでできるものではない。早くから「絶対に教員になる！」という目的意識をもち、それに向けての努力を継続することが重要だ。そうすることで、「教員としての自分」という意識が芽生えるようになり、それが行動や態度として表れるのだ。

　その意味では、「熱意と意欲をもって一生懸命にかつ誠実に取り組む姿勢」ということがなぜ教職に最も大切なことなのか、どのようなことが具体的に必要とされているのかを理解して、その実現に向けて努力する中で生まれてくるものなのだ。

温かな心と思いやりの心が豊かな人

　教員として採用された人の多くは、子どもに対する温かな心と思いやりの心が豊かな人であるといえる。

　教員の仕事の対象となる児童・生徒は、教員からみれば、いずれも年下である。教員からみれば、はるか年下の子どもなのである。大人が子どもに接するわけであるから、当然と言えば当然のことであるが、温かな心や思いやりのある心が豊かでなくては、教員としての職業、教育するという営みは成り立たないのである。

　このことは、その人と接してみると、ちょっとした言葉の端々や、立ち居振る舞いなどにも表れてくるものである。

しっかりとした使命感や責任感にあふれている人

　採用された人と話をすると、「こんな先生になりたい」、「こんな教員をめざしたい」といったことを実にしっかりと語る人が多い。自分なりに目標とする教員像をしっかりと描くことができているのである。同時に、教員としての使命感や責任感にもあふれていることが多い。

　このような人であれば、採用する教育委員会をはじめ、保護者や地域の方々も「しっかりした先生」「頼もしい先生」「子どもを託すことのできる先生」といった印象をもつに違いない。

　そう意味では、改めて、自分のめざす教員や教員としての使命感や責任感について、きちんと語れるかどうかをチェックしてみるのもよいだろう。

明るくフットワークの軽い人

　かつてある市役所に「すぐやる課」という課が設けられ、市民から好評であった。依頼されたことにすぐに対応することは、いろいろな業務を抱えた市役所では難しいが、この課では、サービス精神豊かに、なんでも即対応した。市民にはとてもありがたい課になった。

　学校教育においても、子どもたちからの願いや保護者や地域の人々からの相談ごとや依頼されたことに、すぐに対応することは重要だ。また、教職には、そういったサービス精神も欠かせない。

　採用された人に会ってみると、明るく笑顔で対応するとともに実にフットワークが軽い感じで、極めて行動的な人が多いように思う。まさに「すぐやる課」の職員の要素をもち、「すぐやってくれる人」といった感じを受ける。

　特に若くして教員をめざす人には、このことは重要になる。もちろん、時と場合によって異なるが、「考えてから行動を起こす人」「考えながら行動する人」「行動してから考える人」に大きく分けるとしたら、フットワークの軽い人は、「考えながら行動する人」ではないだろうか。

硬直的でなく、柔軟な思考力をもって行動する人

　皆さんの中にも、「あの人はどうもカタいね」とか「あの人は柔軟性に欠けるよなぁ」と指摘されそうな人がいるのではないだろうか。もちろん、「短所は長所」、「弱みは強み」であるから、「カタいこと」、「柔軟ではなく硬直的であること」が必要な職種もある。

　しかし教員は、多様なものの見方や考え方をする子どもたちや、多様な興味や関心・能力や適性・進路希望をもつ子どもたちを対象に教育活動を行う。したがって、**硬直的でなく柔軟な、画一的でなく多様な、閉鎖的でなく開放的な考え方をもって行動することが求められる**。教育を進めていくうえで、硬直的だったり画一的だったりすると、子どもたちや保護者の声が聞こえてこないのである。

　現在の学校教育は、児童・生徒や保護者及び地域の人々などの多様なニーズに耳を傾け、対応していくことが求められている。採用された人に会ってみると、決して硬直的、画一的、そして閉鎖的な印象は受けない。

優れた実践的な指導力を有している人

　採用された人と教科指導や生徒指導などについて話し合ってみると、ここにも共通点がある。まだ経験が不足しているために、説得力にやや欠けるといった感じはあるものの、単に知識として知っているだけではなく、「私はこんなふうにやってみた」とか、「こういう場合にはこうしたらうまくいった」とか、実践につなげた体験や経験を語ってくれる人が多いのだ。

　そんな人からは、実践的な指導力がうかがえる。子どもたちを前にしたときの様子の話を聞くと、何か頼もしい感じを受けるものだ。

　これから教員をめざす人は、**教育実習だけにとどまらず、教育ボランティアなどにも積極的に参加し、子どもたちと一緒に過ごす中で、実践的な指導力を培っておくとよいだろう**。

社会人としてのマナーをもっている人

　「現在の若者は、マナーに欠ける」と憤る人も少なくない。「おはようございます」「すみませんでした」「ありがとうございました」などのあいさつができない人も多いという。

　服装や身だしなみなどの配慮に欠ける人、他人のことより自分のことばかり主張する人、社会的なルールをきちんと守らない人など、社会人として必要なことを十分備えていない若者が多いということである。

採用された人に共通的するのは、礼儀や作法、マナーなど、常に相手を意識して、相手にとてもよい印象を与えていることである。

採用する側としては、やはり「児童生徒のお手本としてふさわしい人物」であるかどうかは、非常に気になるところなのだ。

 ## 採用されない人に欠けているもの

端的に言えば、これまで述べてきたことに欠ける人は、採用されないことが多くなってくる。

特に、教員以前に社会人としての礼儀や作法、社会的なルールを守ることの意識、自律心や自制心といったところが欠けており、自己中心的な言動がみられる場合は、面接でも決して高い評価は得られない。

教職は、子どもたちをはじめ保護者や地域の方々との**コミュニケーション**が欠かせない職業でもある。もちろん学校での業務も他の教員と協力・協調して協働体制で組織的に行われるものである。にもかかわらず、これらの人々とのコミュニケーションがうまくとれないとなると、教育活動をはじめとした業務が円滑に進まない。

相手の話をよく聴き、また、自分の考えなどもきちんと伝えることのできる双方向的なコミュニケーション能力に欠ける人の評価は低い。教員は、人間関係に疎いタイプではいけないのだ。

自ら考え、自ら正しく判断し行動することができず、いちいち人の指示を待つ「指示待ち人間」であったり、マニュアルへの依存の強い「マニュアル人間」は、教員に必要な資質や能力に欠ける点がある。もちろん、上司や先輩の指導や助言を謙虚に受けることは大切だが、実際の子どもへの指導は、マニュアルに基づいてすべてそのとおりに行えばよいというものではないからだ。

もう一度、自分に当てはまるところはないか、それを改善するにはどうしたらよいのかというところを考えてみてほしい。

2 合格できなかった人へ

　一口に合格できなかった人といっても、さまざまなケースが考えられるが、大きく分けて、一次試験で不合格になった人と二次試験で不合格になった人と区分して述べることにする。

 一次試験で不合格になった人①～まずは自己採点・自己評価が必要～

　一次試験は、多くの場合、一般教養試験・教職教養試験・専門教養試験・論文試験・面接試験などが行われる。まずは、この一次試験に合格することが不可欠である。一次試験で不合格となった受験生は、受験の手ごたえとして、特にできなかったことや、かんばしくなかったのはどれとどれだったのかということが、ある程度把握できるはずである。

　最近、筆記試験の試験問題は公開され、もち帰ることのできる地域も少なくない。そこで必要なのは、自分で採点をしてみることだ。

　論文試験や面接試験などでは、復元答案を作成したい。復元答案は、何かを見てよりよいものを作成するのではなく、当日書いた内容や面接で聞かれた質問やその回答をできるだけ忠実に復元することを心がけよう。この復元答案は、大学の指導教官などに見てもらい添削してもらう機会があれば、なおよい。

　この自己採点・自己評価復元答案の作成は、試験終了後のなるべく早い時期に実施したい。というのは、回答した内容の正確な記憶は、日がたつにつれて薄れてしまうからだ。

　これらのことが終わったら、改めて不十分な個所をチェックしてよりよい答案を作成していこう。

 一次試験で不合格になった人②～戦略を立てて対策を講じる～

　「戦いに、戦略なくして勝利なし」だ。自己採点や自己評価、復元答案をもとに、弱点を洗い出そう。ここでは甘い評価は禁物だ。徹底した洗い出しによって、より効果的な戦略を練ることができる。

　弱点が明確になれば、自ずと次の試験までにやるべきことがはっきりと見えてくる。例えば、教職教養試験で、教育法規関係が弱点であることがわかれば、教育法規対策が必要になる。法規対策では、憲法をはじめ、教育基本法、学校教育法、学校教育法施行規則、学習指導要領などの、どの法規関係が特に弱みになっているかを明らかにし、対

策を講じる。特に教育法規関係では、教育基本法や学校教育法は大幅に改正されているので、注意が必要だ。

 ## 二次試験で不合格になった人①〜面接でどこが不十分であったのか〜

　二次試験では、個人面接、集団面接、集団討論、模擬授業、場面指導、パーソナルプレゼンテーション、グループワーク（集団活動）などが実施されることが多い。これらは、教育に関する知識を問うということよりも、教員としての適性を評価するという側面が大きい。**教員としての資質や能力などを十分備えているかどうか、教員として優れた人物であるかどうかの評価が行われる試験なのだ。**

　教員として必要とされる資質や能力については、第3章の質問8や第4章1で述べられているので、ここを参照して再確認をする。また、第5章の1で、「採用された人と採用されなかった人」の項目を改めて参照するようにしよう。特に、「採用された人」で取り上げた内容については、自分はどうであったのか、率直に見直そう。

　繰り返しになるが「採用された人」にみられる特性を以下にまとめておく。

・熱意と意欲がある
・温かな思いやりの心をもつ
・しっかりとした教職に対する使命感や責任感がある
・明るくフットワークが軽い
・社会人としての礼儀や作法などが身についている
・実践的な指導力がある
・柔軟な思考力がある

 ## 二次試験で不合格になった人②〜弱点克服のための行動計画が必要〜

　次に、前記の内容から自分を見つめ直し、自分の弱点や弱みを明らかにしよう。ここでも甘く評価することを避け、厳しく自分をチェックすることが大事だ。

　そしてその結果に基づいて、内容改善のための具体的な方策を考え、行動計画を作成する。ここで取り上げられる方策は、一次試験の場合と異なり知識的な内容ではない。どん

な経験や体験をする必要があるのかという行動計画を作成するのだ。そして、弱点としてとらえられた内容を、トレーニングで改善するのだ。改善点を自覚し、具体的な改善の方策を立て、実践しよう。

二次試験で不合格になった人③〜初志貫徹する本気の意気込みが必要〜

一次試験で不合格になった人も二次試験で不合格になった人にも共通して必要なことは、「絶対に教員になるんだ」という強い、本気の意気込みである。しかもそれを持続的に維持していかなければならない。

「どうせ採用なんてされない」「また落ちるんじゃないか」という弱い気持ちは、面接の際などに全身からにじみ出てしまうものなので、本当に教員をめざしたいならば、「弱気は禁物」「あきらめない」のが大切だ。

二次試験で不合格になった人④〜欠かせないチャレンジ精神〜

さらに付け加えるならば、ただあきらめないという意気込みだけでは不十分だ。次年度再チャレンジをする場合は、前年度よりはキャリアアップしていなければならないということを肝に銘じてほしい。

現状を維持するだけではなく、果敢にチャレンジし、次の受験までには、自分を一回りも、二回りも大きく成長させることが欠かせない。

3 教員としての心構え

教員採用試験の選考結果は、一次試験・二次試験の成績や提出書類などを総合して判定される。

公立学校の場合は、これらの選考に見事合格すると、公立学校教員採用候補者として「採用候補者名簿」に登載される。名簿登載期間は、多くの場合1年間である。そのため、4月1日付で採用といったことのほかに、年度の途中で採用されるといったこともないわけではない。

いずれにしても、教員採用試験に合格するとすぐに教壇に立つことになるので、本書で学習した内容を単に面接試験のための勉強と受け止めず、ぜひ、身につけたクオリティーの高い「面接力」「コミュニケーション力」を、実際の学校現場で生かせるようにしていただきたい。

最後に特に「教員としての心構え」として欠かせないことをここに記したので、心に銘記し、このことをもとに教育の実践力を磨いていただきたい。

 ## 子どもたちに夢や感動を与えることのできる教員

教職は、子どもたちに知識や文化を教えるだけではなく、子どもたちの人格形成にかかわり、夢や感動を与え、自己の将来を見つめさせ、生き方や在り方を考えさせる、子どもに極めて大きな影響を与える職業である。

教員には、教育に対する熱意と意欲、使命感や責任感、豊かな人間性と温かな教育的な愛情、教科や科目の実践的な指導力などが求められる。崇高で精神的・文化的かつ創造的な営みを行う職業であるという自覚が基本的に必要なのだ。

 ## 絶えず研究と修養に励む教員

平成18年12月に、約60年ぶりに改正された教育基本法には、新たに「教員」に関する条項が設けられ、そこには「法律に定める学校の教員は、自己の崇高な使命を深く自覚し、絶えず研究と修養に励み、その職責の遂行に努めなければならない」と記されている。

前述のように、子どもに極めて大きな影響力を及ぼす教職のその職務の遂行責任を果たしていくうえで、教員には絶えず研究と修養に励むことが求められている。

「もうこれでいい」ということはない。教職を続ける限り、自己の資質や能力を常に向上させていく努力(ブラッシュアップ)が求められているのだ。

教員は「授業で勝負する」プロフェッショナル

「教員は授業で勝負する」「授業は教員の命」ともいわれてきた。子どもたちにとっても、1日の学校生活で最も長い時間を過ごすのが、授業だ。子どもたちにとって、「よくわかる授業」「学習意欲がわき立つ授業」「興味や関心が発展していく授業」そして、「みんなと学び合える楽しい授業」であることが好ましい。

「学習」は「楽習」でありたい。このことを実現できてこそ、プロフェッショナル（専門職）としての教員なのだ。

教員は、教育のプロであるということを忘れてはいけない。

課題解決に向けた覚悟も必要

学校に赴任すると、予想もしなかった様々な教育課題が山積していることに驚くことだろう。今日の学校には、「いじめ」「不登校」「青少年の非行」「暴力行為」「学力低下」などの教育課題が山積している。これらの教育課題から、逃げたり避けたりしてはならない。

まずは、このような課題が生じない学習指導や生活指導、進路指導を行う。児童理解・生徒理解を深め、一人ひとりの児童・生徒を大切にしたきめ細やかな日頃からの指導の積み重ねをする。

また、具体的な教育課題への対応では、他の教員や保護者などと連携・協力して解決していく取り組みが大切だ。これらを十分把握し、実践しよう。

面接官に「この人ならだいじょうぶ！」と思ってもらうために

教壇に立っている自分、子どもと接している自分、保護者の相談に乗っている自分、地域の方々などと話し合っている自分、同僚にアドバイスを受けつつ校務を推進している自分など、**教員になった自分の姿をぜひイメージしてみてほしい**。これまで学習してきた内容を、相手を意識してとらえ直してみるということだ。

本書に示された内容を、自分のものとして消化し、そのイメージの中で再度とらえてみるのだ。そうすると、教員への夢が一段と強く身近に引き寄せられてくるはずであるし、これまでの単なる観念的にとらえてきた内容が、実践的に生き生きとした内容としてとらえることができるはずである。

このような状態になったとき、あなたの「面接力」は、自信に満ちたクオリティーの一段と高いものとなるはずである。そうすると、**教員をめざす熱意や意欲なども含めたあなたの教員としての資質や能力が、実践力に裏づけられたものとして面接官に伝わり**、あなたに対するイメージは「この人なら子どもたちの教育を任せることができる」

「この人ならだいじょうぶ」「この人に教員になってもてもらいたい」といったものに
なっていく。

　そこには、あなたが夢見た教員への道が、確かに開かれてくることを信じて、頑張っ
てもらいたい。

[参考] 中央教育審議会（答申）の内容も押さえておこう

　中央教育審議会（答申）「教職生活の全体を通じた教員の資質能力の総合的な向上方策
について」（平成24年8月28日）の中で、これからの教員に求められる資質能力とし
て、下記のことを述べている。

○これからの社会で求められる人材像を踏まえた教育の展開、学校現場の諸課題への対応
　を図るためには、社会から尊敬・信頼を受ける教員、思考力・判断力・表現力等を育成
　する実践的指導力を有する教員、困難な課題に同僚と協働し、地域と連携して対応する
　教員が必要である。

○教職生活全体を通じて、実践的指導力等を高めるとともに、社会の急速な進展の中で、
　知識・技能の絶えざる刷新が必要であることから、教員が探究力を持ち、学び続ける存
　在であることが不可欠である。

○上記のことを踏まえると、これからの教員に求められる資質能力は以下のように整理さ
　れる。これらは、それぞれが独立して存在するのではなく、省察する中で相互に関連し
　合いながら形成されることに留意する必要がある。

　（i）教職に対する責任感、探究力、教職生活の全体を通じて自主的に学び続ける力（使
　　　命感や責任感、教育的愛情）

　（ii）専門職としての高度な知識・技能

　　・教科や教職に関する高度な専門的知識（グローバル化、情報化、特別支援教育その
　　　他の新たな課題に対応できる知識・技能を含む）

　　・新たな学びを展開できる実践的指導力（基礎的・基本的な知識・技能の習得に加
　　　えて思考力・判断力・表現力等を育成するための知識・技能を活用する学習活動
　　　や課題探究型の学習、協働的学びなどをデザインできる指導力）

　　・教科指導、生徒指導、学級経営等を的確に実践できる力

　（iii）総合的な人間力（豊かな人間性や社会性、コミュニケーション力、同僚とチーム
　　　で対応する力、地域や社会の多様な組織等と連携・協働できる力）

教育委員会の求める教員像

	公表している内容
北海道	○教育者として、強い使命感・倫理観と、子どもへの深い教育的愛情を、常に持ち続ける教員 ○教育の専門家として、実践的指導力や専門性の向上に、主体的に取り組む教員 ○学校づくりを担う一員として、地域等とも連携・協働しながら、課題解決に取り組む教員
青森県	青森県公立学校の教員として求めるものは、広い教養、充実した指導力、心身の健康、教育者としての使命感・意欲、組織の一員としての自覚・協調性、児童生徒に対する深い教育的愛情等、教員としての資質・能力・適性を有することはもちろん、得意分野をもつ個性豊かで人間性あふれる人材です。
岩手県	岩手県の求める教師像 1 分かりやすい授業ができ、児童生徒に確かな学力をつけることができる教師 2 児童生徒に対する愛情を持ち、一人ひとりの児童生徒と真剣に向き合うことができる教師 3 豊かな人間性を持ち、幅広い教養と良識を身につけている教師 4 教員としての使命感や責任感を持っている教師
宮城県	学校の教育力を構成する実践力として「授業力」「生徒指導力」「子供理解」「学校を支える力」、実践力の基盤となる意欲・人間性等として「自己研鑽力」「教育への情熱」「たくましく豊かな人間性」を「みやぎの教員に求められる資質・能力」と位置付け、募集案内・Webページ等で公表している。
秋田県	秋田県が求める教師像 1 教育者としての強い使命感と高い倫理観を身に付けている 2 協調性と豊かなコミュニケーション能力を有している 3 教育的愛情にあふれ、児童生徒の心身の状況を踏まえ、受容的・共感的に理解ができる 4 個性豊かでたくましく、常に学び続ける探究力を有している 5 教科等に関する深い専門的知識と広く豊かな教養を身に付けている そしてこれらを基盤とした実践的指導力を有する人
山形県	1 児童生徒への深い教育愛と教育に対する強い使命感、責任感のある方 2 明るく心身ともに健康で、高い倫理観と規範意識を備え、法令を遵守する方 3 豊かな教養とより高い専門性を身につけるために、常に学び、自らを向上させる姿勢をもち続ける方 4 山形県の教員として、郷土を愛する心を持ち、人とのつながりを大切にして、地域社会においてよりよい学校を築こうとする方
福島県	○「福島らしさ」をいかした多様性を力に変える教育と、福島で学び福島に誇りを持つことができる「福島を生きる」教育を実践する教員 ○高い倫理観と教育に対する情熱・使命感を持ち、児童生徒に伴走しながら学び続ける教員 ○心身共に健康で、自らの強みや指導力をいかし、チームとして多様化・複雑化する教育ニーズに対応する教員
茨城県	茨城県の求める教師像 1 教育者としての資質能力に優れた、人間性豊かな教師 2 使命感に燃え、やる気と情熱をもって教育にあたることができる活力に満ちた教師 3 広い教養を身に付け、子どもとともに積極的に教育活動のできる指導力のある教師 4 子どもが好きで、子どもとともに考え、子どもの気持ちを理解できる教師 5 心身ともに健康で、明るく積極的な教師
栃木県	・人間性豊かで信頼される教師 ・幅広い視野と確かな指導力をもった教師 ・教育的愛情と使命感をもった教師

	公表している内容
群馬県	1 社会人としての優れた識見を有する教員 2 幅広い視野と高い専門性を有する教員 3 豊かな人間性とコミュニケーション能力を有する教員
埼玉県	埼玉県教育委員会が求める教師像 ・健康で、明るく、人間性豊かな教師 ・教育に対する情熱と使命感をもつ教師 ・幅広い教養と専門的な知識・技能を備えた教師
千葉県	千葉県・千葉市が求める教員像 ○人間性豊かで、教育愛と使命感に満ちた教員 ○高い倫理観をもち、心身ともに健康で、明朗、快活な教員 ○幅広い教養と学習指導の専門性を身に付けた教員 ○幼児児童生徒の成長と発達を理解し、悩みや思いを受け止め、支援できる教員 ○組織の一員としての責任感と協調性をもち、互いに高め合う教員
東京都	東京都の教育に求められる教師像 1 教育に対する熱意と使命感を持つ教師 2 豊かな人間性と思いやりのある教師 3 子供のよさや可能性を引き出し伸ばすことができる教師 4 組織人として積極的に協働し互いに高め合う教師
神奈川県	・人格的資質と情熱をもっている人 ・子どもや社会の変化による課題を把握し解決できる人 ・子どもが自ら取り組むわかりやすい授業を実践できる人
新潟県	新潟県が求める教師像 ○子どもへの愛情をもっている人 ○コミュニケーションを大切にしながら、周囲と信頼関係を構築する人 ○学び続けることの重要性について理解し、理想の教師像や目指す授業像の実現に向けて努力する人 ○豊かな人権感覚をもち、法令や服務規律を遵守し、責任をもって自らの職責を果たす人
富山県	富山県ではこんな教員を求めています！ ・子どもに共感し、寄り添うことができる人 ・自律心を備え、率先してものごとに取り組む人 ・広い視野を持ち、多様性を尊重する人 ・コミュニケーションを大切にし、他者と協働できる人 ・謙虚な姿勢を忘れず、自らを磨き、学び続ける人
石川県	石川県が求める教師像 1 児童生徒に対する教育的愛情を有する人 2 責任感と使命感を有する人 3 豊かな教養と専門的知識を有する人 4 広く豊かな体験を持ち、指導力・実践力を有する人 5 向上心を持ち、明るさ、積極性に富む人
福井県	福井が求める教師像 ①校種・教科等に関する専門的知識・実践的技能を持った人 ②専門分野に偏らない幅広い教養を身につけ、自立した社会人としての良識や幅広い視野を持った人 ③子どもたちはもとより、同僚や保護者、地域社会と円滑な人間関係を築き、課題に対して臨機応変に対応できる人 ④教育に対する情熱・使命感に燃え、常に学び続ける向上心を持った人
山梨県	求める教員像 ○豊かな人間性と幅広い視野を持った教員 ○教育に対する情熱と使命感がある教員 ○児童生徒と保護者に信頼される教員 ○幅広い教養と専門的な知識・技能を持った教員 ○生涯にわたって主体的に学び続ける教員

	公表している内容
長野県	・教育者としての使命感と責任感を持ち、社会人として規律を遵守する人 ・教育への情熱を持ち、真摯に子どもを理解しようとする人 ・豊かな人間性と広い視野、確かな人権意識を持ち、子どもや保護者の思いに共感できる人 ・同僚や保護者、地域の方々と協力し、共に汗を流し行動する人 ・創造性と積極性があり、常に向上し続けようとする、心身のたくましさを持っている人 ・幅広い教養と教科等の専門的知識・技能を持ち、柔軟に対応することができる人 ・探究的な学びや、校内外での様々な活動に対して、積極的に取り組むことのできる人
岐阜県	・幅広い教養と高い専門性をもち、常に学び続ける教師 ・誰一人悲しい思いをさせない、愛情と使命感あふれる教師 ・指導方法を工夫し、児童生徒に確かな学力をつける教師
静岡県	教育的素養・総合的人間力 〇教職人生を通して、教育者としての使命感、倫理観・人権意識、社会性、教育に対する誇りを持ち、新しい知識・技能を学び続け、子供への共感・理解や教育的愛情の涵養、信頼関係の構築を図っている。 〇教職人生を通して、真摯に学び続ける姿勢と自律心、変化を恐れない積極性とリーダーシップを持ち、広い視野と社会環境への理解を基に地域社会と関わり、豊かな人間性の向上を図っている。 〇「才徳兼備」の人づくりを担う一人として、常に児童生徒の模範となるよう行動している。 これらを基盤として、キャリアステージに応じて、実践・省察・改善を繰り返しながら、「授業力」「生徒指導力」「教育業務遂行力」「組織運営力」を身に付けている教員を求めています。
愛知県	①広い教養と豊富な専門的な知識・技能を備えた人　②児童生徒に愛情をもち、教育に情熱と使命感をもつ人　③高い倫理観をもち、円満で調和のとれた人　④実行力に富み、粘り強さがある人　⑤明るく、心身ともに健康な人　⑥組織の一員としての自覚や協調性がある人
三重県	＊教育に対する情熱と使命感をもつ人 　子どもに対する愛情や教育者としての責任感が強く、常に子どもの人格と個性を尊重した指導ができる人 ＊専門的知識・技能に基づく課題解決能力をもつ人 　常に自己研鑽に努め、子どもとともに課題に取り組む創造性、積極性、行動力をもつ人 ＊自立した社会人としての豊かな人間性をもつ人 　優れた人権感覚と社会人としての良識に富み、組織の一員として関係者と協力して職責を果たし、子どもや保護者との間に深い信頼関係が築ける人
滋賀県	◎ 教育者としての使命感と責任感、教育的愛情を持っている人 ◎ 柔軟性と創造性を備え、専門的指導力を持っている人 ◎ 明朗で、豊かな人間性と社会性を持っている人
京都府	京都府の教員に必要な5つの力 ・気づく力（児童生徒一人一人を深く理解し、寄り添った指導ができるよう、小さな変化にも気づくことができる力） ・伸ばす力（豊かな人間性と高い専門性に基づく優れた指導力を有し、児童生徒一人一人が豊かな未来を切り拓いていけるよう、それぞれの個性や能力を最大限に伸ばすことができる力） ・挑戦する力（探究心や自律的に学ぶ姿勢を持ち、時代の変化や自らのキャリアステージに応じて求められる資質能力を高めながら、諸課題の解決に向け、挑戦することができる力） ・つながる力（他の教職員、保護者や地域社会、多様な専門性を持つ人材と効果的に連携・分担しながら、組織的・協働的に諸課題を解決するため、チームの一員としてつながることができる力） ・展望する力（次代を担う人材に必要な学びを提供できるよう、広い視野で時代や社会、環境の変化を的確につかみ取り、未来を展望することができる力）
大阪府	1 豊かな人間性 　何より子どもが好きで、子どもと共感でき、子どもに積極的に心を開いていくことができる人 2 実践的な専門性 　幅広い識見や主体的・自律的に教育活動に当たる姿勢など、専門的知識・技能に裏打ちされた指導力を備えた人 3 開かれた社会性 　保護者や地域の人々と相互連携を深めながら、信頼関係を築き、学校教育を通して家庭や地域に働きかけ、その思いを受け入れていく人

	公表している内容
兵庫県	兵庫県が求める教員としての素養 ○教育に対する情熱・使命感をもち、児童生徒に愛情をもって接することができる。 ○教養、社会性、コミュニケーション力、想像力等の総合的な人間性を備えている。 ○高い倫理観と規範意識をもち、自らの人権感覚を高めることができる。 ○児童生徒、保護者や地域の方々と公正・公平な立場で対応することができる。 ○常に学び続ける姿勢をもち、新たな課題へ挑戦することができる。
奈良県	・子どもの学ぶ意欲を高め、生涯にわたり学び続ける力をはぐくむ人 ・豊かな人間性をもち、「生きる力」を備えた心身ともに健やかな子どもをはぐくむ人 ・奈良の伝統、文化を理解し、地域と社会的絆の中で子どもをはぐくむ人
和歌山県	○自らひたむきに学び続け、子供とともに未来を切り拓く人 ○豊かな人間性と社会性をもち、学習指導に高い専門性を有する人 ○和歌山を愛し、家庭や地域とのつながりを大切にして、子供の気持ちを受けとめ、子供の育ちと学びをともに支えてくれる人
鳥取県	鳥取県公立学校教員として求める教師像 ○児童生徒に対する深い理解と教育的愛情のある教師 ○教科等に関する専門的な知識・技能と実践的な指導力を持つ教師 ○課題解決に向けた柔軟な発想と対応能力を持つ教師 ○組織の構成員としての自覚と協調性のある教師 ○社会人としての豊かな教養、優れた人権意識を持つ教師
島根県	島根県の教員として求められる基本的な資質・能力 1 豊かな人間性と職務に対する使命感 2 子どもの発達の支援に対する理解と対応 3 職務にかかわる専門的知識・技能及び態度 4 学校組織の一員として考え行動する意欲・能力 5 よりよい社会をつくるための意欲・能力
岡山県	岡山県の教育課題を深く理解し、果敢に立ち向かうことのできる教員 ○本県の教育課題である学力向上や徳育、生徒指導に関する確かな指導力のある人 ○地域の教育資源の活用やキャリア教育により、学ぶ楽しさや学ぶ意味を伝える人 強い使命感と情熱、高い倫理観、豊かな教育的愛情を持った教員 ○本気で子どもたちと関わる中で、教員としての喜びや意義を見いだせる人 ○子ども一人一人の良さを認めて、子どものやる気を引き出すことができる人 多様な経験を積む中で協働して課題解決に当たるなど、生涯にわたって学び続ける教員 ○多様な経験や校内外での研鑽により、専門性やコミュニケーション能力を高める人 ○チームの一員として協働する中で、自ら行動するとともに他者にも働き掛け、必要に応じて支援しようとするリーダーシップを発揮して課題解決に当たることができる人
広島県	広島県「求められる教職員像」 普遍的な事項 ○高い倫理観と豊かな人間性をもっている。 ○子どもに対する教育的愛情と教育に対する使命感をもっている。 ○専門性を発揮し、的確に職務を遂行できる。 ○社会や子どもの変化に柔軟に対応できる。 新たな「教育県ひろしま」の創造に向けて特に求められる事項 ○確かな授業力を身に付けている。 ○豊かなコミュニケーション能力を有している。 ○新たなものに積極的に挑戦する意欲をもっている。 ○他の教職員と連携・協働し、組織的に職務を遂行できる。 【広島県が特に求める資質・能力】 ○問題に直面した時点で集められる情報や知識を入手し、自ら深く考え、それを統合して新しい答えを創り出す力 ○アイデア・情報・知識の交換や共有、アイデアの深化や答えの再吟味のために他者と協働・協調できる力 ○協調的・創造的な問題解決のために、どのような分野においても学び続ける力

第**5**章 これから仲間となる君たちへ

	公表している内容
山口県	山口県が求める教師像 ○豊かな人間性と人権尊重の精神を身につけた人 ○強い使命感と倫理観をもち続けることができる人 ○児童生徒を共感的に理解し、深い教育的愛情をもっている人 ○幅広い教養と専門的知識、技能をもっている人 ○豊かな社会性をもち、幅広いコミュニケーションができる人 ○常に自己研鑽に努める意欲とチャレンジ精神のある人
徳島県	徳島県の教員に求められる資質・能力 1 教員としての使命感と情熱を持ち、高い倫理観と人権尊重の精神にあふれ、積極的に地域や他者と関わりながら、生涯をとおして学び続けるたくましい教員 2 高い専門性を有し、児童生徒の未来を切り拓き、個性・能力を最大限に伸ばす授業を構想・実践しながら、改善していく教員 3 キャリア教育の視点を踏まえ、一人ひとりが輝き、新たな価値を創造していく児童生徒の育成を目指し、課題を解決しながら前進する教員 4 組織の一員として、目標と自分の役割を理解し、責任を果たし、家庭や地域とのつながりの中で、学校・地域の活性化に貢献する教員
香川県	目指すべき香川の教員像 1 教育に対する情熱をもち、素養と資質を備えた教員 2 専門的な知識・技能と指導力を有し、社会変化や教育課題に適切に対応できる教員 3 連携・協働しながら学校運営に積極的に参画する教員
愛媛県	本県では、①子どもが好きで、未来を担う子どもたちを育成しているという誇りと気概を持って教育に当たることができる人　②愛顔（えがお）にあふれ、あいさつを大切にする人　③仕事にも人にも誠実に向き合う人を求めています。
高知県	高知県の求める教員像 〈使命感と誇り〉 ・教育の仕事に対する使命感や誇り、子どもに対する愛情や責任感のある人 〈専門力〉 ・教育の専門家として、教科指導力、児童生徒に対する理解力、指導力、集団指導力の向上に取り組む意欲のある人 〈社会人〉 ・豊かな人間性や社会性、常識と教養を備え、組織の一員としての自覚を持てる人
福岡県	福岡県教育委員会では、次の資質を有する教師を求めています。 1 子どもが憧れる人間的魅力 2 子どもに対する広く深い愛情 3 教師としての強い使命感
佐賀県	「教育に対する使命感・情熱」に加え、「豊かな人間性」や「実践的な指導力」及び「粘り強く取り組むたくましさ」を持った教師を求めています。
長崎県	校種ごとに求める教師像を次のように示している。 小学校「心豊かで明るく、子どもとともに遊び、ともに学ぼうとする人」 中学校「情熱にあふれ、生徒とともにあり、わかる授業に努める人」 高等学校「教科に関する専門性が高く、課外活動にも熱心に取り組み、明るく社会性に富む人」 特別支援学校「子どもに対する純粋な愛情を持ち、ともに学び、ともに成長することを喜びとする人」 養護教諭「子どもに対して深い愛情をそそぎ、健やかな成長を支えることに喜びを感じる人」
熊本県	くまもとの教職員像〜「認め、ほめ、励まし、伸ばす」くまもとの教職員〜 1 教職員としての基本的資質 　①教育的愛情と人権感覚　②使命感と向上心　③組織の一員としての自覚 2 教職員としての専門性 　①児童生徒理解と豊かな心の育成　②学習の実践的指導力　③保護者・地域住民との連携

	公表している内容
大分県	専門的知識をもち、実践的指導力のある人 使命感にあふれ、高い倫理観と豊かな人間性をもつ人 柔軟性と創造力をそなえ、未知の課題に立ち向かう人 学校組織の一員として考え行動する人
宮崎県	宮崎県では、このような教員を求めています。 ○子どもに対する愛情と教育に対する情熱・使命感をもち、子どもとの信頼関係を築くことができる（愛情と情熱・使命感） ○分かりやすい授業を行い、子どもに確かな学力を育成するなど高い専門性を身に付けている（高い専門性） ○社会人としての幅広い教養と良識や倫理観、心の豊かさを身に付けている（幅広い社会性、倫理観、人間性） ○絶えず学び続け、自らの資質・能力を高めている（学び続ける姿勢）
鹿児島県	鹿児島県はこんな教師を求めています。 ○心身ともに健やかで、明朗活発な教師 ○高い専門性と幅広い教養をもち、謙虚に学び続ける教師 ○情熱と使命感にあふれ、教育的愛情をもつ教師 ○人間性豊かで的確なコミュニケーション能力をもつ教師
沖縄県	○人間性豊かで、教育者としての使命感と幼児児童生徒への教育的愛情のある教員 ○幅広い教養と教育に関する専門的知識・技能を有し、常に学び続ける実践的指導力のある教員 ○沖縄県の自然、歴史及び文化に誇りを持ち、多様性を受容し、グローバルな視点を兼ね備えた教員 ○豊かなコミュニケーション能力を有し、組織力を活用できる総合的な人間力を持った教員
札幌市	札幌市が求める教員像 ・教育者として、強い使命感・倫理観と、子どもへの深い教育的愛情を、常にもち続けている教員 ・教育の専門家として、実践的指導力や専門性の向上に、主体的に取り組む教員 ・園・学校づくりを担う一員として、地域等とも連携・協働しながら、課題解決に取り組む教員
仙台市	仙台市が求める教員像 ○教育者としての高い倫理観と使命感、情熱をもち続ける教員 ○人間味にあふれ、児童生徒・保護者・地域・同僚との関わりを大切にし続ける教員 ○専門性や実践的な指導力の向上を目指し、学び続ける教員
さいたま市	さいたま市が求める教師像 「豊かな人間性と社会性」「強い使命感と教育への情熱」「幅広い教養と実践的な専門性」を備えた常に学び続ける教師
千葉市	千葉県・千葉市が求める教員像 ○人間性豊かで、教育愛と使命感に満ちた教員 ○高い倫理観をもち、心身ともに健康で、明朗、快活な教員 ○幅広い教養と学習指導の専門性を身に付けた教員 ○幼児児童生徒の成長と発達を理解し、悩みや思いを受け止め、支援できる教員 ○組織の一員としての責任感と協調性をもち、互いに高め合う教員
横浜市	・教育への使命感や情熱をもち、学び続ける教師 ・子どもによりそい、豊かな成長を支える教師 ・「チーム学校」の一員として、ともに教育を創造する教師
川崎市	①子どもの話にきちんと耳を傾けることができる教師 ②子どもと一緒に考え行動することができる教師 ③子どもに適切なアドバイスを与えることができる教師 ④教材研究がきちんとできる教師
相模原市	・人間性豊かな教員 ・信頼される教員 ・指導力向上に努める教員

	公表している内容
新潟市	新潟市が求める「教師像」 次代の新潟を支え、世界にはばたく心豊かな子どもを育むことのできる「授業力」「組織マネジメント力」「人間力」を備えた、市民感覚に富んだ教師
静岡市	目指す教師像：優れた専門知識をもち、心身ともに健康で、豊かな人間性を兼ね備えた人 ・教育に燃える熱意、使命感をもった教師 ・子どもに学ぶ楽しさを教える専門的な知識・技能をもった教師 ・子どもを包み込む温かさ、優しさをもった教師 ・子どもに生き方を教えることができる教師 ・人とつながる人間関係調整力をもった教師
浜松市	浜松市の求める教員像「人間味あふれる教員」 ・強い使命感をもち、児童・生徒のために情熱をもって教育実践に取り組む教員 ・児童・生徒や保護者に対して、人間味あるかかわりができる教員 ・児童・生徒を引き付け、児童・生徒に力を付ける授業展開ができる教員 ・健全な集団づくりができる教員 ・社会人としての常識や、教員としてふさわしい高い倫理観を身に付けた教員
名古屋市	名古屋市では、「専門的な知識と幅広い教養を有し、教育に対する情熱と使命感をもち、健康な体と豊かな人間性を備えた、知・徳・体のバランスの取れた人物」を求めています。
京都市	1 子どもへの教育的愛情と教職への使命感や情熱をもっている人 2 常に自己研鑽に努め、子どもと共に学び、成長しようとする姿勢がある人 3 チームとして周囲と連携・協働でき、幅広い知見で課題解決する力がある人
大阪市	大阪市では、子どもが安心して成長できる安全な社会（学校園・家庭・地域）の実現や、心豊かに力強く生き抜き未来を切り拓くための学力・体力の向上、ICTを活用した教育の推進に貢献できる次のような教員を求めています。 ①情熱：教職に対する情熱、愛情、使命感を持ち、困難にも立ち向かえる人 ②教師としての基礎力：広く豊かな教養を基盤とした、専門性と指導力を備えた人 ③人間味：子どもに対する教育的愛情と、カウンセリングマインドを備えた人
堺市	堺市の求める人物像 子どもの主体的な学びを創造する人〔主体的な学び〕 ○主体的・対話的で深い学びの意義や方法について理解し、取り組む意欲のある人 ○子どもの興味・関心を引き出す問題解決的な学習について理解し、取り組む意欲のある人 学校のチーム力を向上させる人〔チーム力〕 ○チームの一員としての意識をもち、周囲と協働していくことができる人 ○チームとして課題解決に向けて取り組むことの重要性を理解し、主体的に働きかけることができる人 豊かな人権感覚をもち、自覚と責任のもとに行動する人〔豊かな人権感覚〕 ○教員となることについて自覚をもち、責任ある行動をとることができる人 ○広い視野で自他を肯定的に捉え、人権を尊重する態度や意識をもつ人
神戸市	神戸市の求める人物像 (1) 豊かな人間性にあふれ、子供に寄り添うことができる人 (2) 自律心を備え、多様性を尊重し、協調・協働できる人 (3) 自らの資質・能力向上のため、学び続けることができる人
岡山市	岡山市が求める教員像 「自立に向かって成長する子ども」の育成を推進する教員 ○岡山市の教育に夢と希望をもち、使命感に燃えている人 ○子どもへの愛情をもち、自らも成長していくことができる人 ○子どもの知・徳・体のバランスのとれた力を向上できる専門的な知識・技能のある人 ○中学校区を単位とした学校園一貫教育（岡山型一貫教育）と岡山市地域協働学校の趣旨を理解し、実践することができる人 ○社会の変化や新しい教育課題に柔軟に対応できる人 ○豊かなコミュニケーション能力、社会人としての良識をもち、他者と協調できる人

公表している内容	
広島市	広島市「求められる教職員像」 《使命感や責任感・教育的愛情》 ○教職に対する強い責任感を有している。 ○自主的に学び続ける力がある。 ○深い教育的な愛情を有している。 《専門職としての高度な知識・技能》 ○確かな専門的知識を有している。 ○確実に実践できる力がある。 ○新たな学びの実践的指導力をもっている。 《総合的な人間力》 ○豊かな人間性や社会性を有している。 ○高いコミュニケーション能力がある。 ○チームで対応できる力がある。 ○地域や社会の多様な組織等と連携・協働できる力がある。 【広島市が特に求める資質・能力】広島市の子供たちに以下の資質・能力を育成する力 ○本質や根源を探究し、課題解決に向けて論理的・主体的に考え行動する力 ○平和を希求する心 ○互いの違いや多様性を理解・尊重し、共生・協働する力 ○豊かなコミュニケーション能力 ○自分たちのまちを愛する心
北九州市	北九州市の教職員に求められ、期待される資質 ○地域への深い理解と愛情 ○培ってきた知識、技能、同僚性のある教育環境の土壌に立ち、常に視野を広げ、新しいことに 　挑戦する姿勢 ○児童生徒に寄り添う姿勢と人権尊重の精神
福岡市	・向上心を持ち、子どもの学ぶ意欲と学力を高める学習指導ができる教員 ・人権感覚にあふれ、子ども理解に基づいたあたたかい生徒指導ができる教員 ・危機管理意識を持ち、子どもの生命や身体の安全を確保できる教員 ・協調性を持ち、同僚や保護者・地域と協働しながら教育活動を推進できる教員 ・社会性を備え、法令を遵守しながら体罰や飲酒運転等の不祥事を根絶できる教員
熊本市	「教育都市くまもとの教職員像」 １いつの時代も求められる資質や能力 (1) 豊かな人間性をもち、人権感覚にすぐれた教職員、(2) 教育者としての強い使命感と誇り、高い倫理観をもった教職員、(3) 教育的愛情をもち、子どもたちから信頼される教職員、(4) 幅広い教養と専門的な知識に基づく実践的指導力をもった教職員 ２今、時代が特に求める資質や能力 (1) 広い視野をもち、社会の変化に対応して課題を解決できる教職員、(2) 社会性と高いコミュニケーション能力をもった教職員、(3) 組織の一員として責任感をもち、互いに高めあい協働する教職員、(4) 熊本を愛し、保護者や地域の人々に信頼される教職員
豊能地区	求める人物像 教育への情熱（教育に情熱を持ち、一人ひとりの子どもに愛情を注げる人） 確かな指導力（専門的知識・技能をもとに、子どもの個性を尊重し、的確な指導ができる人） 豊かな人間性（広く豊かな教養と開かれた社会性を持ち、子どもや保護者、地域の方々と信頼関係が築ける人）

出典：各都道府県・指定都市教育委員会及び大阪府豊能地区教職員人事協議会が行う教員採用選考試験の実施要項・募集案内や
　　　ホームページなどで公表されている「求める教員像」より作成

資格試験研究会

現職教員・教員OB・研究者などが主体となって結成された教員採用試験・公務員採用試験をはじめとした資格試験を研究するグループ。教員採用試験分野では現在までに『教職教養らくらくマスター』『一般教養らくらくマスター』『教職教養 よく出る過去問224』『教員採用試験 速攻の教育時事』『差がつく論文の書き方』『面接試験・場面指導の必修テーマ100』などを執筆している。

本書の執筆陣は、元高等学校校長、元教育委員会指導主事などの経歴を持つ。メンバーそれぞれが教員採用試験において試験官を務めた経験があり、また現在も大学などで教職関連の講義・指導を行っている。優れた教員候補者を見極める試験官の観点と、現在の学生の弱点を的確に改善する指導者の観点の両方を、本書に展開している。

カバーデザイン：サイクルデザイン　　本文デザイン：森の印刷屋　　イラスト：高木みなこ

●本書の内容に関するお問合せについて

　本書の内容に誤りと思われるところがありましたら、お手数ですがまずは小社のブックスサイト（jitsumu.hondana.jp）中の本書ページ内にある正誤表・訂正表をご確認ください。正誤表・訂正表がない場合や、正誤表・訂正表に該当箇所が掲載されていない場合は、書名、発行年月日、お客様のお名前・連絡先、該当箇所のページ番号と具体的な誤りの内容・理由等をご記入のうえ、郵便、FAX、メールにてお問合せください。

〒163-8671　東京都新宿区新宿1-1-12　　実務教育出版　第二編集部問合せ窓口
FAX：03-5369-2237　　E-mail：jitsumu_2hen@jitsumu.co.jp
【ご注意】※電話でのお問合せは、一切受け付けておりません。
　　　　　※内容の正誤以外のお問合せ（詳しい解説・受験指導のご要望等）には対応できません。

2025年度版　教員採用試験　**面接試験の攻略ポイント**　　　　　　　〈検印省略〉

2024年2月25日　初版第1刷発行

編　者——資格試験研究会
発行者——淺井　亨
発行所——株式会社 実務教育出版
　　　　　〒163-8671　東京都新宿区新宿1-1-12
　　　　　☎編集 03-3355-1812　販売 03-3355-1951
　　　　　振替　00160-0-78270
組　版——株式会社 森の印刷屋
印　刷——壮光舎印刷
製　本——東京美術紙工